高职高专人力资源管理专业系列教材

员工关系管理技能应用

主　编　鲍立刚

副主编　覃学强　李建春　谢德荣

参　编　陈晓鹏　陈艳华　倪春丽

匡娉婷　徐　捷　唐蓝星

谌　渊　范贵德　黄为根

覃　燕　张　伟　田　野

潘　峰　张治民

机械工业出版社

"员工关系管理"课程理论性较强,涉及较多的法律条文,实践活动涉及面广且复杂,难以再现复制。对此,本教材突破了传统教材的理论框架,将知识点进行细化,并与实践中的技能要求对应起来,让学生一边学习,一边应用。全书分9个模块:员工关系管理者入门、劳动基本法规的应用性解析、五种用工形式的风险提示与对策、员工使用管理、员工权益保障、员工义务管理、员工沟通政策与技能、裁员与离职管理、劳动争议的预防和处理。

本教材可作为高职高专院校、成人高等学校以及其他各类学校人力资源管理及相关专业的教材,也可作为相关人员学习和培训的参考用书。

为方便教学,本书配备电子课件和教师教学参考资料。凡选用本书作为教材的教师均可登录机械工业出版社教材服务网www.cmpedu.com免费下载。如下载中出现问题,或对电子课件有宝贵建议,欢迎致电010-88379375。

图书在版编目(CIP)数据

员工关系管理技能应用/鲍立刚主编. —北京:机械工业出版社,2010.9(2024.1 重印)
高职高专人力资源管理专业系列教材
ISBN 978-7-111-31825-5

Ⅰ. ①员… Ⅱ. ①鲍… Ⅲ. ①企业管理:人事管理—高等学校:技术学校—教材 Ⅳ. ①F272.92

中国版本图书馆 CIP 数据核字(2010)第 176385 号

机械工业出版社(北京市百万庄大街22号 邮政编码100037)
策划编辑:徐春涛　　　　责任编辑:徐春涛
封面设计:鞠　杨　　　　责任印制:刘　媛
涿州市般润文化传播有限公司印刷
2024年1月第1版第10次印刷
169mm×239mm・17.25 印张・334 千字
标准书号:ISBN 978-7-111-31825-5
定价:45.00 元

电话服务　　　　　　　　网络服务
客服电话:010-88361066　　机 工 官 网:www.cmpbook.com
　　　　　010-88379833　　机 工 官 博:weibo.com/cmp1952
　　　　　010-68326294　　金 书 网:www.golden-book.com
封底无防伪标均为盗版　　机工教育服务网:www.cmpedu.com

前　　言

员工关系管理（Employee Relationship Management，ERM），是中国人力资源领域近十多年来才逐渐凸显出来的新概念，它成为了管理领域内继客户关系管理之后的又一热门"关系"概念。员工关系管理是人力资源管理专业课程的一个重要研究领域，也是企业人力资源管理 6 大基本模块的核心内容。越来越多的企业不仅把"以客户为中心"作为经营、发展的导向，更把组织内的"第一资源"——员工，当作"客户"对待，并将其上升到理论高度，这就是"员工关系管理"。

一、员工关系管理问题的博弈聚焦

员工关系是 20 世纪初西方学者从人力资源管理角度提出的一个囊括并替代劳动关系或劳资关系的概念，是由资方与劳方、上级与下级、员工与同事之间三方引起的权益与义务、营运与用工、管理与被管理、服务与被服务、沟通与协作的关系。在西方，在劳资双方的力量博弈中，管理方认识到缓和劳资关系、让员工参与到企业管理中的正面作用。企业越来越注重改善员工关系、加强内部沟通渠道、建立企业形象，强调以员工为主体和出发点的企业内部的员工关系，注重个体层面上的关系和交流，注重和谐与合作。

随着我国改革开放的不断深入，在劳动法规逐步健全、员工维权意识不断增强、企业市场竞争加剧的新形势下，人们也逐步认识到树立以人为本的员工管理理念的重要性，意识到员工关系的改善或恶化会导致经济效益的改善或恶化。2008 年 1 月 1 日起《劳动合同法》正式实施；2008 年 5 月 1 日起《劳动争议调解仲裁法》施行；2008 年 9 月 18 日起《劳动合同法实施条例》施行。2010 年初起，四个月的时间内，深圳某企业连续发生十几次"跳楼门事件"，造成 9 死 2 伤。"跳楼门事件"使员工关系管理问题进入公众视野，也使该企业被推上社会舆论的风口浪尖。在"跳楼门事件"引发人们对产业工人生存状态和员工关系管理现状的关注时，位于广东佛山的某企业也陷入了一场工人要求加薪的罢工风潮。这些事件的发生不是偶然的，而是社会经济发展和人力资源管理发展的必然。作为企事业单位，要随时面对和处理诸如此类的员工极端事件、怠工罢工、劳动争议等一系列问题。于是，我们把目光又聚焦到员工关系管理问题上。

二、本教材的编写思路

我国高校"员工关系管理"课程越来越多地出现在人力资源管理专业核心课程清单里。但是，对于员工关系管理教材而言，大多数是翻译国外的教材内容，理论性很强，目前很少有结合中国国情和企业实际应用需要的员工关系管理课程教材。

作为高职高专教材，我们提倡尽量按"任务驱动"思路来设计和编写。但是，我们也必须认识到：不是所有内容的教材都能够或者都适合按"任务驱动"来编写的。在人力资源管理6大基本模块（专业核心课程）中，招聘、培训、绩效考核3类教材比较容易按照"任务驱动"的思路进行编写；人力资源规划和薪酬福利设计两类教材部分内容也比较容易进行"任务驱动式"的编写。因为这5类教材的知识点比较容易找到外在的任务表现形式，比较容易设计和再现模拟情境。

唯独"员工关系管理"这一类教材，理论性比较强，内容涉及较多枯燥的法律条文，其活动的情境涉及面广而复杂并且难以复制；员工关系管理内容较多，包括"劳方与资方的劳动用工关系"、"上级与下级的管理服务关系"、"员工与同事之间的沟通协作关系"三对关系，这三对关系之间的活动人员多、弹性大、空间广、变化快、交叉多、不确定因素多，很难设计再现相关的情境和任务。正是由于"员工关系管理"课程教材的以上特殊性，加上中国人力资源管理专业起步很晚，符合中国国情和企业实际操作应用的教材则更少。

基于以上情况的综合考虑，作者跳出"任务驱动"的编写思路，代之以"主要知识点的实际应用"编写思路，将"员工关系管理"的知识点进行细化，并与实践中的技能要求相对应，让学生一边学习知识点，一边加以应用，充分体现了"以学生为主体，做与学一体化"的高职教改思想。

三、本教材的编写特色

1. 体例新颖，注重应用

每个模块下设若干项目，每个项目分"应用"点，每个"应用"点又包括如下内容：

预习应用知识：根据技能应用的需要，要求学生课外预习相关理论知识，教师在知识点应用前还要对此作适当的讲解。

查阅应用资料及课堂应用训练：针对需要应用的具体技能和实际情境，引导学生在课外查阅资料，并按教材中的提示进行课堂训练。讨论结束后，要请几位学生代表谈谈自己的观点。

技能应用：课堂训练结束后，由教师针对需要应用的具体技能和训练情况进行解析，各位同学要注意将自己的观点与教师的解析进行对比。

技能应用延伸：由教师讲解与本应用技能紧密相关的知识和技能，也就是应用技能的深度拓展和相关知识的延伸。

针对重点或热点内容本书还进行了案例实战解析，每个"案例实战解析"包括如下内容：

案例知识指引：介绍跟案例相关的知识点。
案例实战呈现：阐述案例本身的具体内容。
案例小组讨论：针对案例提出进行小组讨论的要求。
案例综合分析：对案例的结果进行判定并给予综合解释。
案例知识延伸：对与案例紧密相关的知识和技能进行解析。

2．教材内容实战化

本教材在继承劳动关系基本内容的基础上，根据企业以人为本的劳动用工的内在需要，结合劳动法规日益健全和企业市场竞争不断加剧的新形势下的外在要求，编写劳方与资方的用工关系、上级与下级的管理关系、员工与员工之间的合作关系，并根据企业内在需要和社会外在要求将相关教学内容实战化。

3．突破传统教材的理论框架

本教材突破传统教材的理论框架，以企业员工关系管理实际工作流程为内容的归类标准和先后顺序，将本教材分为 9 个模块。虽然这 9 个模块内容的归类标准不同于传统教材的理论框架，但是囊括了传统的劳动关系管理的基本内容，并根据企业及社会的需求，增加了上级与下级的管理关系、员工与员工之间的合作关系等内容。

4．工作项目化和技能应用化

本教材将员工关系管理知识模块化，将专业内容项目化，并将理论知识点与实操技能应用对应起来。在每个模块的相关内容中，对重点内容或热点内容进行案例实战解析。

5．知识点和应用技能一体化

本教材在注重员工关系管理必要理论的同时，强调了员工关系管理技能的应用；主要引导学生"学中做"和"做中学"，即一边学理论，一边将理论知识加以应用，实现员工关系管理知识点和应用技能的一体化。

四、本教材的编写分工

本教材由广西职业技术学院鲍立刚老师担任主编，负责对全书进行设计、编写、修改和定稿；广西职业技术学院覃学强、李建春副教授、南宁精通商务酒店客房部经理谢德荣负责本教材部分内容的编写、相关内容的教学研讨和效果验证。具体编写分工如下：鲍立刚负责模块一、二、三、五、六、八、九的编写；覃学强、李建春、谢德荣负责模块四、模块七的编写；其他参编老师负责相关资料的搜集整理工作。

本教材中涉及的法律条文由于时间的推移会增加、修订或废止，而教材的版次更新很难跟上大量法律条文的更新速度，因此请各位读者留意，应以最新的法律条文为准。

由于作者水平有限，加之时间仓促，书中难免有不妥之处，恳请广大读者朋友和专家批评指正，以便再版时修正，同时也欢迎各行各业的人力资源管理同行与我们一起探讨。

　　作者邮箱：anthony18@vip.163.com

鲍立刚

目 录

前言

模块一 员工关系管理者入门 1
　项目一 什么是员工关系管理 1
　　应用一 追溯劳动法规产生的深刻原因 1
　　应用二 探索企业发展的核心要素 3
　　应用三 劳动关系、劳务关系、雇佣关系和员工关系辨析 7
　　案例实战解析一 学生实习关系是否为劳动关系 14
　项目二 为什么需要员工关系管理 17
　　应用一 员工离职原因解析 17
　　应用二 分析中国劳动关系状况 19
　　应用三 总结员工关系管理的主要目的 23
　项目三 如何进行员工关系管理 24
　　应用一 如何给员工关系管理职能定位 24
　　应用二 如何做好员工关系管理 28

模块二 劳动基本法规的应用性解析 32
　项目一 劳动法的应用性解析 32
　　应用一 解读劳动法的前生今世 32
　　应用二 构建劳动法律法规体系 37
　项目二 劳动合同法及实施条例的应用性解析 47
　　应用一 劳动合同法的12大亮点 47
　　应用二 劳动合同法风险提示和应对措施 55
　　应用三 《劳动合同法实施条例》潜在用工风险提示及应对措施 64
　案例实战解析二 规避《劳动合同法》风险 70

模块三 五种用工形式的风险提示与对策 72
　项目一 常见用工形式的风险提示与对策 73
　　应用一 固定期限劳动合同用工的风险提示与对策 73
　　应用二 无固定期限劳动合同用工的风险提示与对策 80
　项目二 辅助用工形式的风险提示与对策 83
　　应用一 任务期限劳动合同用工的风险提示与对策 84

应用二　非全日制劳动用工的风险提示与对策 90
　　应用三　劳务派遣用工的风险提示与对策 95
　项目三　事实劳动关系的判定 102
　　应用　事实劳动关系如何举证 102
　　案例实战解析三　劳务派遣协议导致的事实劳动关系 106

模块四　员工使用管理 108
　项目一　员工管理思想 108
　　应用一　如何管理员工 108
　　应用二　管理者如何获得员工的拥戴 112
　　案例实战解析四　企业规章制度 115
　项目二　全员行动管理 119
　　应用一　员工参与管理有何表现形式 119
　　应用二　员工授权管理的障碍解析 126
　项目三　特殊员工管理 130
　　应用一　如何管理知识员工 130
　　应用二　如何管理问题员工 134

模块五　员工权益保障 139
　项目一　员工薪酬福利保护 139
　　应用一　员工工资权益保护手段 139
　　应用二　员工社会保险缴费费率 145
　项目二　员工工作时间管理 150
　　案例实战解析五　员工工时和加班判定 150
　　应用　跳槽员工带薪年休假计算 152
　项目三　员工安全健康保护 157
　　应用　未成年工和女职工劳动保护 157

模块六　员工义务管理 165
　项目一　保密和竞业限制 165
　　案例实战解析六　员工保密与竞业义务指引 165
　　应用　职业道德管理与责任心的培育 168
　项目二　员工纪律管理 170
　　应用一　如何进行劳动纪律管理 170
　　应用二　如何合情合法地处理违纪员工 175

模块七　员工沟通政策与技能 179
　项目一　员工沟通管理 179

应用一　掌握沟通的策略和方法 179
　　应用二　工作满意度调查问卷设计 184
　项目二　员工援助管理 189
　　应用一　压力和情绪管理 189
　　应用二　员工帮助计划 194

模块八　裁员与离职管理 199
　项目一　企业裁员管理 199
　　案例实战解析七　裁员的替代方案 199
　　应用　申报裁员的程序及材料编写 202
　项目二　员工离职管理 209
　　应用一　离职员工的心理与行为分析 209
　　应用二　员工离职面谈技巧应用 214

模块九　劳动争议的预防和处理 221
　项目一　集体谈判 221
　　应用一　企业操纵工会的行为风险及应对措施 221
　　应用二　集体谈判及签订集体合同的全程辅导训练 228
　项目二　劳动争议 240
　　应用一　劳动争议调解全程辅导训练 240
　　应用二　劳动争议仲裁全程辅导训练 252
　　案例实战解析八　超过法定时效的诉讼成功案例 260

参考文献 265

模块一　员工关系管理者入门

📖 **知识目标**

了解劳动关系 5 个发展阶段、了解西方员工关系管理理论的应用和发展演变、了解劳务关系和雇佣关系的定义、了解 2008 年以前劳动关系状况、了解人力资源管理者的素质模型、了解员工关系管理误区、掌握劳动关系和员工关系的定义、掌握员工关系管理定义及其基本内容、掌握员工关系管理的目的。

📂 **能力目标**

分析劳动法规产生的深刻原因、分析决定企业发展的核心要素、分析劳动关系与劳务关系的区别和联系、分析劳动关系管理与员工关系管理的区别和联系、分析实习关系与劳动关系、分析员工离职原因、分析 2008 年后中国劳动关系状况、分析不同规模企业的员工关系管理定位、掌握人力资源部门和其他部门经理的员工关系管理的主要职责、掌握做好员工关系管理的技巧。

项目一　什么是员工关系管理

🅰 应用一　追溯劳动法规产生的深刻原因

➥ 预习应用知识

我们要追溯劳动法规产生的深刻原因，首先必须要了解劳动关系发展的情况。劳动关系发展的每一个时代都有不同的性质，从劳动法规的角度对劳动关系进行研究，如果以时间为发展阶段可分为如下 5 个阶段：

1. 债奴所有式（不自由）劳动关系阶段

公元前 18 世纪，古巴比伦王国的汉谟拉比法典中就有关于奴隶主与奴隶的关系的规定，奴隶地位等同于法律意义上的物品。因此，那个时代的奴隶与物品并无区别，可以自由买卖。

2. 租赁契约式（债权法）劳动关系阶段

罗马时代（公元前 27 年～公元 476 年），自由民的劳动关系已进入自由契约时代，自由民不再以债奴的方式出现，而是将自己的劳动出租给对方，建立劳动租赁契约关系,这是劳动关系思想上划时代的一大进步。

3. 忠勤主从式(身份法)劳动关系阶段

日耳曼法的劳动思想与罗马法的完全不同,罗马法是以债权法的契约关系规范劳动关系,而日耳曼法是以身份法的奉公关系来规范。日耳曼法的法律关系通常是以人格者相互之间的关系为基础,而不是以个人对立为基础,因此日耳曼法的劳动思想中,劳动关系核心是主从之间的忠勤关系以及上、下级之间的身份结合关系。

4. 租赁契约式(罗马法延伸)劳动关系阶段

公元476年,日耳曼民族消灭罗马帝国后,学习了罗马帝国中先进的事物,在劳动关系法律方面也是如此,罗马法中的劳动租赁关系逐渐渗透并取代了日耳曼法中的忠勤关系。

5. 雇佣契约式(劳动力商品)劳动关系阶段

18、19世纪,受启蒙运动和1789年法国大革命的影响,劳动关系已有明显的进展。18世纪,自然法思想认为:对人全面的支配是违反人伦关系的,要求将一切对人造成约束和压迫的法律制度予以撤销,努力将人从所有桎梏中解放出来,恢复人类的绝对人格,在法律上产生了"对等人格之间全然自由的契约关系"思想。劳动关系承此理论,逐渐抛弃身份要素,慢慢渗入债权要素,劳动成为了买卖关系中的商品。在当时,提倡绝对自由人格的时候,原先的借贷关系被抛弃,改用新的雇佣契约形式,即劳动者与雇主是以对等人格地位缔结契约,在法律上产生了劳动者与劳动力分离的概念。至此,劳动关系开始正式与借贷、租赁概念分离,在债权法上取得独立的地位,劳动力成为商品。

➢ 查阅应用资料及课堂应用训练

其实劳动关系的发展有6个阶段,我们在"预习应用知识"里只谈了5个阶段。当你理解了5个阶段的知识时,是否已经找到了劳动法规产生的深刻原因?请在课前查阅相关资料,然后在课堂上结合查阅的资料相互讨论一下"劳动法规产生的深刻原因?",最后把你的主要观点写在下列的横线上(不够可附页):

_____

_____

_____

接着,请几位学生代表谈谈自己的观点,然后由教师继续解析"技能应用及其延伸"的相关内容,各位同学要注意将你的观点与教师的解析进行对比。

➢ 技能应用

劳动关系历经了5个阶段的发展,进入了第6个阶段:劳动契约式(事实上是不对等的从属关系）劳动关系阶段，本阶段的劳动关系促进了旨在保护劳动者利益的劳动法律的产生。

劳动关系在债权法上取得独立形态后，劳动力与报酬成为交易的对等关系，整个 18 世纪和 19 世纪前半叶的劳动关系以此构成；当事人一方提供劳动，另一方负责提供与劳动对等的报酬。然而，这种劳动关系并不只有对等人格者的单纯债权关系，其间尚有一般债权关系中所没有的特殊的身份因素在内。除个人因素外还包含社会因素，如劳动者提供劳动不像把物品出卖给人（只是将处于人格之外具有价值的物进行交换而已），而是提供存在于人体内的不能与人分离的价值部分（劳动力）；同时，劳动者与雇主之间又具有事实上的从属关系。因此，这种劳动关系在债权关系外，还包括身份要素的不对等人格之间的关系。正是因为这种事实上不对等从属关系的存在，工业革命以后，促进了旨在保护劳动者利益的劳动法律的产生，至此开启了现代工业社会的劳动契约时代。

▶ 技能应用延伸

从劳动法的观点看劳动关系的演变过程可以发现，劳动的价值和意义逐渐显现：从早期劳动被作为物品对待，到租赁关系的启蒙，直到在债权法上劳动关系的独立，劳动关系中人与人之间的人格关系逐渐向平等发展。然而，工业革命所产生的工人阶级，使自然法在思想上所主张的人与人之间的人格全然对等理念无法实现。虽然当时法律上已产生劳动者与劳动力分离的概念，但是劳动者因没有生产资料而沦为出卖劳动力维持生计，成为从属于资产阶级的劳动阶级。后来，由于工人运动日趋高涨及社会民主思想的发展，资产阶级国家机构被迫制定各种劳动保护法规。直至现代工业社会来临，劳动关系除了对等价值交换债权关系外，更强调因劳动者附属于资本家的身份因素，及由此产生不对等人格之间的关系。因此，除劳动保护法规的制定外，其他各种促进劳动者经济能力向上、提高劳动者人格的法律也在形成中。由此历程可以发现，劳动关系正朝向建立一个重视并促进劳动者保护、劳动者人格、经济生活向上的劳动关系方向前进，这也是法律总是偏向保护劳动者的最合理、最有力的理由。

▲ 应用二 探索企业发展的核心要素

▶ 预习应用知识

劳动契约式的劳动关系是西方工业革命和资本主义制度的产物，马克思和恩格斯在对 19 世纪中期英国、法国和德国等西方主要资本主义国家劳资冲突的实际进行概括和抽象的基础上，提出了劳动关系的理论。经过 100 多年的发展，随着科学技术的进步、生产力发展水平的迅速提高以及社会结构的深刻变化，劳动关系呈现出了新的时代特征，仅仅用马克思的劳动关系理论难以概括新的劳资冲突与协调的实践，员工关系理论就是在这种背景下应运而生的。

员工关系是 20 世纪初西方学者从人力资源管理角度提出的一个取代劳动关系的概念，也成为管理领域内继客户关系管理之后的又一热门"关系"概念。员工关系是由资方与劳方、上级与下级、员工与同事之间三方引起的权利与义务、营运与用工、管理与被管理、服务与被服务、沟通与协作的关系，具体表现为合作、冲突、沟通、激励等权利和义务关系的总和。员工关系管理则成为人力资源管理的一个特定领域，也是人力资源管理的一个重要内容。越来越多的企业不仅把"以客户为中心"作为经营、发展的导向，更把组织内的"第一资源"——员工，当作"客户"对待，并将其上升到理论高度，就是"员工关系管理"。下面介绍西方员工关系管理理论的应用和发展演变过程。

1. 科学管理理论在员工关系管理理论中的应用

弗雷德里克·温斯洛·泰罗生活在 19 世纪末 20 世纪初垄断资本主义形成和确立时期，一部分企业在发展过程中积累了大量资本，开始出现大型垄断企业。垄断企业凭借大量的资金和生产工具，在市场中就可以轻松地获得竞争优势。科学管理理论出现之前，管理者仍然采用传统的经验管理方法，企业管理员工的最有效方式通常被认为就是不断地监督员工并以辞退的手段来进行威胁；工人在恶劣的生产环境下从事着繁重的劳动，企业的生产效率十分低下，劳资矛盾异常尖锐。

泰罗第一次从实验出发概括出了科学管理原理，并将经济人假设运用到企业管理实践中，提出了工作定额原理、标准化原理，实行刺激性的计件工资报酬制度，从而总结出了提高劳动生产率的具体操作方法，即被后人称为"胡萝卜加大棒"的员工管理方法。当然，泰罗的员工管理思想也不可避免地带有历史的局限性，他把研究的重点放在了科学管理的原则、方法和对员工的物质激励上，而对沟通、尊重、荣誉、提拔等精神激励没有做深入的研究，不具有现实的操作性，这些都有待于西方人际关系学派进一步的实践探索和理论研究。

2. 人际关系和行为科学理论在员工关系管理理论中的应用

20 世纪 20 年代末，世界经济陷入萧条，劳资纠纷和罢工此起彼伏，这使得西方管理学家再次从企业这一微观层面和运用"社会人"假设来探讨造成工人劳动效率低下的原因。

哈佛商学院梅奥在西方电气公司霍桑工厂开展了"霍桑实验"，从人际关系的角度强调组织只有理解员工的内在需要，才能真正地让员工满意并提高生产效率。组织行为学对形成个体、群体行为的动机和原因进行了研究，形成并促进了3种激励理论，分别是马斯洛的需求层次理论、麦格雷戈的X和Y理论、赫茨伯格的激励-保健理论。这些理论从挖掘人的潜能、重视人的多层次需要、强调"内在激励"和"外在激励"以及士气和凝聚力的调动等方面探讨和协调员工关系，开辟了员工关系管理的新领域。当然，从发展的观点看，行为科学理论也存在着局限性：过于强调人的作用，忽视了对技术经济方面的研究；对人和制度、人和组织的结合问题探讨不多，提出的理论与方法有局限性，制约了行为科学理论在调节员工关系上作用的发挥。

3. 企业文化理论在员工关系管理理论中的应用

针对20世纪50年代以来日本经济的飞速发展，美籍日裔管理学家威廉·大内通过对日本企业的深入考察，详尽分析了日本企业的管理模式，发现日本企业在对员工的管理上有众多不同于美国的特点：重视企业价值观等精神要素在统一员工思想、调动员工积极性方面的作用；建立以企业与员工相互忠诚为核心的利益共同体；注重对员工的各种培训等。由这些柔性要素构成的企业文化氛围对于统一员工思想、协调企业与员工的关系、调动员工的积极性和创造性等方面起到了重要作用，成为日本经济腾飞的秘密武器。由此诞生了一个崭新的员工关系管理理论——企业文化管理理论。

▶ 查阅应用资料及课堂应用训练

通过学习西方员工关系管理理论的应用和发展演变，同时对未来员工关系管理进行展望。请在课前查阅相关资料，然后在课堂上结合查阅的资料相互讨论一下"在不同的员工关系管理发展阶段，决定企业发展的核心要素分别是什么？"，最后把你的主要观点写在下列的横线上（不够可附页）：

_____

_____

_____

_____

接着，请几位学生代表谈谈自己的观点，然后由教师继续解析"技能应用及其延伸"的相关内容，各位同学要注意将你的观点与教师的解析进行对比。

▶ 技能应用

20世纪初，员工关系管理理论伴随着泰罗的科学管理理论的确立而萌生，至今为止经历了一个不断变化发展的过程。对于一个企业而言，企业发展的核心要素在员工关系管理中也呈现出一个不断发展和提升的态势，其演变形式可以通过如图1-1所示的企业发展的核心要素演变图表达出来。

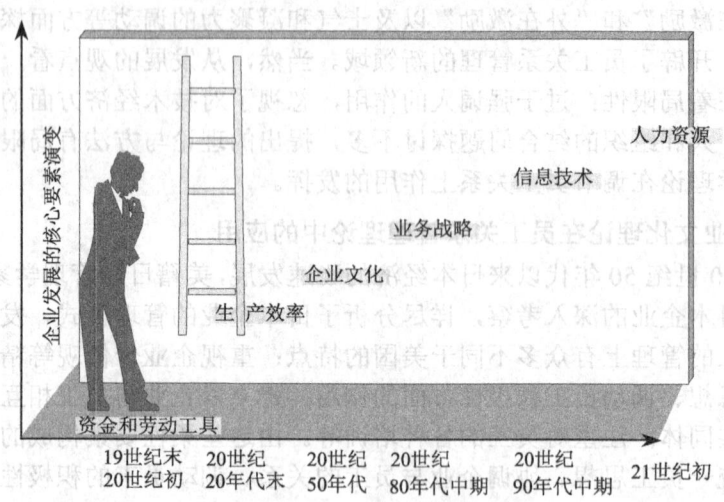

图1-1　企业发展的核心要素演变图

技能应用延伸

19世纪末，"人"并不是一个企业最重要的发展因素，对于企业而言，资金和劳动工具才是获得竞争优势的核心要素。企业管理员工最有效的方式通常被认为就是不断地监督员工并以辞退的手段来进行威胁。20世纪初期，泰罗总结概括出了科学管理原理，并将经济人假设运用到企业管理实践中，提出了"胡萝卜加大棒"的员工管理方法。20世纪20年代末，梅奥从人际关系的角度强调组织只有理解员工的内在需要，才能真正地让员工满意并提高生产效率。20世纪50年代，日本企业建立了企业文化精神要素，并由这些柔性要素构成了企业文化氛围，这对于统一员工思想、协调企业与员工之间的关系、调动员工的积极性和创造性等方面起到了重要作用，成为日本经济腾飞的秘密武器。到了80年代中期，企业文化建设成为企业发展的一个普遍共识，企业发展的核心要素演变成了公司的业务战略、组织流程。信息管理技术是90年代中期公司管理的新重点，如果一个公司有产品、能研发、有很好的业务流程及积极的公司战略，那么这个公司还需要用一系列信息化的技术手段来管理这些战略。

进入21世纪后，根据"冰山理论"，一个组织中位于海平面以上的内容（诸如一家公司卖什么产品、一年的销售额是多少等）不再是公司真正的管理重点，真正的重点是管理位于海平面以下的内容，那就是"人"，具体包括人与人如何交往、人与人如何沟通、部门与部门之间如何共同解决问题等。只有这些内容处理好了，才能保证海平面以上的内容具有真正的生机。所以，对当今企业而言，在员工关系管理发展各要素的相对重要性方面，人力资源已成为许多企业发展中需要考虑的首要因素。

应用三　劳动关系、劳务关系、雇佣关系和员工关系辨析

预习应用知识

1. 劳动关系（Labor Relations，LR）

劳动关系是劳动者与劳动力使用者之间的社会经济利益关系的统称，是在实现劳动过程中劳动者与劳动力使用者所结成的一种社会经济关系。劳动关系在不同的国家有着不同的称谓：日本称其为劳使关系，欧美称其为劳工关系、产业关系、劳资关系和雇佣关系，我国和前苏联更多地称其为劳动关系。

2. 劳资关系（Capital Relations，CR）

劳资关系（又可译为 Industrial Relations，IR）是相对于资本与劳动之间的关系而言的，它反映的是出资人与劳动者之间的关系。劳资关系的含义或性质经历了一个发展变化的过程。在劳资关系提出的初期，劳资关系主要反映的是一种雇主与雇员之间的阶级对抗或利益冲突关系；而当前所言的劳资关系主要是指劳动者与资产所有者之间的关系，并不反映阶级对抗或利益冲突性质。也正因此，当代一般使用劳动关系取代劳资关系的提法较多。

3. 雇佣关系（Hire Relations，HR）

雇佣关系是指受雇人与雇佣人约定，由受雇人为雇佣人提供劳务、雇佣人支付报酬而发生的社会关系。雇佣关系建立的目的在于劳务给付，雇员只要提供了劳务就有权获得劳务报酬；雇员在一定程度上依附于雇主，听从雇主的指挥和安排；雇员在从事雇佣活动中遭受人身损害，雇主应承担责任，但雇员存在故意或重大过失的除外。

4. 劳务关系（Work Relations，WR）

劳务关系是指两个或两个以上的平等主体之间就劳务事项进行等价交换过程中形成的一种经济关系。其主体是不确定的，可能是法人之间的关系，也可能是自然人之间的关系，还可能是法人与自然人之间的关系。

5. 员工关系（Employee Relations，ER）

员工关系又称雇员关系，与劳动关系、劳资关系意思相近，是指管理方与员工及团体之间产生的，由双方利益引起的，表现为合作、冲突、力量和权力的关系的总和，并受到社会中一定的经济、技术、政策、法律制度和社会文化

背景的影响。

6. 员工关系管理（Employee Relations Management，ERM）

从广义上讲，员工关系管理是在企业整个人力资源体系中，企业各级管理人员和人力资源职能管理人员，通过拟订和实施各项人力资源政策和管理行为，调节资方与劳方、上级与下级、员工与同事之间的相互联系和影响，以实现组织目标。从狭义上讲，员工关系管理就是企业和员工的沟通与合作管理，这种沟通与合作更多地采用柔性的、激励性的、非强制的手段，从而提高员工满意度，使其支持组织目标的实现。

7. 员工关系管理的内容

员工关系管理包括劳动关系管理、劳动法律法规体系、劳动合同法及其实施条例风险提示和应对措施、五种用工形式的风险与对策、事实劳动关系、员工使用管理、员工授权管理、企业规章制度管理、员工参与管理、知识员工管理、问题员工管理、未成年工和女职工劳动保护、员工薪酬福利保障、员工社会保险管理、员工工作时间管理、员工安全健康保障、保密和竞业限制管理、职业道德管理、员工纪律管理、员工沟通管理、工作满意度、压力和情绪管理、员工帮助计划、企业裁员管理、员工离职管理、工会管理、集体谈判、劳动争议协商调解、劳动争议仲裁诉讼等。

➤ 查阅应用资料及课堂应用训练

以上5种关系的资料散见在人力资源管理书籍、杂志和网站上，很少有人把它们集中在一起进行分辨和解析，这给读者特别是学生带来不少困惑。请在课前查阅相关资料，然后在课堂上结合查阅的资料相互讨论一下"劳动关系、劳务关系、雇佣关系和员工关系之间的区别是什么？"，最后把你的主要观点写在下列的横线上（不够可附页）：

_____
_____
_____

接着，请几位学生代表谈谈自己的观点，然后由教师继续解析"技能应用及其延伸"的相关内容，各位同学要注意将你的观点与教师的解析进行对比。

➤ 技能应用

由于当代学术界一般使用劳动关系而取代劳资关系，所以在以上5种关系中，我们只分析劳动关系、劳务关系、雇佣关系和员工关系4种关系之间的区别和联系，具体见表 1-1～表 1-4。

1. 劳动关系与雇佣关系的区别和联系

表 1-1　劳动关系与雇佣关系的区别和联系

比较项目	区别								联系
	主体不同	适法不同	救济不同	范围不同	作用不同	报酬不同	形式不同	后果不同	
劳动关系	用人单位和劳动者	劳动法规、合同法	劳动争议处理	受劳动基准的保护	有集体协商和合同适用的余地	按劳分配的原则	必须是书面劳动合同	用人单位先行承担	① 广义上的雇佣关系包括劳动关系和狭义的雇佣关系 ② 劳动关系是雇佣关系社会化的结果和表现 ③ 雇员秉承雇主的意志去工作，损害他人或自己遭受损害的法律后果，都和劳动关系类似
雇佣关系	用人单位以外的组织、自然人	民法和合同法	民事诉讼或民商事仲裁	不受劳动基准限制	没有集体协商和合同适用的余地	等价有偿的市场原则，协商确定	可以是口头合同	视情况而定	

2. 劳动关系与劳务关系的区别和联系

表 1-2　劳动关系与劳务关系的区别和联系

比较项目	区别					联系	
	主体不同	关系不同	待遇不同	适法不同	合同不同	主体	劳务派遣
劳动关系	用人单位和劳动者	经济关系和管理关系	工资和社会保险	适用劳动法规、合同法	必须是书面劳动合同	用人单位和劳动者	派遣单位、用工单位与劳动者
劳务关系	可以不确定	仅有经济关系	仅有工资	适用民法、合同法	可以是口头合同	用人单位与自然人	两个单位劳务关系

3. 雇佣关系与劳务关系的区别和联系

表 1-3　雇佣关系与劳务关系的区别和联系

比较项目	区别							联系
	隶属标准不同	工作场所不同	工具设备不同	工作时间不同	劳动报酬不同	提供劳务不同	经营活动不同	
雇佣关系	控制与被控制的隶属关系	指定工作场所	提供工具设备	限定一定的工作时间	定期支付劳动报酬	继续性提供劳务	生产经营活动的组成部分	两者的主体适用都比较广，都适用合同法和民法，救济途径也基本相同，签订的合同为书面和口头均可，都不享受社会保险
劳务关系	平等的民事合同关系	不指定工作场所	不提供工具设备	不限定工作时间	一次性结算劳务报酬	一次性提供劳务	独立的义务或经营活动	

4. 劳动关系管理与员工关系管理的区别和联系

表1-4 劳动关系管理与员工关系管理的区别和联系

比较项目	区别							联系
	产生时间不同	关系主体不同	解决方式不同	实现目标不同	研究内容不同	涉及学科不同	注重方面不同	
劳动关系管理	发源于公元前18世纪,成熟于18世纪40年代	劳动者个人或组织与雇主	政府的劳动法律法规和工会的集体谈判	缓和劳资矛盾	劳资冲突及其解决方法,还涉及劳动力市场与政府关系	劳动经济学、政治学、社会学、管理学、法学等	以雇主为主体和出发点,注重集体或代表的交流	两者都主要涉及社会经济利益关系或相关联的关系,劳动关系与员工关系的发展趋势是相互之间的融合
员工关系管理	19世纪末20世纪初,垄断资本主义形成时期	资方与劳方、上级与下级、员工与同事	劳动法律法规、企业内部规章制度、企业文化、心理契约等	实现企业内部和谐以及企业与员工的双赢	协调和解决企业与员工之间的内部关系,包括法律上的权利义务和情感伦理关系	人力资源管理、心理学、激励学	以员工为主体和出发点,注重个体层次上的交流	

> **技能应用延伸**

在实际工作和生活中,劳动关系、雇佣关系、劳务关系、实习关系和员工关系纠葛在一起,十分容易混淆,国家也没有相关法律予以明确规定。用工双方产生纠纷后,该纠纷到底是属于劳动合同纠纷,抑或雇佣合同、劳务合同纠纷,有时真的难以理清,只能通过劳动和法务部门临时出台一些批复或者解释来判断定案。由于各种关系解决纠纷的程序不同,往往因纠纷当事人选择救济方式不当而造成不必要的损失,所以正确界定四者之间以及员工关系十分必要。当然,这里提供的一些区别方法是在众多的实际案例和过往的经验中总结出来的,判定方法以实际案情和相应的劳动法务部门规定为准,同时,更期盼国家出台相关法律予以规范。

1. 劳动关系与雇佣关系的区别和联系

关于劳动关系,根据原劳动部《关于贯彻执行〈劳动法〉若干问题的意见》(劳部发[1995]309号)第2条规定:"中国境内的企业、个体经济组织与劳动者之间,只要形成劳动关系,即劳动者事实上已成为企业、个体经济组织的成员,并为其提供有偿劳动,适用劳动法。"从这条规定可以看出,劳动关系有一个显著的特点是雇佣关系不具备的,那就是"劳动者成为用人单位的一个成员"。所以，一般来说，劳动关系是长期的、稳定的，劳动者作为用人单位的一个成员，接受用人单位的全面管理、服从全部规章制度，当然也享受和其他员工一样的权利。而雇佣关系，虽然也为雇主提供劳动服务，但相对于劳动关系来说，是短暂的、不固定的，更重要的是，雇员并未成为雇主组织的成员。具体而言，两者的区别和联系可总结如下：

（1）劳动关系与雇佣关系的区别

1）主体不同。劳动关系的主体一方是劳动关系用人单位，另一方是法定的劳动者。雇佣关系雇主主体一般是劳动关系用人单位主体之外的其他依法成立的组织、自然人；雇佣关系雇员主体是所有自然人（童工和实行行政许可除外）。

2）适用法律不同。劳动关系调整适用劳动法律法规和合同法；雇佣关系调整适用民法和合同法。

3）救济途径不同。劳动关系中的权利义务争议，可适用专门的劳动争议处理途径救济，还可通过劳动保障监察途径救济；雇佣关系调整中的权利义务争议，适用民事诉讼法或民商事仲裁途径解决。

4）适用范围不同。劳动关系的调整严格受到劳动基准的保护；雇佣关系的调整不受劳动基准限制，国家和地方规定与劳动基准、社会保险、政策性福利待遇均不适用雇佣关系。

5）集体协商、集体合同作用不同。劳动关系调整可以采取集体协商、集体合同的方式进行；雇佣关系调整没有集体协商、集体合同适用的余地。

6）确定报酬的原则不同。劳动关系中，用人单位按照劳动的数量、质量及国家的有关规定给付劳动报酬，应不低于有关最低工资等强制性规定，其体现的是一种按劳分配的原则；雇佣关系的报酬是按等价有偿的市场原则支付的，完全由双方当事人协商确定。

7）合同形式不同。根据《劳动法》规定，我国的劳动合同应当采用书面形式；法律对雇佣合同的形式没有要求，根据《合同法》的规定，雇佣合同既可以是书面合同，也可以是口头合同。劳动合同是用人单位与劳动者依照法律规定，以双方劳动权利为主要内容订立的协议；雇佣合同是受雇人提供劳动，雇佣方支付报酬的协议。

8）侵权后果不同。劳动关系是受劳动法规调整，劳动者在行使职务时的侵权，其责任通常是用人单位先行承担；如劳动者有过错，其后按照其过错大小承担责任。如劳动者在工作期间受到伤害，如认定为工伤，则依法享受工伤待遇。雇佣关系是受民法和合同法调整，根据我国《民法》及《合同法》相关法律原则及规定，受雇人在授权范围内行使职务时损害他人，受雇人不存在过错的情况下，由雇佣方承担；受雇人自身亦受到损害的，由雇佣方承担；如雇佣方已尽到相关的义务，由于受雇人自己的过错而导致他人或己方损害的，则由受雇人自行承担。

（2）劳动关系与雇佣关系的联系

1）根据学术界的说法，广义上的雇佣关系包括劳动关系和狭义的雇佣关系，这是两者最直接的也是最大的联系。在我国法律和劳动保障行政实务中，雇佣关系实际从狭义上来说，是抽去劳动关系部分之后的雇佣关系。

2）2003年最高人民法院《关于审理人身损害赔偿案件适用法律若干问题的解释》规定了雇佣关系下的有关权利和义务。从这个司法解释中理解立法者对雇佣关系的认识，大概有两点：其一，雇佣关系在法律上应该是一个狭义的概念，是和劳动关系相区分的，也就是说，雇佣关系并不是劳动法上的劳动关系；其二，在雇佣关系下，雇员是秉承雇主的意志、接受雇主的指派、以雇主的名义去工作的，这有点类似于劳动关系，所以，在工作中雇员损害他人或自己遭受损害的法律后果，也和劳动关系情况下的后果相类似。

3）劳动关系是雇佣关系社会化的结果和表现。

2．劳动关系与劳务关系的区别和联系

（1）劳动关系与劳务关系的区别

1）主体不同。劳动关系的主体一方是用人单位，另一方必然是法定劳动者；劳务关系的主体可以是不确定的，既可以是法人与法人之间、法人与自然人之间，也可以是自然人之间，其表现形式较多。

2）关系不同。劳动关系两个主体之间既有经济关系，也有管理与被管理关系；劳务关系双方之间仅有经济关系，而不存在管理关系。

3）待遇不同。劳动关系中，用人单位除按约定支付劳动者工资外，还应当为劳动者交纳各种社会保险；劳务关系中，劳动者仅可得到劳动报酬，即劳动者提供劳务，用人单位支付约定的劳务报酬，劳动者无权要求用人单位为其交纳社会保险费用。

4）适用法律不同。因劳动关系发生的纠纷适用劳动法规和合同法，而劳务关系纠纷则适用民法和合同法。

5）合同形式不同。劳动关系的法定形式是书面的，需用劳动合同加以规定；劳务关系的法定形式除书面的以外，还可以以口头或其他形式加以规定。劳动合同是用人单位与劳动者依照法律规定，以双方劳动权利为主要内容订立的协议；劳务合同是一方为完成某项工作而使用另一方提供的劳动，并为此而支付报酬的协议。

（2）劳动关系与劳务关系的联系

1）当劳务关系的平等主体是两个，而且一方是用人单位，另一方是自然人时，它的情形与劳动关系很相近，从现象上看都是一方提供劳动力，另一方支付劳动报酬，因此两者很容易混淆。

2）当借用人员或运用劳务派遣的用工方式时，就致使"两个单位"之间的劳务关系与"派出或借出单位和劳动者"之间的劳动关系紧密地交叉在一起，两者也很容易混淆。

3. 雇佣关系与劳务关系的区别和联系

（1）雇佣关系与劳务关系的区别

1）隶属标准的区别。雇佣关系当事人之间，即雇主与雇员之间存在隶属关系、控制与被控制关系、上下级隶属关系，也是管理与被管理的关系；而劳务关系之间存在的是平等的民事合同关系。

2）合同标准的区别。如果当事人之间存在控制、支配和隶属关系，由一方指定工作场所，提供劳动工具或设备，限定一定的工作时间，定期支付劳动报酬，继续性提供劳务，所提供的劳动是接受劳务一方生产经营活动的组成部分的，可认定为雇佣关系；反之，则应认定为劳务关系。

3）雇佣关系常见的例子。私人或家庭雇用保姆、医生、律师、会计师、司机、保镖、私人生活助理等；党群工机构、居民委员会、村民委员会等机构雇用从业人员；已经办理离退休手续、享受离退休待遇的人员返聘或再聘用等。

4）劳务关系常见的例子。个人或家庭补修房子而雇用民工、企业临时雇用人员搬运货物上车或上船、政府交通部门雇用民工清理路障等。

（2）雇佣关系与劳务关系的联系

雇佣关系与劳务关系两者的主体适用都比较广，都适用合同法和民法，救济途径也基本相同，签订的合同为书面和口头均可，都不享受社会保险。

4. 劳动关系管理与员工关系管理的区别和联系

（1）劳动关系管理与员工关系管理的区别

1）产生时间不同。劳动关系管理发源于公元前18世纪，古巴比伦王国的汉谟拉比法典中就有关于奴隶主与奴隶的关系的规定；成熟于18世纪40年代西方资本主义工业革命时期，旨在保护劳动者利益的劳动法律法规也产生了。员工关系管理形成于19世纪末20世纪初垄断资本主义时期，当时劳资矛盾异常尖锐，泰罗总结概括出了科学管理原理，提出了"胡萝卜加大棒"的管理员工的方法。

2）关系主体不同。劳动关系管理的主体是劳动者个人或组织与雇主个人或组织；员工关系管理的主体是资方与劳方、上级与下级、员工与同事。

3）解决方式不同。劳动关系管理的问题，主要依据政府的劳动法律法规和通过工会的集体谈判加以解决；员工关系管理的问题，主要依据劳动法律法规、企业内部显性规章制度和隐性的企业文化、心理契约等解决。

4）实现目标不同。劳动关系管理的目标主要是为了缓和劳资矛盾；员工关系管理的目标主要是为了实现企业内部和谐以及企业与员工的双赢。

5）研究内容不同。劳动关系管理的研究内容主要是劳资冲突及其解决方法，还涉及劳动力市场与政府的关系；员工关系管理的研究内容主要是协调和解决企业与员工之间的内部关系，既包括法律上的权利与义务，也包括文化传统、习惯等伦理关系和彼此间的人际、道义等情感关系。

6）涉及学科不同。劳动关系管理涉及劳动经济学、政治学、社会学、管理学、法学等学科；员工关系管理涉及人力资源管理、心理学、激励学等学科。

7）侧重点不同。劳动关系管理强调以雇主为主体和出发点的社会关系，雇主注重与集体或其代表的交流；员工关系管理强调以员工为主体和出发点的企业内部关系，管理层注重个体层次的关系和交流。

（2）劳动关系管理与员工关系管理的联系　劳动关系管理与员工关系管理都主要涉及社会经济利益关系或相关联的关系，劳动关系管理与员工关系管理的发展趋势是相互之间的融合。在西方国家工业发展进程中，劳动关系的改善和劳资双方的相互妥协经历了一个过程，如今西方国家已不再讨论劳资关系，而开始讨论管理层与员工的关系。

案例实战解析一　学生实习关系是否为劳动关系

案例知识指引

所谓实习是指在教师或实际工作者的指导下，学生参加一定的实际工作，把学到的书本知识运用到实践中去，以取得实践经验，提高理论水平，锻炼工作能力。在这种关系中，实习人员的身份依旧是学生，但行为却是劳动者的劳动。我们通常所说的实习是如上所述的一个很广泛的概念，并不是严格的法律上的实习。根据劳动法及其配套规定总结提炼可知，实习基本上可分为如下两种情况：

（1）实习人员与单位建立劳动关系　根据法律法规的要求在单位通过实践进行一定的专业训练，如《专利代理条例》中规定，初次从事专利代理工作的人员，实习满1年后，专利代理机构方可发给《专利代理人工作证》。在这种实习中，实习人员必须与单位建立有劳动关系，目的在于从工作中增强从事这些专业工作的熟练度，以便将来能够较为独立地从事这样的职业。类似于这样的情况还有律师、医师等。

（2）实习人员未与单位建立劳动关系　实习人员出于教学需要在单位进行社会实践的行为，如大学生的毕业实习。这种实习的明显特点是用人单位与实习学生未建立劳动关系,或者因为实习学生与其他机构已建立劳动关系而无法再与其建立劳动关系。实习学生与学校之间存在着被教育与教育的关系,其档案等个人履历文件也存放在学校,单位无法与实习学生建立劳动关系。而且这种实习的目的在于接触社会,实践在书本上学到的理论知识,而不是专业训练,其根本目的在于教学,学生可以从事与未来工作不相同的实习内容。在一些法律法规中也有这样的说明,例如《铁路高等院校学生实习管理细则(试行)》中规定:"本细则所称实习是指教学计划规定的认识实习、生产实习、毕业实习、临床实习(医科院校)、教学实习(师范院校)、社会调查等实践性教学环节。"本文要讲解的实习关系,主要是指第2种,这也就是上述我们对实习关系的定义。

▶ 案例实战呈现

实习生受伤该如何赔偿?

1. 事故描述:实习小伙六级残疾

陈程(化名)2003年9月被××高级技工学校录取,成为该校焊接钣金专业的学生,学制三年。2005年7月,陈程由学校安排到××化工设备公司从事焊接工作实习。

2006年6月16日,陈程在焊接化工容器结束后,独自从容器里出来时受了伤。被送医院救治后,陈程被诊断为胰腺横断、后腹膜血肿,医院以最快的速度对陈程进行了胰体尾部切除手术。陈程在医院里整整住了25天,住院期间由其母亲护理,其医疗费由××化工设备公司支付。2007年3月30日,陈程拿到了司法鉴定结果,他被鉴定为六级残疾,误工期限为6个月,护理期限为3个月,营养期限为3个月。

为了协商赔偿事宜,陈程及家人多次奔走于学校和企业之间,但始终没能达成一致意见。无奈之下,陈程一纸诉状将××高级技工学校和××化工设备有限公司告上了法庭,要求两被告赔偿其护理费5 750元、交通费211元、住院伙食补助费450元、营养费1 872元、残疾赔偿金140 840元、鉴定费800元、精神损失费30 000元,合计179 923元。

2. 诉讼结果:学校和单位共同担责

案件审理过程中,被告××高级技工学校辩称,陈程虽然是该校的学生,但发生事故是在企业正常的实习期间。学校已经尽到了对学生教育管理的义务,在事故中学校没有过错,因此,学校作为无过错方,不应承担相应的法律责任。

被告××化工设备公司则辩称,原告的人身损害虽然发生在本单位,但单位与原告之间没有直接的赔偿关系。在损害事故的发生过程中,原告有较大的过错,原告最终构成六级伤残与医院的医疗行为造成伤情扩大有关。原告到单位来实习是基于单位与学校的约定,原告是受学校的安排来单位实习的,单位与学校应按照双方约定来处理损害赔偿事宜。

××市××区人民法院受理此案后,多次主持双方当事人进行调解,最终双方当事人自愿达成如下协议:

(1)原告陈程的护理费、交通费、住院伙食补助费、营养费、残疾赔偿金、鉴定费、精神损害抚慰金共计 150 000 元,由××化工设备公司承担 90 000 元赔偿责任、××高级技工学校承担 60 000 元赔偿责任。

(2)原告陈程放弃其他诉讼请求,并自行承担今后因此事故产生的所有费用。

▶ 案例小组讨论

各位同学,你们有没有实习的经历?在实习的过程中有没有碰到、看到或者听到有关实习过程中出现的劳动纠纷?有没有侵害实习学生劳动权益的情况出现?请以小组为单位进行讨论,讨论的主题就是以上案例《实习生受伤该如何赔偿?》,并将讨论的结果写在下列的横线上(不够可附页):

_____
_____
_____
_____

接着,请继续学习以下"案例综合分析"和"案例知识延伸"的相关内容,并将你的思考与其对比。请记住,管理并没有标准答案,更不可能是唯一答案,我们能提供的只是一种思考的方式和观点的借鉴。

▶ 案例综合分析

参考答案见本教材教师教学参考。

▶ 案例知识延伸

参考答案见本教材教师教学参考。

项目二　为什么需要员工关系管理

▲ 应用一　员工离职原因解析

➥ 预习应用知识

由上海市外商投资企业协会和上海市对外服务有限公司共同完成的一份调查报告显示，某企业自 2002 年成立以来就一直面临人员流动过快、无法留住员工的问题。员工离职率高、流动过快给公司带来了很多额外的管理成本。该企业 2006 年至 2008 年的员工离职率分别为 38.03%、28%、26.4%。如此高的员工离职率已经超出了健康的流动率波动范围，给企业的员工关系管理者敲响了警钟。

➥ 查阅应用资料及课堂应用训练

保持适当的员工流失率有助于避免企业僵化，但流失率过高又将影响企业的持续发展。越来越多的企业员工离职率居高不下，员工高频率离职的背后隐藏的是什么呢？请在课前查阅相关资料，然后在课堂上结合查阅的资料相互讨论一下"员工离职的个人原因"，最后把你的主要观点写在下列的横线上（不够可附页）：

_____
_____
_____

接着，请几位学生代表谈谈自己的观点，然后由教师继续解析"技能应用及其延伸"的相关内容，各位同学要注意将你的观点与教师的解析进行对比。

➥ 技能应用

员工离职的原因很多、很复杂，不同的地区、不同的企业、不同的员工和不同的调查分析方法，可以有不同的离职的原因和动机。根据十几个网站的员工离职调查，并综合各类性质企业的调查结果，我们总结出了员工离职的个人原因：

员工离职的个人原因分析图如图 1-2 所示，下面我们详细分析一下员工离职的个人原因。当然，员工离职除了个人原因之外，还跟企业原因紧密相关，关于员工离职的企业原因详见模块八/项目二/应用一中的"（2）离职原因的综合分析表"。

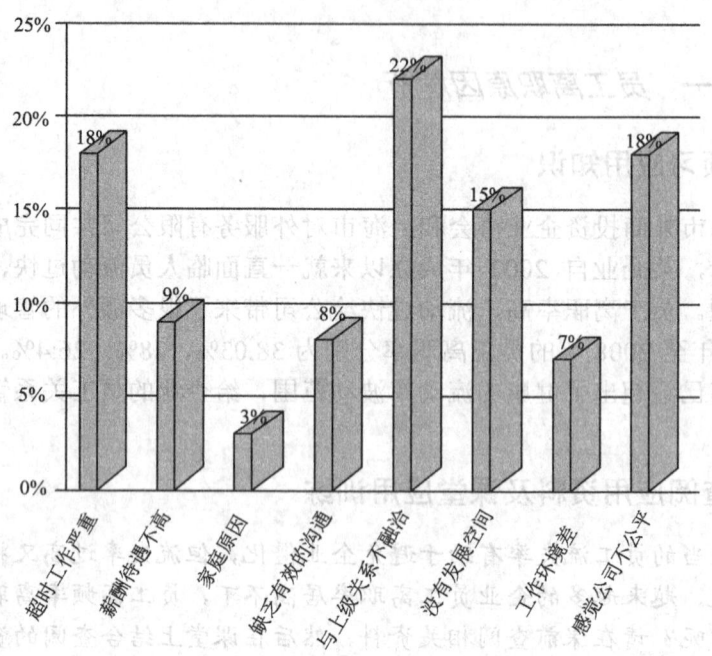

图1-2 员工离职的个人原因分析图

1．与上级关系不融洽

大多数企业中，基层管理人员管理方法与手段落后，对待下属关心不够、语气生硬、态度恶劣、争功诿过，甚至压制和排挤下属。

2．感觉公司不公平

留人要留心，员工因感觉不公平（外部公平、内部公平、个人公平）而产生心理不平衡，因不平衡而产生不满意，当员工不满意时就会不稳定，不稳定的结果就是离职。

3．超时工作严重

大部分的公司认为加班是判断一个员工是否认真工作的重要标准，有部分不规范的民营企业员工一天工作10～12个小时，每月只休息2～4天。严重的超时工作造成员工没有个人时间，而且相当多的公司加班费很低甚至没有。

4．没有发展空间

企业缺少科学的员工晋升制度，员工是否升职取决于某个领导一句话，没有或不按客观原则和依据执行。

5. 薪酬待遇不高

理想和追求诚然重要，如果在福利待遇上没有一定的保障，自身生活都无法正常和较好地进行下去，其工作无疑会受到较大影响。

6. 缺乏有效的沟通

上级与下级及平级之间、部门之间、公司与顾客之间等都缺少沟通，造成较多的误会和意见长期的积累，终于有一天以离职的方式爆发出来。

7. 工作环境和家庭原因

工作环境、家庭原因等离职因素也为企业敲响了警钟，说明员工关系管理的范围也在不断地扩大，需要变得更富有人性化。

通常情况下员工离职可能不只是一个因素，有可能由复合因素造成。以上各种离职原因都属于员工关系管理的范围。员工关系管理已经成为困扰和制约企业发展的重要问题。

▲ 应用二 分析中国劳动关系状况

➤ 预习应用知识

2008年以前，企业的劳动关系并不乐观。这集中体现在2005年全国人大关于劳动法执法检查报告中。据《工人日报》的报道，检查报告认为在建筑、轻工、服装、餐饮服务等劳动密集型行业，中小型非公有企业和个体经济组织，侵害劳动者合法权益的现象比较普遍。企业的违法行为主要集中体现在以下几个方面：

1. 劳动合同签订率低、期限短、内容不规范

中小型非公有制企业劳动合同签订率不到20%，个体经济组织的签订率更低。大部分劳动合同期限在1年以内。有的用人单位滥用劳动合同试用期，以此盘剥劳动者。

2. 最低工资保障制度没有得到全面执行

据2005年4月的抽样调查显示，12.7%的职工工资低于当地最低工资标准。拖欠工资现象仍时有发生，工资正常增长机制尚未形成。2004年全国劳动保障监察部门查处的各类案件中，克扣和拖欠工资的占41%。另据检查组问卷调查显示，在近1年中，有7.8%的员工被拖欠过工资，工资平均被拖欠3.2个月，人均被拖欠金额2 184元。

3. 超时加班现象比较普遍，劳动条件差

相当一部分企业违反劳动法规定，要求劳动者超时加班，并且不付加班工资，特别是一些生产季节性强、突击任务多的企业，劳动者每日工作长达十几

个小时。一些企业设备陈旧、作业环境差,劳动者直接受粉尘、噪声、高温甚至有毒有害气体的危害,工伤事故经常发生,职业病危害严重。

4. 社会保险覆盖面窄、统筹层次低,欠缴保险费现象严重

目前各项社会保险的参保人群主要是国有及集体单位职工,大量非公有制企业和个体经济组织的劳动者没有参保,大多数进城务工人员也难以按现行制度参保。多数地方的社会保险基金实行地市级甚至县级统筹,难以有效发挥互济功能,也造成目前养老保险关系难以异地转移,进城务工人员参保积极性不高的局面。

5. 劳动保障监察力度不足,劳动争议处理周期长、效率低

劳动保障监察部门力量不足,手段软弱,对违法行为查处不力。许多地方仅能对投诉举报的案件进行查处,没有建立有效的防范机制;对已经查处的案件惩处力度不够,达不到震慑违法用人单位的目的。

▶ 查阅应用资料及课堂应用训练

2005年全国人大关于劳动法执法检查报告的基本观点影响了整个《劳动合同法》立法的进程,并在2007年某省"黑砖窑"事件中被异常放大。请在课前查阅相关资料,然后在课堂上结合查阅的资料相互讨论一下"2008年1月1日,《劳动合同法》正式实施以来,劳动关系状况有没有根本好转?与实施以前又有什么不同和关联呢?",最后把你的主要观点写在下列的横线上(不够可附页):

_____

_____

接着,请几位学生代表谈谈自己的观点,然后由教师继续解析"技能应用及其延伸"的相关内容,各位同学要注意将你的观点与教师的解析进行对比。

▶ 技能应用

2008年1月1日,《劳动合同法》正式实施以来,全国企事业单位劳动关系状况有明显好转,但也出现一些复杂的变化,客观原因很多,这跟《劳动合同法》施行后便遭遇了国际金融危机有较大关系。这里以《重庆市2006~2009年劳动争议案件变化发展的调研报告》为例,从中也可以反映出《劳动合同法》实施前后我国部分地区劳动关系的状况,为我国建立和谐劳动关系提供帮助。

自2006年6月至2009年5月,重庆全市法院受理各类劳动争议案件在数量上出现上升现象，从另一角度也说明劳动者法律意识增强，我国法制建设为劳动者提供了维权武器和平台。重庆地区劳动争议案件的主要特征如下：

1. 劳动争议纠纷主要表现为个别劳动合同，集体劳动合同极少

统计数据显示，2006 年重庆市全市法院受理集体劳动合同争议案件仅 1 件，而个别劳动合同争议案件为 165 件；2007 年前述两项数据分别为 0 和 911；2008 年这两项数据分别为 2 和 3 703。对比表明，与个别劳动合同逐渐普及化相比，重庆地区的集体劳动合同覆盖率很低，由此折射出该地区劳资力量对比极度失衡，资方处于绝对强势地位。

2. 案件来源分布不均衡，经济相对发达与相对落后地区案件比差极大

劳动争议案件多发地集中在重庆主城区，重庆二、三、四中院及主城以外的远郊区县劳动争议案件相对较少。劳动争议案件的分布不均衡再次表明：劳动争议发案数量与地方经济发达程度成正比。

3. 争议诉求多样化、疑难化趋势明显

从案件争议内容看，劳动报酬争议比例较高，成为劳动争议案件的主要诱因，其中又以拖欠工资尤其是拖欠加班费居多。2006～2008 年，重庆市劳动争议案趋势图如图 1-3 所示。从图中可以看出，2008 年重庆市全市新收其他劳动争议案件 7 815 件，比 2007 年上升了 28%，比 2006 年上升了 100%；从所占比例来看，2008 年占 72%，2007 年占 84%，2006 年占 92%，在当年劳动争议案件总量中均占最高比例。与此相随，因法律体系不断完善，用工制度日益灵活，劳动争议案件出现了劳动关系复杂化、适用法律疑难化的趋势。

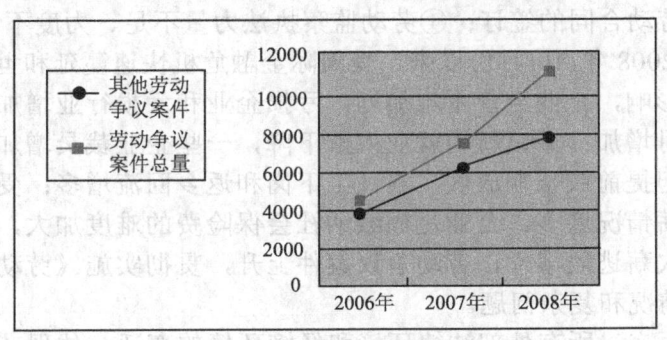

图 1-3　重庆市 2006～2008 年劳动争议案件趋势图

4. 劳动合同法、劳动争议调解仲裁法引发新型案件较多

《劳动合同法》实施后，一些包含新型诉求的案件增多，诸如违反竞业限制、泄露商业秘密的劳动争议案件时有发生，劳动者请求同工同酬待遇以及重新核算养老保险、医疗保险、赔偿医疗脱保损失，律师向律师事务所追索劳动报酬等案件也随处可见。《劳动争议调解仲裁法》的施行使申请撤销仲裁裁决的案件不断增多。该法自2008年5月1日施行后，在很短的时间里重庆五中院就已经受理了49件。此类新型案件的增加，也反映了我国法制不断健全，企业和劳动者越来越理性地用法律武器维护自身的合法权益。

5．群体性争议突出，系列案件所占比例较大

以重庆五中院为例，2008年1～8月受理劳动争议共同诉讼案件超过上年全年总数。2007年受理共同诉讼案件7件（合计60件），占全年劳动争议收案总数的26.91%；2008年1～8月受理共同诉讼案件11件（合计265件），占劳动争议收案总数的63.85%。群体性劳动争议案件双方矛盾比较尖锐，调解难度大，处理结果带有示范效应，处理不当容易演变为社会不稳定因素。[○]

➦ 技能应用延伸

《重庆市2006～2009年劳动争议案件变化发展的调研报告》反映了我国部分企事业单位劳动关系的状况。当然我们既要看到《劳动合同法》实施后劳动状况全面好转的主流面，也要认清我国个别地区劳动状况堪忧的现实。2008年12月25日，在第十一届全国人大常委会第六次会议上，执法检查组报告了全国劳动法执法检查情况。

报告认为，《劳动合同法》实施后，收到了以下成效：①劳动合同签订率明显上升；②新签劳动合同的平均期限有所延长；③劳动者合法权益得到进一步维护；④农民工权益得到进一步保护。

但是，存在的问题还是比较严峻：①部分行业、企业劳动合同签订率较低；②劳务派遣用工中，不规范的问题亟待研究解决；③社会保险制度的不完善影响了劳动合同的签订；④劳动监察执法力量不足、力度不够。

尤其是2008年10月份以来，受国际金融危机快速蔓延和世界经济增长明显减速的影响，企业经营困难加剧，亏损企业和亏损行业增加较多，关闭企业数量逐月增加；城镇新增就业人数下降，一些企业裁员增加，有的企业虽不裁员，但提前或长期放假，农民工下岗和返乡回流增多；受经营困难影响，企业欠薪情况增多，企业足额缴纳社会保险费的难度加大，有的地方还发生企业主欠薪逃匿事件，劳动争议案件上升，贯彻实施《劳动合同法》面临一些新的情况和复杂问题。

对企业而言，所有外部法律环境和经济环境的变迁，体现在企业人力资源管理中就是各种"风险"和最终产生的"成本"。

有人称2008年为"中国劳动关系元年"，但是新法已出而新秩序尚未建立，这些都反应了我国员工关系管理工作的必要性、复杂性和艰巨性，实现

[○] 摘自王伯文、刘再辉编写的《重庆市近三年劳动争议案件变化发展的调研报告》。

和谐的员工关系任重而道远。

A 应用三 总结员工关系管理的主要目的

➦ 预习应用知识

企业家们经常为员工之间内耗和相互沟通不畅而震怒，为企业内滋生的工作倦怠和士气低迷而犯愁；人力资源部经理们为居高不下的离职率和频繁不断的劳动纠纷而忙得晕头转向；政府劳动管理部门则为了日益复杂的劳动关系状况和员工权益的保障而忧心忡忡。成也员工败也员工，员工关系管理已经成为企业各级管理者最头疼的事。企业规模越庞大，管理层级越多，员工关系管理就越困难。

➦ 查阅应用资料及课堂应用训练

员工与企业沟通不畅、员工士气低迷、劳动纠纷不断、组织竞争力下降，GE、IBM 等企业也都曾受困于员工关系管理的这些难题。请在课前查阅相关资料，然后在课堂上结合查阅的资料相互讨论一下"企业员工关系管理的主要目的有哪些？"，最后把你的主要观点写在下列的横线上（不够可附页）：

_____

_____

_____

接着，请几位学生代表谈谈自己的观点，然后由教师继续解析"技能应用及其延伸"的相关内容，各位同学要注意将你的观点与教师的解析进行对比。

➦ 技能应用

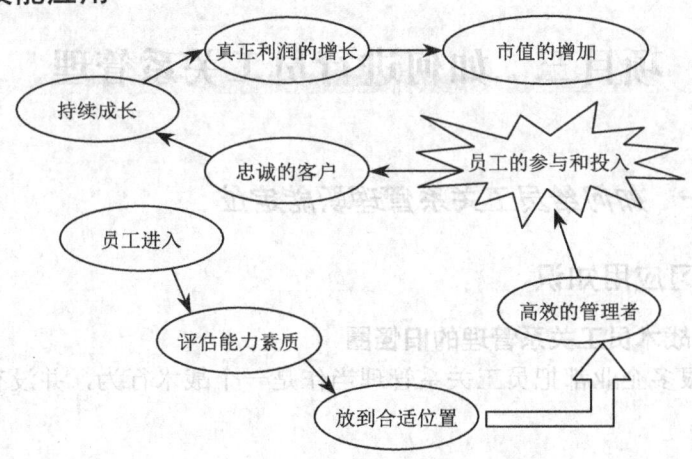

图 1-4 员工关系管理的目的示意图

由图1-4可以看出，员工的参与和投入是企业制胜的保证。现代员工关系管理的主要目的就是使企业在竞争中赢取胜利，而良好的员工关系管理能够极大地增强企业的竞争优势，为其在竞争中取胜增加筹码。当新员工进入企业的时候，首先要对其进行能力素质评估，然后将其放在合适的岗位上，由一个高效的管理者对其实施管理。如果这种管理进行得很成功，就会直接促成员工对工作的参与和投入，就能引发员工的工作热情。凭着这种热情，员工会用良好的工作态度为公司争取更多的忠诚客户，而随着忠诚客户的不断增长会直接给企业带来利润的真正增长，对上市公司而言，最终会实现市值的增加。

员工管理的有效执行能够保证一系列良好的连锁反应，最主要的是能够培养出真正敬业的员工。在以人为本的现代社会，员工的工作态度无疑是企业在激烈的市场竞争中脱颖而出的关键。[⊖]

➔ 技能应用延伸

一项关于员工关系管理的调查结果表明：从一个公司的内部视角看来，持续增长的高离职率是人力资源部门面对的五大问题之一；从一个外部市场的视角来看，企业内部经验丰富的专业人员和管理人员不断被竞争对手挖走的现象也被列入人力资源部门面对的5大问题之一；而从社会的视角来看，劳动关系状况的好坏会深刻地影响到社会的稳定与和谐。最后，从综合的视角来看，员工关系管理的成败会最终影响企业发展的成败，员工关系管理的好坏会最终决定社会关系管理的好坏。这是因为员工关系管理是人类赖以生存的管理，生存都有问题了，社会关系管理更是将无从谈起。

项目三　如何进行员工关系管理

▲ 应用一　如何给员工关系管理职能定位

➔ 预习应用知识

1. 走出战术员工关系管理的旧怪圈

目前，很多企业都把员工关系管理当作是一个战术行为，并没有设置专职

⊖ 张晓彤《员工关系管理》培训讲义（节选）。

的员工关系管理岗位。个别企业即使设置了相关的岗位，其工作也依然停留在开动员会、发奖金、解决劳资纠纷等初级阶段，而并没有从战略的角度思考企业员工关系管理的问题。

战术是一种阶段性的行为，而战略则要站在公司全局的高度。战术性的员工关系管理往往没有系统化，随意性较强，很难达到"防患于未然"的效果。其主观和单纯的管理手段也容易降低管理的效率，易为个人主观意识所左右。

2. 走进战略员工关系管理的新时代

要解决员工关系管理的难题首先要从管理理念上进行突破。根据管理学中的"冰山理论"，组织中位于海平面以上的内容（如一家公司的主营业务、销售额、营销策略等）不应是组织管理工作的核心，企业管理真正的重点应为位于海平面以下的内容，那就是"人"，具体包括员工激励管理、沟通管理、纪律管理、冲突管理、离职管理等等。只有冰面下的基础稳固，不分崩离析，才能保证海平面之上具有真正的生机和活力。因此，员工关系管理的好坏直接决定着企业组织竞争力的高低。如果要提高组织竞争力，企业领导者务必要把员工关系管理提高到战略层次，在企业内部设置专职的员工关系管理岗位。这个岗位的设置，可以改变企业员工关系管理工作的被动局面，专职人员在对员工的跟踪管理中，能及时、主动地了解员工的需求和问题，进而主动将其解决。通过这些工作，企业内部易于形成和谐的氛围，能够有效避免企业内非正式组织的滋生和蔓延，同时有助于公司最高层领导对全局的把握，并及时对下属的管理错误进行纠偏，达到提升组织竞争力的目标。

➤ 查阅应用资料及课堂应用训练

员工关系管理工作的重要性已经不言而喻了，接下来我们就要思考如何给员工关系管理职能定位。请在课前查阅相关资料，然后在课堂上结合查阅的资料相互讨论一下"在不同规模的企业里，哪些岗位应主要担负企业员工关系管理工作？"，最后把你的主要观点写在下列的横线上（不够可附页）：

_____

_____

_____

接着，请几位学生代表谈谈自己的观点，然后由教师继续解析"技能应用及其延伸"的相关内容，各位同学要注意将你的观点与教师的解析进行对比。

▶ 技能应用

1. 不同规模企业的员工关系管理定位

一般来说，员工关系管理是人力资源部的职能之一，但是，这个职能在人力资源部和公司的准确定位却会根据公司规模的不同而有所不同：

（1）多元化大型跨国集团公司　在一个下设较多海外子公司的多元化大型集团公司里，集团总部的人力资源部（管理中心）一般会单设一个员工关系部，来负责下属各级公司的员工关系管理和企业文化建设指导工作。员工关系部经理和若干员工关系专员职位，在集团公司以及人力资源部是一个专门的二级部门管理职位。

（2）区域级大型公司　对于一个在国内下设较多子公司或者独立性分支机构的大型公司来说，在总公司的人力资源部中，也需要设立一个员工关系主管或者专员职位，专门负责公司企业文化和员工关系管理工作，这个岗位也是单独设置的。

（3）职能齐全的中型公司　在一家生产、销售、研发等部门齐全或只有分公司的中型公司，因为岗位设置有限，所以这类公司负责员工关系管理的一般就是人力资源部的最高负责人及其代理人，其主要工作是员工关系管理、企业文化建设和人力资源管理规划决策，至于招聘、培训、考核、福利等内容则由其下属分管。

（4）职能单一或者小型公司　如果公司的职能单一、规模较小，如只做销售或只做生产或只做研发，或者公司分支机构较少，最多各地有一些代表处，每个代表处有两三个联络人员。在这类小型公司中，切忌将员工关系管理置于行政部顺带去做，而应该由公司的最高管理层及其代理人来主管员工关系管理工作，此外，各部门中层经理应负责本部门的员工关系管理工作。

2. 人力资源管理者的素质模型

人力资源管理者的素质模型如图 1-5 所示。

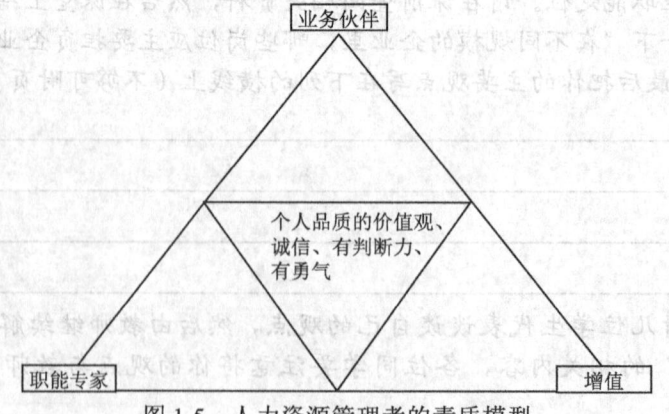

图 1-5　人力资源管理者的素质模型

人力资源管理者的高素质是员工关系管理的润滑剂。所以，人力资源管理者一定要不断提升自身能力，力争使自己既成为公司各部门的一个合格业务伙伴，又成为一名职能管理专家，同时还要具备为企业增值的能力。要想做到以上几点，就要既精通专业，又精通企业战略，同时精通企业变革和流程改造。

对于人力资源管理者自身来说，要具有诚信、有远见、开放、公正、精确、热忱、乐观、有勇气，具有规划力、执行力、判断力、亲和力、沟通能力、协调能力以及表达能力等优秀的个人品质。[一]

➘ 技能应用延伸

员工关系管理工作不仅是人力资源部的主要工作，也必须是各部门经理的重要工作，更是企业高层领导的关键职责之一。员工关系管理成败的关键是由总经理、人力资源部和部门经理三方构成的一个"金三角"。只有保证这个"金三角"的稳定，员工关系才有基本的保障。在这个"金三角"中，公司最高层即总经理位于最重要的位置。

明确区分人力资源部和各部门经理的员工关系管理工作是维持这个"金三角"平衡的基础，一定要做到各尽其责，有效沟通，并同时统一于企业的前途这个大目标中。总经理的员工关系管理职责，主要是从战略层面充分考虑员工关系管理工作的重要性，并提供政策和资金保障；对人力资源部和各部门经理的员工关系管理工作给予支持和进行必要的督导。下面主要分析一下人力资源部和各部门经理的员工关系管理主要职责。

1．人力资源部门员工关系管理的主要职责

（1）分析导致员工不满的深层原因。

（2）对一线经理进行培训，帮助他们了解和理解劳动合同条款及在法规方面易犯的错误。

（3）在如何处理员工投诉方面向一线经理提出建议，帮助有关各方就投诉问题达成最终协议。

（4）向一线经理介绍沟通技巧，促进上行及下行沟通。

（5）确保企业各项员工关系管理工作有序有效地进行。

（6）主持公司劳动纠纷的谈判、协商、调解、仲裁、诉讼。

2．部门经理员工关系管理的主要职责

（1）认真履行公司的各项员工关系管理政策，并与之保持一致。

（2）营造相互尊重、相互信任的氛围，维持健康的劳动关系。

（3）坚持贯彻执行劳动合同的各项条款。

[一] 张晓彤《员工关系管理》培训讲义（节选）。

（4）确保公司的员工申诉程序按劳动合同的有关法规执行。

（5）跟人力资源部门一起参与劳资谈判。

（6）保持员工与经理之间沟通渠道的畅通，使员工能了解公司大事并能通过多种渠道提出建议和不满。

▲ 应用二　如何做好员工关系管理

↘ 预习应用知识

人们会时常听到一些管理者讨论如何让员工努力工作，但很少听到管理者认真研究他们如何履行对员工所承担的义务以及怎样兑现承诺，包括对员工工作的引导、资源的支持、服务的提供，更谈不上生活的关心；也时常听到直线经理关于别的部门不配合自己部门工作的抱怨，特别是关于相互间的推诿、办事效率低的议论，不过很少逆向思考自己是如何配合别人的。

试想一下，为什么不从自身角度出发，改变服务观念，做让别人满意的先行者和倡导者呢？作为管理者，在其中扮演了什么角色？为什么不能成为公司利益的代言人、企业文化的宣传者，而只是一味抱怨呢？当听到消极的、负面的或者笼统称作所谓员工"不满意"的议论时，为什么不能从公司的角度、从积极角度、从正面的角度加以重视、加以引导、加以解决而是任其蔓延呢？这些问题或许尖锐了一点，但这样的反思会帮助我们梳理和更进一步认清我们到底应该如何进行员工关系管理。

↘ 查阅应用资料及课堂应用训练

作为管理者必须以良好的心态，积极寻找适当的方法去面对和解决员工关系管理中的种种问题。请在课前查阅相关资料，然后在课堂上结合查阅的资料相互讨论一下"我们应该如何做好员工关系管理？"，最后把你的主要观点写在下列的横线上（不够可附页）：

_____
_____
_____

接着，请几位学生代表谈谈自己的观点，然后由教师继续解析"技能应用及其延伸"的相关内容，各位同学要注意将你的观点与教师的解析进行对比。

↘ 技能应用

员工关系管理的问题最终是人的问题，主要是管理者的问题。所以，管理者特别是中高层管理者的观念和行为起着至关重要的作用。作为管理者，应该如何做好员工关系管理呢？下面介绍作为管理者要做好员工关系管理应注意的几个问题。

1. 员工关系管理的起点是让员工认同企业的愿景和价值观

企业所有利益相关者的利益都是通过企业共同愿景的实现来达成的。因此，员工关系管理的起点是让员工认同企业的愿景。没有共同的愿景，缺乏共同的信念，就没有利益相关的前提。优秀的企业，经常通过确立共同的愿景，整合各类资源（当然包括人力资源），促使整个组织不断发展和壮大，引导成员通过组织目标的实现，实现个体的目标的。

企业的价值观是企业的伦理基准，是企业成员对事物共同的判定标准和共同的行为准则，是组织规范的基础。有了共同的价值观，对某种行为或结果，组织成员都能够站在组织的立场做出一致的评价。这种一致的价值观既是组织特色，也是组织成员相互区分的思想和行为标识。所以，认同共同的企业愿景和价值观，是建设和完善企业员工关系管理体系的前提和基础。

2. 完善激励约束机制是员工关系管理的根本

企业有多种利益相关者，但其创立和存在的核心目标在于追求经济价值，而不是为了单纯满足员工个体利益需求。因此，企业组织的目标和其所处的竞争状况，是建立企业与员工同生存、共发展的命运共同体，是处理员工关系的根本出发点。如何完善激励约束机制，建立科学合理的薪酬制度（包括晋升机制等），合理利用利益关系就成了员工关系管理的根本。

3. 心理契约是员工关系管理的核心部分

20世纪70年代，美国心理学家施恩提出了心理契约的概念。虽然心理契约不是有形的，但却发挥着有形契约的作用。企业清楚地了解每个员工的需求和发展愿望，并尽量予以满足；而员工也为企业的发展全力奉献，因为他们相信企业能够满足他们的需求与愿望。

心理契约是由员工需求、企业激励方式、员工自我定位以及相应的工作行为4个方面的循环构建而成的，并且这4个方面有着理性的决定关系。心理契约给我们的员工关系管理带来的思考是：企业在构建心理契约时，要以自身的人力资源和个人需求结构为基础，用一定的激励方法和管理手段来满足、对应和引导员工的心理需求，促使员工以相应的工作行为作为回报，并根据员工的反应在激励上做出适当的调整。员工则依据个人期望和企业的愿景目标，调整自己的心理需求，确定自己对企业的关系定位，结合企业发展目标和自身特点设定自己的职业生涯规划，并因此决定自己的工作绩效和达成与企业的共识：个人成长必须依附企业平台，离开企业这个平台谈员工个人目标的实现只能是一句空话。这就像大海与小溪的关系，企业是大海，个人是小溪，离开大海，溪水是会干枯的。这就是现代人力资源管理的心理契约循环过程，也是企业员工关系管理的核心部分。

4. 职能部门负责人和人力资源部门是员工关系管理的首要责任人

在企业员工关系管理系统中，职能部门负责人和人力资源部门处于联结企业和员工的中心环节。他们相互支持和配合，一方面协调企业利益和员工需求之间的矛盾，提高组织的活力和产出效率；另一方面他们通过协调员工之间的关系，提高组织的凝聚力，从而保证企业目标的实现。因此，职能部门负责人和人力资源部门是员工关系管理的关键，是实施员工关系管理的首要责任人，他们的工作方式和效果，是企业员工关系管理水平和效果的直接体现。

综上所述，在员工关系管理中，管理者应是企业利益的代表者，应是群体最终的责任者，应是下属发展的培养者，应是新观念的开拓者，应是规则执行的督导者。在员工关系管理中，每一位管理者能否把握好自身的管理角色，实现自我定位、自我约束、自我实现、乃至自我超越，关系到员工关系管理的成败和水平的高低，更关系到一个优秀的企业文化建设的成败。或许，这才是我们每一个管理者进行员工关系管理时应该深深思索的问题。

▶ 技能应用延伸

当全面关系管理在全球广泛流行的时候，作为企业，无不希望通过提高客户和员工的满意度，来增强对企业的忠诚度，从而提高对企业的贡献度。因此，对外实行客户关系管理，对内实行员工关系管理就成为必然。但员工关系管理管什么，如何做好员工关系管理，企业对此问题的认识并不清晰，甚至存在一定的误区。

误区之一：包论

"包论"就是只要是员工的事，就什么都管。上管祖宗，下管子孙，外管世界观，内抓潜意识。从员工进入企业到离开企业，不仅管结果，更是管过程。很多人认为企业就应当把员工的生老病死、吃喝拉撒睡都管起来，就应当大包大揽。结果不仅分散精力，效果也未必理想，人际关系也会越来越复杂，从而给企业带来巨大的压力。

企业的管理者对此也是十分的困惑。不管不行，不管就意味着不关心群众生活，没有以人为本，没有建设企业文化生活的积极心态。而管也未必行，管得太多分明就是企业办社会，不仅不能提高企业的效益，而且严重分散企业的资源配置，削弱企业的核心竞争力。更为严重的是，这样的管理遥遥无穷期，犹如雪球，越管越多，越管越大，越管越杂，而且企业与企业之间、员工与员工之间相互攀比，不仅给企业管理带来巨大的压力，甚至埋下不安定的隐患，给经营带来不稳定的因素。

误区之二：均论

"不患贫而患不均"的思想在中国还比较流行。在企业管理中，20%的人做了80%的工作，但是如果是20%的人拿了80%的报酬，员工则不能平衡，企业管理者也难以取舍。因为尽管这是对贡献的肯定，但绝对是对分配机制和分配思想的挑战。

正因为如此，以稳定、安定为前提，对绩效的认可还是停留在平均的基础上，肯定了20%的人而得罪80%的人成为管理的一个雷池，不敢轻易逾越。20%的人事情做得多，工作中与人的接触和摩擦也就相应增多，群众关系本来就有些微妙，如果最后还拿得多，无异于火中浇油，陷自己于不仁不义之中。因此，激励一旦陷入平均主义的人际漩涡，不仅难以挣脱，而且还会形成一种后坐力，加速这一漩涡的发展。

误区之三：文凭论

通过员工关系管理，大力提高员工素质，成为企业员工关系管理的共同目标。怎么提高员工的素质，误区更多。很多人认为，提高员工的素质，关键在于提高员工的文化素质；提高员工文化素质的手段，就是提高员工的文凭级别，初中成为高中，高中成为大专，大专成为本科，本科成为研究生，依此类推。似乎文凭一高，素质就完全提高了；只要有文凭，就会有水平。与此同时，还把学历结构作为衡量员工素质的标准全面推行。

这显然有些片面。实行员工关系管理本身就是打造学习型组织的一个重要方面，在提高员工的满意度和忠诚度的基础上，更易于建立企业的共同愿景，通过员工个体的自我超越，改善企业内部合作的简单模式，以目标的统一来形成团队的合作，以此来系统整合企业的资源配置机制，从而提高企业的核心竞争力。学历教育只是员工素质提高的手段之一，本质在于提高员工的基本素质，提高员工个人的素质潜能。如果这些个体不能形成团队合作，那么企业的目标就如一辆不同方向受力的车，个体的力量越大，对企业的损害越大，最终除了车身被撕破以外，很难想象还有其他的结果。

鉴于以上一些状况，我们不难看出，员工关系管理还有很长的路要走，还有很多的观念需要理清。

模块二 劳动基本法规的应用性解析

📖 知识目标

了解《劳动法》的诞生历程、了解《劳动法》的历史意义、了解全国人大及其常委会颁布的劳动法律名称、了解国务院颁布的劳动行政法名称、了解人力资源和社会保障部①颁布的配套的部门规章名称、了解《劳动合同法》的立法背景、了解《劳动合同法实施条例》产生的背景、掌握《劳动法》的现实作用、掌握《劳动合同法》的立法意义、掌握《劳动合同法实施条例》的重要作用。

📂 能力目标

分析《劳动合同法》的12大亮点、掌握《劳动法》和《劳动合同法》的区别、掌握《劳动合同法》风险提示、掌握《劳动合同法》规避风险的基本措施、掌握《劳动合同法实施条例》潜在用工风险提示及应对措施。

项目一 劳动法的应用性解析

应用一 解读劳动法的前生今世

➤ 预习应用知识

1. 劳动法漫长而曲折的诞生历程

1994年7月5日，《中华人民共和国劳动法》（简称《劳动法》）在八届八次全国人大常委会上以121票赞成，1票反对，3票弃权，1人未按表决器的表决结果得以通过，1995年1月1日正式实施。这部《劳动法》的制定，经历了一个漫长而曲折的过程。

早在1956年，当时的劳动部就根据党中央的指示成立了一个小组，进行起草《劳动法》的准备工作。但是不久受"整风反右"和"大跃进"的影响，特

---

① "中华人民共和国人力资源和社会保障部"是在2008年政府机构改革中，由"人事部"与"劳动和社会保障部"合并而成。而"劳动和社会保障部"则是在2003年政府机构改革中由"劳动部"更名而来。

别是"文革"的破坏中断了 20 余年之久。直到粉碎"四人帮"之后,当时的国家劳动总局根据邓小平同志关于抓紧制定《劳动法》的指示,经过多次研究、起草、讨论、修改,于 1983 年拟定出《中华人民共和国劳动法》(草案),呈报国务院讨论通过,提交全国人大常委会审议。但是,由于那时劳动制度改革起步不久,许多问题还未取得共识,因而《劳动法》(草案)并未提到立法议程,被搁置了达 10 年之久。直到 1993 年初,按照邓小平同志南巡讲话的精神,确定了建设中国特色社会主义市场经济的目标以后,劳动制度改革的方向随之趋于明朗,《劳动法》的制定工作也就大大加快了。经过几次讨论和修改之后,《劳动法》(草案)被提交人大常委会第八次会议审议通过。

2. 劳动法的历史意义

1995 年 1 月 1 日,《中华人民共和国劳动法》正式施行,我国劳动保障法制建设进程中,由此竖立起一个重要里程碑。《劳动法》的公布,基本上改变了我国劳动立法长期滞后的局面。新中国成立以后,人民政府根据党的劳动政策,针对各个时期劳动问题的实际情况,陆续颁布了许多规范性文件。但是除个别是由国家最高权力机关制定的法律以外,绝大多数都是由国务院、劳动部和其他部门颁布的行政法规,而且这些文件全部属于调整个别劳动问题的单行法规,缺少一部调整各项劳动问题的综合性法律。因此,我国的劳动立法体系一直没有完整地建立起来,长期处于滞后状态,无法适应社会主义现代化建设的客观要求。《中华人民共和国劳动法》是一部综合性的基本法律,它的出台正好填补了上述空白和缺陷,从而使我国的劳动立法体系基本上趋于完整。而且这部《劳动法》的内容相当全面,结构比较合理,标准也基本上适当。因此,《劳动法》公布以后,受到全国广大职工和群众的热烈欢迎,国际社会也给予了高度的评价。十多年来的实施证明,《劳动法》的实施对于劳动者权益的保障、劳动合同的推行、劳动争议的处理、社会保障的发展等方面都有明显的效果,从而有利于社会主义经济建设的顺利进行和劳动人民生活的不断改善。⊖

3. 劳动法的现实作用

《劳动法》的贯彻实施使得劳动者的劳动保障法律意识大大提高,并带动劳动者通过《劳动法》来维护自己的合法权益。这对维护劳动者和用人单位的合法权益,促进劳动保障体制改革,维护改革发展,稳定大局,发挥了重要的作用。主要表现在以下五个方面:

(1) 加快了劳动保障立法进程 《劳动法》对就业、劳动关系、工资、工时、休息休假、职业培训、社会保险、劳动争议处理等做出了规定,为劳动保障领域的各项立法提供了法律依据。十多年来,先后出台了与《劳动法》相配

⊖ 周斌:《劳动法》扬帆 10 年再征程,《中国劳动》2005 年第 2 期。

套的《社会保险费征缴暂行条例》、《失业保险条例》、《工伤保险条例》、《禁止使用童工规定》、《劳动力市场管理规定》、《集体合同规定》、《就业促进法》、《劳动争议调解仲裁法》等一系列法规、规章，初步形成了具有中国特色的劳动保障法律体系框架。

（2）推动了市场就业机制的建立　按照《劳动法》确立的原则，逐步建立了包括职业指导、职业介绍和职业培训在内的公共就业服务体系，形成了劳动者自主择业、市场调节就业、政府促进就业的市场导向就业机制，市场在劳动力资源配置中发挥着越来越大的基础性作用。

（3）推动了社会保险事业的发展　《劳动法》规定，国家发展社会保险事业，建立社会保险制度，使劳动者在年老、患病、工伤、失业、生育等情况下获得帮助和补偿。近年来，我国社会保险制度建设快速发展，养老、医疗、失业、工伤、生育保险制度框架初步建立，社会保险覆盖范围不断扩大，社会保险基金监管工作走向制度化、规范化，社会保险服务基本上实现了社会化管理。特别是1998年以来，不断巩固两个"确保"，做好国有企业下岗职工的基本生活保障、失业保险和城镇居民最低生活保障三条保障线的衔接，取得了明显成效。这些都为维护改革发展稳定大局发挥了社会"安全网"和经济"减震器"的重要作用。

（4）促进了劳动关系的和谐稳定　在贯彻实施《劳动法》的过程中，我国逐步建立了与市场经济要求相适应的劳动合同制度和劳动关系协调机制。劳动合同制度普遍实行，国有企业、集体企业和外商投资企业劳动合同签订率在95%以上，私营企业和个体经济组织签订率约为60%。2001年劳动部与全国总工会、中国企业联合会建立国家协调劳动关系三方机制，2003年年底普遍形成了省级协调劳动关系三方机制，一些地方正逐步向市县延伸，并针对劳动关系中的突出问题进行协调。劳动争议处理制度在化解劳动纠纷中发挥了重要作用。

（5）有效维护了劳动者的合法权益　为保证《劳动法》的贯彻实施，经过长期努力，我国已建立了劳动保障监察制度，形成了省、市、县三级监察组织网络，开展了日常巡视监察、举报专查等执法检查活动，及时预防和查处了违法行为，有效地维护了职工的合法权益。㊀

▶ 查阅应用资料及课堂应用训练

我们知道，1995年1月1日《劳动法》正式施行，而《劳动合同法》则于2008年1月1日正式实施。请在课前查阅相关资料，然后在课堂上结合查阅的资料相互讨论一下"2008年《劳动合同法》施行后，1995年的《劳动法》还

㊀ 郑斯林：在《劳动法》颁布十周年座谈会上的讲话，《劳动保障通讯》，2004年第8期。

有效吗？为什么？",最后把你的主要观点写在下列的横线上（不够可附页）：
_____
_____
_____

接着，请几位学生代表谈谈自己的观点，然后由教师继续解析"技能应用及其延伸"的相关内容，各位同学要注意将你的观点与教师的解析进行对比。

技能应用

2008年1月1日《劳动合同法》实行后，1995年的《劳动法》仍然有效，两者并不是同一层次的法律，更不是同一部法律，不可混为一谈。《劳动合同法》与《劳动法》主要在以下几个方面存在着区别：

1. 两者的名称不同

在企业管理人员和劳动者口中，容易把《劳动法》称为"旧劳动法"，把《劳动合同法》称为"新劳动法"，这其实是错误的说法。《劳动合同法》和《劳动法》不仅名称不同，而且两者的法律地位也不同，是既不能等同也不能相互替代的。

2. 两者的立法背景不同

《劳动法》是我国在计划经济向市场经济的过渡时期产生的法律，由全国人大常委会于1994年7月5日通过，于1995年1月1日生效实施；《劳动合同法》则是在我国市场经济发育逐渐成熟时期产生的法律，由中华人民共和国第十届全国人民代表大会常务委员会第二十八次会议于2007年6月29日通过和公布，自2008年1月1日起施行。

《劳动法》是20世纪劳动立法的标杆，《劳动合同法》则是21世纪中国劳动关系发展的必然结果，是构建社会主义和谐社会对上层建筑的必然要求。

3. 两者的立法宗旨不完全相同

《劳动法》第1条开宗明义，"为了保护劳动者的合法权益，调整劳动关系，建立和维护适应社会主义市场经济的劳动制度，促进经济发展和社会进步，根据宪法，制定本法"，明确把劳动者权益放在第一位。

《劳动合同法（草案）》第一次送审稿套用了《劳动法》，即"《劳动合同法》保护劳动合同双方当事人的合法权益"。草案公布时则改为"为了规范用人单位与劳动者订立和履行劳动合同的行为，保护劳动者的合法权益，促进劳动关系和谐稳定，根据《中华人民共和国劳动法》，制定本法"。最终变为"为了完善劳动合同制度，明确劳动合同双方当事人的权利和义务，保护劳动者的合法权益，构建和发展和谐稳定的劳动关系，制定本法"。前后言辞、次序之变，暗含了立法思路的调整。

4．两者关系和层级不同

《劳动法》是劳动保障立法体系中的基准法，是《劳动合同法》的立法根据，可以说是《劳动合同法》的母法。两者的层级不同，《劳动法》是上位法，《劳动合同法》是下位法。

5．调整对象区别（学理区别）

《劳动法》是调整劳动关系以及与劳动关系密切联系的社会关系的法律规范的总称。其内容主要包括：劳动者的主要权利和义务；劳动就业方针政策及录用职工的规定；劳动合同的订立、变更与解除程序的规定；集体合同的签订与执行办法；工作时间与休息时间制度；劳动报酬制度；劳动卫生和安全技术规程；女职工与未成年工的特殊保护办法；职业培训制度；社会保险与福利制度；劳动争议的解决程序；对执行劳动法的监督、检查制度以及违反劳动法的法律责任等。此外，还包括工会参加协调劳动关系的职权的规定。以上内容，在有些国家是以各种单行法规的形式出现的，在有些国家是以劳动法典的形式颁布的。《劳动法》是整个法律体系中一个重要的、独立的"劳动法律部门"。《劳动合同法》作为"劳动法律部门"当中的合同法，是调整劳动合同关系的法律规范的总称。⊖

➤ 技能应用延伸

十多年来，随着劳动力市场化进程的日益加快，劳动争议纠纷与日俱增；拖欠工资、加班不给工资、不签劳动合同、不提供必要的劳动安全条件等现象频发，这一切使人们再次将目光投向《劳动法》。在劳动者权益维护、劳动关系协调对法律依靠程度不断加深的今天，要求修改存在诸多法律空白和缺陷的《劳动法》的呼声日高。自从 2003 年全国"两会"以来，越来越多的省市劳动部门厅局长和工会负责人，以人大代表和政协委员的身份，不断提出尽快修订《劳动法》的建议。修订议案一经提出，迅速在会内外得到广泛响应。

有关人士分析说，现行《劳动法》难以覆盖存在劳动关系的所有劳动者，维护劳资双方平等地位的法律条款不能适应市场经济的发展要求，法律刚性不足，执法手段有待强化。国内经济体制与经济结构发生巨变，导致了劳动者身份的多样化。1994 年制定《劳动法》时，还是一个摸着石头过河的年代。当时的劳动关系主要还是国有企业的劳动关系，计划经济体制的烙印很深。随着经济结构的

⊖ 资料来源 http://blog.sina.com.cn/51laodongfa。

多元化，劳动关系也日益复杂化，并已经在事实上成为我国最基本的社会关系，劳资冲突正在成为新的社会焦点问题与新的社会矛盾。另外，当时经济全球化对中国的影响还不是很大，而现在我国已加入WTO，并采取了积极、主动地融入国际经济主流体系的开放政策。和世界经济接轨使我国的经济获得了新的活力与动力，但经济全球化带来的强资本弱劳工格局，亦必然要影响到中国的劳动关系，国际环境影响中国劳资力量对比与劳动关系的事实不容忽略。

14年对于一部法律并非很长，但1994年～2007年对于中国的改革而言，却是由有计划的市场经济向社会主义市场经济转化的关键时期。《劳动法》在这个转变中扮演了一个独特的角色，如何让《劳动法》真正成为维护劳动者合法权益的利剑，劳动法需要迎来一次彻底的改变。然而，修改《劳动法》是一个系统工程，来自各方的意见和建议难以统一；修改《劳动法》要在社会保险法、劳动合同法和促进就业法等单项法规出台之后，通过细部的完善，才能进入修改的阶段。

正是在这种情况和形式下，《劳动合同法》由第十届全国人大常委会第二十八次会议于2007年6月29日通过和公布，自2008年1月1日起施行。《劳动合同法》的颁布和实施旨在弥补《劳动法》在以上各方面的不足，为今后修订《劳动法》积累立法经验。但是，在《劳动法》修订之前，1995年的《劳动法》仍然有效。

应用二　构建劳动法律法规体系

➥ 预习应用知识

《劳动法》颁布后，我国政府及相关部门继续不断地关注劳动立法工作，构建了劳动法律体系。1994年8月22日，原劳动部发布了《关于贯彻实施〈劳动法〉的意见》的通知，在这一法律文件中的第十部分"完善劳动法律体系问题"中提出："《劳动法》是劳动法体系中的基本法，要使其制定的各项基本原则得到很好的贯彻执行，还必须制定与之配套的《就业促进法》、《劳动合同法》、《工资法》、《安全生产法》、《劳动保护法》、《职业技能开发法》、《社会保障法》、《劳动争议处理法》、《劳动监察法》等单项法律和法规，形成完善的劳动法律体系。"为逐步实现这一目标，《劳动法》颁布以后，我国陆续颁布了一系列的劳动法律、法规，构建了我国劳动法律体系，具体情况介绍如下：

1. 全国人大及其常委会颁布的劳动法律

从构建劳动法律体系来说，国务院、前劳动部和前劳动和社会保障部颁布了较多的劳动法规。但是，仅有这些劳动法规是不够的，必须由全国人大及其常委会制定与《劳动法》配套的单项劳动法律。2001年10月颁布了《工会法》和《职业病防治法》、2002年6月颁布了《安全生产法》等。为了进一步健全劳动立法，全国人大常委会于2007年对劳动立法给予了高度重视，在2007年2月全国人大常委会发布的2007年立法规划中，有关劳动立法的项目就有四项之多，分别是《就业促进法》、《劳动合同法》、《劳动争议调解仲裁法》、《社会保险法》。全国人大常委会对劳动立法的高度关注，赢得了全国人民的欢迎，大家热情地赞誉2007年为"劳动立法年"。

在全国人大常委会的积极努力下，2007年顺利实现了预定的立法规划，连续颁布了《劳动合同法》、《就业促进法》和《劳动争议调解仲裁法》3部新时期劳动法律，在我国劳动立法史上写下了光辉的一页。《劳动合同法》的颁布进一步明确了劳动关系双方当事人的权利与义务，为构建和谐劳动关系提供了法律保障；《就业促进法》的颁布，加强了对劳动就业的管理，有力地促进了就业工作的开展；《劳动争议调解仲裁法》的颁布为改进和健全劳动争议处理制度确立了法律规范。

2. 国务院颁布的劳动行政法

就国务院而言，在《劳动法》颁布后，1995年3月发布了《关于修改〈国务院关于职工工作时间的规定〉的规定》；1999年1月发布了《失业保险条例》和《社会保险费征缴暂行条例》；2002年10月发布了《禁止使用童工规定》；2003年4月发布了《工伤保险条例》；2004年10月发布了劳动保障监察条例。为了保证《劳动合同法》的贯彻实施，2008年国务院又发布了《劳动合同实施条例》。

3. 前劳动部及劳动和社会保障部颁布的配套的部门规章

前劳动部及劳动和社会保障部于1994年12月颁布了《违反〈中华人民共和国劳动法〉行政处罚办法》、《企业职工患病或非因工负伤医疗期规定》、《违反和解除劳动合同的经济补偿办法》、《工资支付暂行规定》、《就业训练规定》、《企业职工生育保险试行办法》；1995年5月颁发了《违反〈劳动法〉有关劳动合同规定的赔偿办法》；1995年8月，劳动部印发了《关于贯彻执行〈中华人民共和国劳动法〉若干问题的意见》；1995年12月颁发了《劳动监察程序规定》；1996年10月发布了《〈矿山安全法〉实施条例》；1996年11月发布了《劳动和社会保障行政复议办法》；2000年12月发布了《工资集体协商试行办法》；2001年5月发布了《社会保险基金行政监督办法》及《社会保险行政争议处理办法》；2004年1月颁发了《集体合同规定》和《最低工资规定》。这一系列劳动法规的颁布大大地充实和完善了劳动立法。

4. 省、市、自治区颁布的地方性法规和地方政府规章

《劳动法》赋予了省、市、自治区制定劳动合同实施办法的权力,各地制定了大量的地方性法规和地方政府规章,如《北京市劳动合同规定》、《上海市劳动合同条例》等。

5. 最高人民法院颁布的司法解释

最高人民法院于2001年4月16日公布的《最高人民法院关于审理劳动争议案件适用法律若干问题的解释》,2006年8月14日公布的《最高人民法院关于审理劳动争议案件适用法律若干问题的解释(二)》,对处理劳动争议也起到了重要的作用。

我国处理法律冲突的基本原则是:上阶法优先于下阶法,下阶法不得与上阶法冲突。我国的法律层阶顺序由高到低依次为:全国人大常委会通过的基本法律,全国人大常委会通过的法律,国务院的行政法规,省、自治区、直辖市、省会所在的市、较大的市通过的地方性法规,国务院各部委、省、自治区、直辖市、省会所在的市、较大的市政府制定的规章。由于法院是劳动争议最终的裁判机构,所以最高人民法院的司法解释在司法体系中具有重要的作用。

三大法律形成了劳动法律体系的基本架构,即《劳动法》、《劳动合同法》和《劳动争议调解仲裁法》。相邻部门法充实了劳动法律体系的内容,即《工会法》、《安全生产法》和《就业促进法》等。同时,一大批法规、规章、司法解释的等的形成,是健全劳动法律体系的重要举措,它们大大地丰富和充实了劳动法律体系的内容,增强了劳动法律体系的可操作性,成为构建和谐社会与和谐劳动关系的法律保障。

▶ 查阅应用资料及课堂应用训练

《劳动法》颁布以后,我国陆续颁布了一系列的劳动法律、法规,构建了我国劳动法律法规体系。请在课前查阅相关资料,然后在课堂上结合查阅的资料相互讨论一下"哪些劳动保障政策法规,可能在人力资源管理工作中得到应用?",最后把你的主要观点写在下列的横线上(不够可附页):

_____

_____

_____

接着,请几位学生代表谈谈自己的观点,然后由教师继续解析"技能应用及其延伸"的相关内容,各位同学要注意将你的观点与教师的解析进行对比。

技能应用

作为管理者特别是人力资源管理者，必须要了解现行的基本劳动法律法规。虽然不一定要熟悉其中的内容，但是必须要了解其名称，以便"法到用时好寻找"。表 2-1 列举出可能在人力资源管理工作中得到应用的综合性劳动保障政策法规目录，以供参考。必须要说明的是，法律法规具有时效性，尤其是中国正处在经济高速发展期，其劳动保障政策法规的修正和更新速度更快。虽然目录中的劳动保障政策法规目前有效，但不能排除以后会进行修正或失效，各位读者应适时判断并谨慎使用。

表 2-1 综合性劳动保障政策法规目录

序号	标题	颁布日期	时效性
1	企业职工带薪年休假实施办法	2008-09-18	有效
2	中华人民共和国劳动合同法实施条例	2008-09-18	有效
3	违反土地管理规定行为处分办法	2008-05-09	有效
4	中华人民共和国残疾人保障法	2008-04-24	有效
5	中华人民共和国劳动争议调解仲裁法	2007-12-29	有效
6	国务院关于修改《全国年节及纪念日放假办法》的决定	2007-12-14	有效
7	职工带薪年休假条例	2007-12-14	有效
8	中华人民共和国就业促进法	2007-08-30	有效
9	中华人民共和国劳动合同法	2007-06-29	有效
10	中华人民共和国个人所得税法	2007-06-29	有效
11	中华人民共和国行政复议法实施条例	2007-05-29	有效
12	残疾人就业条例	2007-02-25	有效
13	中华人民共和国未成年人保护法	2006-12-29	有效
14	中华人民共和国企业破产法	2006-08-27	有效
15	最高人民法院关于审理劳动争议案件适用法律若干问题的解释（二）	2006-08-14	有效
16	中华人民共和国义务教育法	2006-06-29	有效
17	关于贯彻落实国务院关于解决农民工问题的若干意见的实施意见	2006-04-29	有效
18	国务院办公厅转发劳动保障部关于做好被征地农民就业培训和社会保障工作指导意见的通知	2006-04-10	有效
19	国务院关于加强和改进社区服务工作的意见	2006-04-09	有效
20	劳动保障监察条例	2004-10-26	有效
21	关于贯彻实施《行政许可法》深化劳动保障行政审批制度改革工作的通知	2004-09-01	有效

(续)

序号	标题	颁布日期	时效性
22	关于进一步加强和改进劳动保障宣传工作的意见	2004-08-20	有效
23	国务院办公厅关于印发2004年振兴东北地区等老工业基地工作要点的通知	2004-04-26	有效
24	关于对部分规范性文件的部分内容停止执行的通知	2004-03-25	有效
25	国务院办公厅关于贯彻落实全面推进依法行政实施纲要的实施意见	2004-03-22	有效
26	国务院关于印发全面推进依法行政实施纲要的通知	2004-03-22	有效
27	关于切实加强艾滋病防治工作的通知	2004-03-16	有效
28	国务院办公厅关于中央企业分离办社会职能试点工作有关问题的通知	2004-03-10	有效
29	关于劳动保障部门加强求真务实作风建设的意见	2004-03-05	有效
30	中华人民共和国民办教育促进法实施条例	2004-03-05	有效
31	关于印发《2004年执法监察工作的安排意见》的通知	2004-02-16	有效
32	关于进一步做好刑满释放、解除劳教人员促进就业和社会保障工作的意见	2004-02-06	有效
33	国务院关于推进资本市场改革开放和稳定发展的若干意见	2004-01-31	有效
34	集体合同规定	2004-01-20	有效
35	最低工资规定	2004-01-20	有效
36	关于贯彻实施《行政许可法》的意见	2003-12-31	有效
37	中共中央国务院关于进一步加强人才工作的决定	2003-12-26	有效
38	最高人民法院关于审理人身损害赔偿案件适用法律若干问题的解释	2003-12-26	有效
39	中国人民解放军军人配偶随军未就业期间社会保险暂行办法	2003-12-25	有效
40	国务院办公厅关于贯彻实施行政许可法工作安排的通知	2003-12-10	有效
41	最高人民法院关于人民法院审理事业单位人事争议案件若干问题的规定	2003-08-27	有效
42	最高人民法院关于在民事审判工作中适用《中华人民共和国工会法》若干问题的解释	2003-06-25	有效
43	工伤保险条例	2003-04-16	有效
44	关于贯彻实施《中华人民共和国职业病防治法》有关问题的通知	2003-03-24	有效
45	中华人民共和国民办教育促进法	2002-12-28	有效
46	禁止使用童工规定	2002-10-01	有效
47	中华人民共和国保险法（修正）	2002-10-28	有效
48	关于开展社会保险经办机构工作人员业务素质考核工作的通知	2001-12-21	有效
49	中华人民共和国职业病防治法	2001-10-27	有效

（续）

序号	标题	颁布日期	时效性
50	中华人民共和国工会法	2001-10-27	有效
51	关于职工在机关事业单位与企业之间流动时社会保险关系处理意见的通知	2001-09-28	有效
52	关于转发财政部国家税务总局《关于个人与用人单位解除劳动关系取得的一次性补偿收入征免个人所得税问题的通知》	2001-09-27	有效
53	关于取得国外永久性居民身份证回国工作人员在国内工作期间有关社会保险问题的复函	2001-09-10	有效
54	关于个人与用人单位解除劳动关系取得的一次性补偿收入征免个人所得税问题的通知	2001-09-10	有效
55	国务院关于印发减持国有股筹集社会保障资金管理暂行办法的通知	2001-06-06	有效
56	中华人民共和国税收征收管理法	2001-04-28	有效
57	最高人民法院关于审理劳动争议案件适用法律若干问题的解释	2001-03-22	有效
58	煤矿安全监察条例	2000-11-07	有效
59	中华人民共和国外资企业法（修正）	2000-10-31	有效
60	关于贯彻国务院8号文件有关问题的通知	2000-07-18	有效
61	国务院关于切实做好企业离退休人员基本养老金按时足额发放和国有企业下岗职工基本生活保障工作的通知	2000-05-28	有效
62	中华人民共和国立法法	2000-03-15	有效
63	国务院办公厅关于继续做好确保国有企业下岗职工基本生活和企业离退休人员养老金发放工作的通知	2000-02-03	有效
64	关于进一步加强中央直属企业下岗职工基本生活保障和再就业工作的通知	1999-10-19	有效
65	城市居民最低生活保障条例	1999-09-28	有效
66	全国年节及纪念日放假办法	1999-09-18	有效
67	中华人民共和国招标投标法	1999-09-18	有效
68	关于做好国有企业下岗职工基本生活保障失业保险和城市居民最低生活保障制度衔接工作的通知	1999-04-29	有效
69	中华人民共和国行政复议法	1999-04-29	有效
70	关于贯彻两个条例扩大社会保障覆盖范围加强基金征缴工作的通知	1999-03-20	有效
71	社会保险登记管理暂行办法	1999-03-19	有效
72	社会保险费申报缴纳管理暂行办法	1999-03-19	有效
73	社会保险费征缴监督检查办法	1999-03-19	有效
74	国务院办公厅关于进一步做好国有企业下岗职工基本生活保障和企业离退休人员养老金发放工作有关问题的通知	1999-02-03	有效
75	社会保险费征缴暂行条例	1999-01-22	有效

（续）

序号	标 题	颁布日期	时效性
76	失业保险条例	1999-01-22	有效
77	流动人口计划生育工作管理办法	1998-09-22	有效
78	关于印发《国有企业下岗职工基本生活保障和再就业资金管理暂行办法》的通知	1998-09-08	有效
79	关于严格执行国有企业下岗职工基本生活保障和再就业工作有关政策的通知	1998-09-08	有效
80	中华人民共和国执业医师法	1998-06-26	有效
81	关于认真贯彻落实党中央、国务院《关于切实做好国有企业下岗职工基本生活保障和再就业工作的通知》的通知	1998-06-23	有效
82	关于进一步改善对中小企业金融服务的意见	1998-06-20	有效
83	关于印发《全国职工自学成才奖励条例》的通知	1998-06-11	有效
84	关于切实做好国有企业下岗职工基本生活保障和再就业工作的通知	1998-06-09	有效
85	国务院批转国家计委、国家经贸委、国家体改委关于深化大型企业集团试点工作意见的通知	1997-04-29	有效
86	中华人民共和国合伙企业法	1997-02-23	有效
87	中华人民共和国乡镇企业法	1996-10-29	有效
88	中华人民共和国矿山安全法实施条例	1996-10-30	有效
89	中华人民共和国老年人权益保障法	1996-08-29	有效
90	国务院关于建立企业扭亏增盈工作目标责任制意见的通知	1996-07-24	有效
91	关于印发《劳动部贯彻〈中国妇女发展纲要（1995~2000年）〉实施方案》的通知	1996-07-02	有效
92	中华人民共和国行政处罚法	1996-03-17	有效
93	中华人民共和国保险法	1995-06-30	已被修正
94	关于印发《现代企业制度试点企业劳动工资社会保险制度改革办法》的通知	1995-06-09	有效
95	中华人民共和国商业银行法	1995-05-10	有效
96	违反《劳动法》有关劳动合同规定的赔偿办法	1995-05	有效
97	中华人民共和国中国人民银行法	1995-03-18	有效
98	违反和解除劳动合同的经济补偿办法	1994-12	有效
99	国务院关于在若干城市试行国有企业破产有关问题的通知	1994-10-25	有效
100	中华人民共和国审计法	1994-08-31	有效
101	中华人民共和国仲裁法	1994-08-31	有效
102	中华人民共和国劳动法	1994-07-05	有效
103	关于企业所得税若干优惠政策的通知	1994-03-29	有效
104	中华人民共和国公司法	1993-12-29	有效
105	国务院关于印发《国家公务员制度实施方案》的通知	1993-11-15	有效
106	中华人民共和国教师法	1993-10-31	有效
107	中华人民共和国消费者权益保护法	1993-10-31	有效
108	国家公务员暂行条例	1993-08-14	有效
109	企业劳动争议处理条例	1993-07-06	有效
110	全民所有制工业企业转换经营机制条例	1992-07-23	有效
111	中华人民共和国妇女权益保障法	1992-04-03	有效
112	中华人民共和国工会法	1992-04-03	有效

（续）

序号	标 题	颁布日期	时效性
113	中华人民共和国未成年人保护法	1991-09-04	有效
114	中华人民共和国民事诉讼法	1991-04-09	有效
115	中华人民共和国残疾人保障法	1990-12-28	有效
116	国务院办公厅转发国家计委等部门关于"农转非"政策管理工作分工意见报告的通知	1990-07-15	有效
117	关于实施《企业思想政治工作人员专业职务试行条例》的若干规定	1990-06-26	有效
118	关于工资总额组成的规定	1990-01-01	有效
119	中华人民共和国行政诉讼法	1989-04-04	有效
120	女职工劳动保护规定	1988-07-21	有效
121	中华人民共和国私营企业暂行条例	1988-06-25	有效
122	国务院关于发布《禁止向企业摊派暂行条例》的通知	1988-04-28	有效
123	中华人民共和国中外合作经营企业法	1988-04-13	有效
124	国务院关于发布《全民所有制工业企业承包经营责任制暂行条例》的通知	1988-02-27	有效
125	发布《关于开展大学后继续教育的暂行规定》的通知	1987-12-15	有效
126	关于征收奖金税、工资调节税有关问题的通知	1987-02-17	有效
127	化学危险物品安全管理条例	1987-02-17	有效
128	国务院批转国家经委、审计署、财政部关于制止向企业摊派的情况和意见的通知	1987-01-15	有效
129	中华人民共和国民法通则	1986-04-12	有效
130	国务院、中央军委批转国防科工委等部门关于解决三线艰苦地区国防科技工业离休退休人员安置和职工夫妻长期两地分居问题的报告的通知	1984-06-11	有效
131	国务院关于发布《中华人民共和国中外合资经营企业法实施条例》的通知	1983-09-20	已被修正
132	国务院关于颁发《国务院关于科技人员合理流动的若干规定》的通知	1983-07-13	有效
133	国务院关于颁发《关于城镇集体所有制经济若干政策问题的暂行规定》的通知	1983-04-14	有效
134	国务院关于颁发《国务院关于城镇劳动者合作经营的若干规定》和《〈国务院关于城镇非农业个体经济若干政策性规定〉的补充规定》的通知	1983-04-13	有效
135	关于印送《企业职工奖惩条例》若干问题的解答意见的通知	1983-01-24	有效
136	中华人民共和国宪法（第三次修正）	1982-12-04	有效
137	国务院关于发布《企业职工奖惩条例》的通知	1982-04-10	有效
138	中华人民共和国中外合资经营企业法	1979-07-01	已被修正

↘ 技能应用延伸

我们在上文谈到了劳动保障政策法规的时效性问题，2007年11月21日，劳动和社会保障部发布了《劳动和社会保障部关于公布劳动和社会保障规章清理结果的通知》（劳社部发[2007]41号），列举了一些已经废止和拟修订的劳动保障法律规章目录;另外,在此基础上增加了一些目录,但不是很全面,仅供大家参考,如表2-2、2-3所示。

表2-2 已废止的劳动保障法律法规目录

序号	发布机关	规章名称	文 号	发布日期	废止说明
1	劳动部	劳动合同鉴证实施办法	劳力字[1992]54号	1992-10-22	已被《关于废止部分劳动和社会保障规章的决定》废止,2007年11月9日起失效
2	劳动部、对外经贸部	外商投资企业劳动管理规定	劳部发[1994]246号	1994-8-11	已被《关于废止部分劳动和社会保障规章的决定》废止,2007年11月9日起失效
3	劳动部	职业指导办法	劳部发[1994]434号	1994-10-27	已被《就业服务和就业管理规定》废止,2008年1月1日起失效
4	劳动部	职业培训实体管理规定	劳部发[1994]506号	1994-12-14	已被《关于废止部分劳动和社会保障规章的决定》废止,2007年11月9日起失效
5	劳动部	企业职工工伤保险试行办法	劳部发[1996]266号	1996-8-12	已被《关于废止部分劳动和社会保障规章的决定》废止,2007年11月9日起失效
6	劳动和社会保障部	劳动和社会保障信访工作暂行规定	4号令	1999-8-12	已被《关于废止部分劳动和社会保障规章的决定》废止,2007年11月9日起失效
7	劳动和社会保障部	劳动力市场管理规定	10号令	2000-12-8	已被《就业服务和就业管理规定》废止,2008年1月1日起失效
8	劳动部、公安部、全国总工会	关于加强外商投资企业和私营企业劳动管理切实保障职工合法权益的通知	劳部发[1994]118号	1994-03-04	已被《中华人民共和国劳动法》及其配套法规、规章替代,2003年02月25日起失效
9	劳动部	关于进一步改进和加强外商投资企业劳动工作的通知	劳部发[1993]45号	1993-05-15	已被《外商投资企业劳动管理规定》(劳部发〔1994〕246号)代替,1994年11月11日起失效
10	国务院	军人抚恤优待条例	国务院令第8号	1988-07-18	已被2004年8月1日中华人民共和国国务院中华人民共和国中央军事委员会第413号令公布《军人抚恤优待条例》代替,2004年10月1日起失效
11	劳动和社会保障部	劳动和社会保障信访工作暂行规定	劳动和社会保障部令第4号	1999-08-12	与《信访条例》相抵触,2007年11月9日起失效
12	全国人大常委会	中华人民共和国企业破产法(试行)	全国人大常委会	1986-12-02	已被《中华人民共和国企业破产法》及其配套法规、规章替代,2007年6月1日起失效
13	劳动部	中央、国务院关于社会保险工作的指示、规定	劳险字[1989]21号	1989-09-27	《国务院关于企业职工基本养老保险制度改革的决定》(国发[1991]33号文)等文件已有新的规定,1999年8月3日起失效

表 2-3 部分失效的劳动保障法律法规目录

序号	发布机关	规章名称	文 号	发布日期	修订理由
1	劳动部	企业经济性裁减人员规定	劳部发[1994]447号	1994-11-14	与《劳动合同法》不一致
2	劳动部	违反和解除劳动合同的经济补偿办法	劳部发[1994]481号	1994-12-3	与《劳动合同法》不一致
3	劳动部	违反《劳动法》有关劳动合同规定的赔偿办法	劳部发[1995]223号	1995-5-10	与《劳动合同法》不一致
4	劳动和社会保障部、公安部、工商总局	境外就业中介管理规定	15号令	2002-5-14	与《行政许可法》不一致
5	劳动和社会保障部	集体合同规定	22号令	2004-1-20	与《劳动合同法》不一致
6	全国人大常委会	中华人民共和国劳动法	国家主席令第28号	1994-7-5	部分条款失效
7	最高人民法院	最高人民法院关于审理劳动争议案件适用法律若干问题的解释	最高人民法院审判委员会第1165次会议	2001-3-22	部分条款失效
8	最高人民法院	最高人民法院关于审理劳动争议案件适用法律若干问题的解释（二）	最高人民法院审判委员会第1393次会议	2006-7-10	部分条款失效
9	劳动部	劳动部办公厅关于《劳动法》若干条文的说明	—	1995-01-01	部分条款失效
10	劳动部	劳动部办公厅关于试用期内解除劳动合同处理依据问题的复函	劳办发[1995]264号	1995-05-05	部分条款失效
11	劳动部	劳动部关于实行劳动合同制度若干问题的通知	劳部发[1996]354号	1996-10-31	部分条款失效
12	国务院	国务院关于职工工作时间的规定	国务院令第174号	1995-3-25	部分条款失效
13	全国人大常委会	人口与计划生育法	国家主席令第63号	2001-12-29	部分条款失效
14	政务院	中华人民共和国劳动保险条例	政秘字134号命令	1951-02-26	部分条款失效
15	劳动部	中华人民共和国劳动保险条例实施细则（修正草案）	—	1953-01-26	施行的《女职工劳动保护规定》将《中华人民共和国劳动保险条例》中有关女工人、女职员生育待遇的规定废止

项目二　劳动合同法及实施条例的应用性解析

🅰 应用一　劳动合同法的12大亮点

➡ 预习应用知识

1. 劳动合同法概述

劳动合同法是调整劳动者和用人单位之间订立、履行、变更、解除和终止劳动合同权利和义务关系的法律规范的总称。

《中华人民共和国劳动合同法》向社会公开征集意见20余万条，13次易稿，引起广泛争议。经过4次审议，最终于2007年6月29日由第十届全国人大常委会第二十八次会议通过，胡锦涛主席签署第65号主席令予以公布，并于2008年1月1日起实施。

2. 劳动合同的立法背景

《劳动法》施行后的第二年，《劳动合同法》就被列入国务院立法日程。但到了1998年，起草工作却被暂时搁置。直到2004年底，起草工作才重新启动。起草工作一经启动，便成为社会各界高度关注的焦点。在上海一次《劳动合同法》（草案）论证会上，上海美国商会和20余家美资企业不请自来，并趾高气扬地进行威胁，引发报界报道美商会等资方将"从中国撤资"。我国工会专访美国并赢得了美方工会支持，美方工会后来回访中国，对《劳动合同法》的出台给予充分的认同，并提出：捍卫中国工人的权利，在某种程度上也是捍卫全球工人的权利。

《劳动合同法》（草案）于2005年12月24日首次提交审议以来，在随后一年半时间内的4次审议中，每一次都能引发较大的热议。4次审议的时间分别是：

2005年12月24日～29日，全国人大常委会第十九次会议首次审议；
2006年12月24日～29日，全国人大常委会第二十五次会议第二次审议；
2007年4月24日～27日，全国人大常委会第二十七次会议第三次审议；
2007年6月24日～29日，全国人大常委会第二十八次会议第四次审议。

2007年6月29日，在第十届全国人大常委会第二十八次会议上，历经4次审议的《劳动合同法》最终以"145票赞成，0票反对，1人忘记按表决器"获得通过。这个结果说明，对于《劳动合同法》，立法机关达成了高度共识。

3. 劳动合同的立法意义

《劳动合同法》在新中国立法史上创造了法律草案公开征集意见的纪录：2006年3月20日，"草案"向社会公众征求意见；其后短短一个月的时间里，通过各种渠道共收到191 849件立法意见。

（1）《劳动合同法》是我国民主立法的典范和劳动立法的重要里程碑。

（2）《劳动合同法》将引发我国劳动用工秩序的根本性变革。

（3）《劳动合同法》为企业创造公平竞争的市场环境。

（4）《劳动合同法》将为和谐的劳动关系提供坚实的保障。

（5）《劳动合同法》为切实维护劳动者权益建立了良好基础。

（6）《劳动合同法》具有针对性并有效地解决了如下劳动用工的现实问题：用人单位不签劳动合同、劳动者不愿签劳动合同、劳动合同短期化、用人单位滥用试用期、违约金设定损害劳动者权益、非法用工、强迫劳动、随意解除合同、劳务派遣中损害劳动者权益等。

▶ 查阅应用资料及课堂应用训练

《劳动法》施行后的第二年，《劳动合同法》就被列入国务院立法日程；《劳动合同法》还没实施之前，很多企业就在为该法实施做好规避风险的准备。请在课前查阅相关资料，然后在课堂上结合查阅的资料相互讨论一下"从用人单位的角度总结出《劳动合同法》值得关注的地方"，最后把你的主要观点写在下列的横线上（不够可附页）：

_____

_____

_____

接着，请几位学生代表谈谈自己的观点，然后由教师继续解析"技能应用及其延伸"的相关内容，各位同学要注意将你的观点与教师的解析进行对比。

▶ 技能应用

备受关注的《劳动合同法》已经出台，新法中许多条款与现行法律法规有非常大的变化。这部法律在1994年《劳动法》的基础上进一步提高了对员工的保护力度，提升了用人单位人力资源的管理成本。新法出台后，必将给实施多年的各地劳动合同条例和已确定的劳动关系立法模式带来重大调整；同时，用人单位人力资源管理理念也将得到更新，用人单位人力资源管理乃至用人单位的全面经营管理势必受到深远的积极影响。

下面从用人单位角度对《劳动合同法》进行重点解读，用人单位应关注和掌握的《劳动合同法》12大亮点，以期能够利用新《劳动合同法》的契机，提升员工关系管理水平，避免劳资冲突，建立和谐的劳资关系。

1．更多劳动者的权益维护有了法律保障

与《劳动法》相比，《劳动合同法》扩大了《劳动法》的适用范围，使民办非企业单位等组织的劳动者、事业单位实行聘用制的工作人员、劳务派遣和非全日制用工的劳动者的权益维护有了法律保障。

自《劳动法》施行后，出现了一些新的用工主体（如民办非企业单位）和用工形式（如劳务派遣用工和非全日制用工）。对这类用工主体和用工形式的用人单位与其劳动者之间的权利义务关系缺乏相关法律规定，发生争议时无法可依，不利于维护这类劳动者的合法权益。另外，目前除公务员和参照《公务员法》管理的工作人员之外，事业单位中签订聘用合同的人员由于行政管理部门权限划分的原因，既不适用《劳动法》的规定，也不适用《公务员法》的规定。这些劳动者与单位发生争议时，既不能根据《公务员法》主张相关权利，也不能依据《劳动法》维护自身权益，不利于保护这部分劳动者的合法权益。

鉴于以上新的情况，《劳动合同法》扩大了《劳动法》的适用范围（《劳动合同法》第2条）：

（1）在适用范围中增加了民办非企业单位等组织及其劳动者。

（2）规定事业单位与实行聘用制的工作人员之间也应订立劳动合同，但考虑到事业单位实行的聘用制度与一般劳动合同制度在劳动关系双方的权利和义务方面、管理体制方面存在一定的差别，因此允许其优先适用特别规定。

（3）单章单节对劳务派遣用工和非全日制用工进行规范，明确将劳务派遣和非全日制用工的劳动者纳入劳动合同法调整的范围（《劳动合同法》第57～72条）。

2．规章制度制定程序更加严格

与《劳动法》相比，《劳动合同法》增加并规定了用人单位在制定、修改或者决定直接涉及劳动者切身利益的规章制度或者重大事项时，应与工会或者职工代表平等协商确定。这是我国劳动立法的一大进步。《劳动合同法》第4条的规定，使得很多单位的规章制度可能被法律否认，这需要引起管理者足够的警醒，及时、妥善地规范自己的管理程序：

（1）单位制定劳动报酬、工作时间、劳动纪律等与劳动者利害相关的规章制度时应当经职工代表大会或全体职工讨论 这个"应当"通常会被仲裁员和法官理解成强制性规范，违反了就无效，这是企业规章的法律风险。规章无效的话，即使出现违规员工，企业也存在违法解除合同的责任风险。实践中肯定有不同的观点，可是任何不确定性都属于风险的范畴。

（2）用人单位应当将直接涉及劳动者切身利益的规章和事项公示，或者告知劳动者。获得这些信息是劳动者法定的权利，最高法院也要求企业必须将规章公示和告知劳动者。但问题是，实践中经常出现庭审中员工否认知道该规章的情况，可是劳动争议的举证责任是单位的，可见企业的这种风险有多大。

（3）员工严重违章是单位解除合同而不补偿的重要理由、员工拒绝"违章指挥"是员工解除合同并要求单位赔偿的重要理由，利益争斗的焦点可能就会集结在是否有规章、规章是否公示告知并生效。解决这个问题需要人力资源技术和法律技术的配合，事关重大，涉及管理秩序是否存在。

3. 用人单位不签劳动合同将面临严重后果

《劳动法》实施以来，劳动合同签订率低的现象一直得不到改变，相信《劳动合同法》关于用人单位不订立书面劳动合同需支付劳动者2倍工资或被视为已订立无固定期限劳动合同的规定一旦实施，事实劳动关系将得到有效遏制（《劳动合同法》第14、82条）。

形成劳动关系，就应当签订书面劳动合同；形成劳动关系而没有签订书面劳动合同的，法律上称之为"事实劳动关系"。本条主要针对签订劳动合同的时间以及事实劳动关系的法律责任作了严格的规定。

用人单位不愿意与劳动者签订劳动合同的原因有二：①受降低用工成本的驱动，不签劳动合同有可能逃避为职工缴纳社会保险的义务，降低解雇职工时支付经济补偿金等成本；②现行法律规定中，用人单位不签订劳动合同承担的法律责任仅是员工可以随时辞职、单位终止双方关系时须支付员工的工龄经济补偿金以及小额的罚款等。较轻的法律责任对用人单位的这种行为没有强有力的处罚措施。

新规定中，首先对签订劳动合同的时间作了明确的界定。应当说，该条规定的"自用工之日起1个月内订立书面劳动合同"的时间还是较为宽松的，但超过这个时间仍未订立书面合同，用人单位须向员工每月支付2倍的工资；超过1年仍未订立书面劳动合同，则视为用人单位与员工已订立无固定期限劳动合同。以上处罚规则非常严厉。

新法实施后，用人单位将不敢"玩火"而不与员工签订劳动合同。对于用人单位来说，将来考虑的重点应转向如何在管理中采取各种强化措施，建立单位内部严格的劳动合同签订纪律，禁止或防范出现员工不与单位签订劳动合同的现象，避免与员工形成事实劳动关系。随着《劳动合同法》的实施，那种认为"劳动合同是保护员工合法权益的文件"的传统观点将发生变化，劳动合同将逐渐成为"保护用人单位和员工合法权益的文件"，用人单位必须日益重视起劳动合同在人力资源管理中的重要性。

4. 引导订立长期或无固定期限劳动合同

《劳动法》有关无固定期限劳动合同的规定，主要体现在第20条："……

劳动者在同一用人单位连续工作满 10 年以上，当事人双方同意续延劳动合同的，如果劳动者提出订立无固定期限的劳动合同，应当订立无固定期限的劳动合同。"《劳动合同法》(第 14、82 条)在上述条款的基础上，扩大了无固定期限劳动合同的范围。例如，取消了现行劳动法的"同意续延"，改为只要在同一用人单位连续工龄满十年，员工即可提出订立无固定期限劳动合同；另增加了两种新的须签订无固定期限合同的情形，同时明确规定了用人单位如违反上述规定不签订无固定期限劳动合同的法律责任。

长期或无固定期限的劳动合同，被认为是构建和谐劳资关系的重要基础。因此，立法者试图通过这些条款构建起国内的长期或无固定期限劳动合同的用工制度，引导用人单位与员工签订长期劳动合同或无固定期限劳动合同，推动长期或无固定期限劳动合同在国内的"落地生根"。

尽管仍有不少用人单位对无固定期限劳动合同及该条款存有恐惧之心，但实际上，无固定期限劳动合同并非是不可解除的劳动合同。从解除的法定条件上说，用人单位解除无固定期限劳动合同与解除有固定期限劳动合同基本上是一样的。从用人单位长远发展来看，无固定期限劳动合同如果运用得当，也能给用人单位带来吸引人才、留用人才、激励员工、提升团队凝聚力等效力。总体上评估，我们认为，无固定期限劳动合同对用人单位的利益大于风险。

5. 完善劳动合同必备条款

《劳动合同法》规定的劳动合同必备条款与《劳动法》中有关规定相比，增加了部分必备条款，也取消了部分必备条款。这一增一减的变化，重在保护劳动者的合法权益。

《劳动合同法》第 17 条增加的部分必备条款是：①劳动关系双方主体的基本情况；②工作地点条款；③工作时间和休息休假条款；④社会保险条款；⑤职业危害防护条款。《劳动合同法》取消的部分必备条款是：①劳动纪律条款；②劳动合同终止的条件条款；③违反劳动合同的责任条款。

增加工作地点条款，用人单位便不能随意变更劳动者的工作地点；增加工作时间和休息休假条款，进一步明确了劳动者具体的工作时间和休息休假时间；增加社会保险条款，是为了强化用人单位和劳动者的社会保险权利义务意识；增加职业危害防护条款，是为了使《劳动合同法》与《职业病防治法》相关规定相衔接，促进《职业病防治法》相关规定的落实。取消劳动纪律条款，是因为劳动纪律属于用人单位规章制度的内容；取消劳动合同终止的条件条款，是为了防止用人单位随意终止劳动合同；取消违反劳动合同的责任条款，是为了防止用人单位滥用违约责任条款。

6. 试用期的多项规定有重大突破和变化

关于试用期的规定，《劳动合同法》与《劳动法》(第 21 条)相比，《劳动合同法》有重大突破，其多项规定旨在防止用人单位滥用试用期，从而保护劳动者的合法权益。试用期是一个法定的宽限期，因为劳动的品质不像工业商品一样可以直接测量出来，劳动具备人身性、相处一段时间才会了解是否真的"合用"。这是科学的制度安排，但是经常为不良人士所利用，免费或者低价地使用别人的劳动、抢夺别人应得的工资。《劳动合同法》（第19、20、21条）对试用期作出很多新规定，将其总结主要有4大变化：

（1）试用期包含在合同之内，只签订《试用合同》的无效。

（2）试用期工资不低于正式薪水的80%；没有约定正式薪水的，按照企业同工同酬的最低薪资认定。员工所得工资如果太低，就要学会搜集这个应得工资的证据，以备将来能在法庭上举证。

（3）合同不满3个月的，无试用期；合同不满1年的，试用期不超过1个月；合同在1年以上不满3年，试用期不超过2个月；3年以上和无固定期限合同，试用期不超过6个月。

（4）试用期中，除非有法定理由，用人单位不得解除劳动合同。这个和原来有些变化，企业至少要证明员工是不符合录用条件，或者曾经培训和换岗，还是不能胜任，有这些理由才能解除。

鉴于今后企业将更难解除合同，或者解除合同成本更高，所以，把试用期的事情做好就非常重要，这是管理智慧发挥的空间。

7. 严格界定出资培训并限制违约金的适用范围

《劳动法》没有关于违约金问题的规定，原劳动部《关于企业职工流动若干问题的通知》则规定，用人单位与劳动者可以在劳动合同中约定违约金，但对可以约定违约金的情形和数额没有规定，以致实践中用人单位动不动就用高额违约金来限制劳动者的合理流动，剥夺了劳动者依法解除劳动合同权和自主择业权。各省市的地方劳动合同法规对违约金做了各种各样的规定，有提倡的，也有限制的。

《劳动合同法》第25条规定，违约金仅限于出资培训（第22条）和竞业限制（第23条）两种情形，除此之外用人单位不得与劳动者约定由劳动者承担违约金。《劳动合同法》的这一规定，对于防止用人单位滥用违约金条款、保护劳动者的自主择业权有积极意义，该条对于统一全国各地的劳动合同违约金制度有着重大贡献。尤其是，在当前就业环境不宽松、劳动者处于绝对弱势地位的情况下，细化违约金有关条款的具体法律规定，对于保护劳动者的合法权益将起到重要作用。但是，对于用人单位来说，如何在不能约定违约金的大多数情形下，通过对员工违约行为给单位造成实际损失的举证，来合法有效地维护单位的合法权益，将成为用人单位面临的新困难和新课题。

《劳动合同法实施条例》第26条第1款规定，单位过错导致劳动者解除劳动合同，不属于违反服务期的约定，用人单位不得要求劳动者支付违约金。但是，第2款规定，劳动者因过错性（试用期不合格除外）导致用人单位与劳动者解除约定服务期的劳动合同的，劳动者应当按照劳动合同的约定向用人单位支付违约金。此内容详见模块三/项目一/技能应用延伸/经济补偿、赔偿金和违约金的规定中的"（3）支付违约金的情况"。

8. 竞业限制与保密条款更加清晰合理

《劳动合同法》第23条规定了劳动者的保密义务和用人单位使用竞业限制的规范。对负有保密义务的劳动者，用人单位可以在劳动合同或者保密协议中与劳动者约定竞业限制条款，并约定在解除或者终止劳动合同后，在竞业限制期限内按月给予劳动者经济补偿。劳动者违反竞业限制约定的，应当按照约定向用人单位支付违约金。

《劳动合同法》第24条规定了竞业限制的范围。竞业限制的人员限于用人单位的高级管理人员、高级技术人员和其他知悉用人单位商业秘密的人员。竞业限制的范围、地域、期限由用人单位与劳动者约定，竞业限制的约定不得违反法律、法规的规定。在解除或者终止劳动合同后，限制前款规定的人员到与本单位生产或者经营同类产品、业务的有竞争关系的其他用人单位，或者自己开业生产或者经营与本单位有竞争关系的同类产品、业务的期限不得超过2年。

保密条款和竞业限制条款是用人单位用来保护商业秘密的重要手段。与现行规定相比，该条的主要变化在于：①竞业限制的最长期限由3年变为了两年；②明确了竞业限制经济补偿金的给付时间应当在解除或终止劳动合同后，并且须在竞业限制期限内按月支付；③明确了竞业限制经济补偿金及违约金的标准均按双方约定执行。本条对竞业限制作出的明确具体的规定，较为清晰合理，对用人单位与员工双方都会起到制约和保护作用。

9. 限制担保押金和放宽兼职

用人单位对于某些特定岗位的员工，例如经手钱款、或者贵重货物、或者重要商业机密的，经常会要求员工提供担保，这是《劳动合同法》所否定的行为。当然，扣押身份证、收取所谓押金的行为就更不被允许了。

《劳动合同法》对于员工兼职问题却被适当地放宽了。劳动者同时与其他用人单位建立劳动关系，对完成本单位的工作任务造成严重影响，或者经用人单位提出，拒不改正的劳动者，同时与其他用人单位建立劳动关系，即我们通常所说的"兼职"。我国有关劳动方面的法律、法规虽然没有对"兼职"作禁止性的规定，但作为劳动者而言，完成本职工作，是其应尽的义务。从事兼职工作，在时间上、精力上必然会影响到本职工作。作为用人单位来讲，对一个不能全心全意为本单位工作，并严重影响到工作任务完成的人员，有权与其解除劳动合同。

根据该条规定，符合下列情形之一的，用人单位可以单方面解除劳动合同：①劳动者同时与其他用人单位建立劳动关系，对完成本单位的工作任务造成严重影响的；②劳动者同时与其他用人单位建立劳动关系，经用人单位提出，拒不改正的。需要注意的是，必须是给用人单位造成"严重"影响的，如果影响轻微，用人单位不能以此为由与劳动者解除合同。

10．发包组织或个人承担连带赔偿责任

个人承包经营期间，因个人承包经营者违反法律规定而对劳动者造成的损害，个人承包经营者应对其违反法律的行为承担责任，对劳动者的损害承担赔偿责任。同时为有效保护劳动者的合法权益，针对实践中大量存在的个人承包经营者侵害劳动者权益，却没有足够的能力对劳动者进行赔偿，或者个人承包经营者逃避承担赔偿责任，或者个人承包经营者出逃、消失，劳动者很难得到赔偿的现象，《劳动合同法》第94条明确规定，对于个人承包经营期间，个人承包经营者招用劳动者违反法律规定给劳动者造成损害的，应当由发包的组织与个人承包经营者承担连带赔偿责任。

个人承包经营者招用劳动者违反本法规定给劳动者造成损害的，虽然是由于个人承包经营者的违法行为造成的，但发包组织仍应承担连带赔偿责任。同样，个人承包经营者也不能拒绝承担赔偿责任。个人承包经营者招用劳动者时违反本法规定对劳动者造成的损害，劳动者既可以要求个人承包经营者全额或者部分赔偿，也可以要求发包的组织即个人承包经营者所承包的单位全额或者部分赔偿。诉讼中，劳动者既可以单独起诉发包组织或者个人承包经营者，也可以将发包组织或者个人承包经营者列为共同被告。

11．对劳务派遣的规范与限制

劳务派遣作为一种新型的用工方式，在国内市场上一直备受争议。目前规范劳务派遣的法律规定极少，基本上是立法空白。因此，《劳动合同法》在第五章中整整用了第二节共11个条款来规范劳务派遣。

有关劳务派遣的条款，也一直是《劳动合同法》立法过程中最大的争议焦点之一。此次劳务派遣新的规定中，对用人单位影响较大的变化主要集中在以下几个方面：①劳务派遣单位和用工单位不得向被派遣劳动者收取费用；②劳务派遣单位应与被派遣劳动者订立2年以上的固定期限劳动合同；③被派遣劳动者享有与用工单位的劳动者同工同酬的权利；④劳务派遣一般在临时性、辅助性或者替代性的工作岗位上实施……

从这些新规定的趋势看，用人单位使用劳务派遣用工的预期利益与以前相比将大为降低，劳务派遣用工的市场规模也将缩小。

12. 用人单位经济补偿范围扩大

《劳动合同法》规定的用人单位向员工支付经济补偿的范围扩大，法律责任加重，企业必须认真加以重视。下面简单概括用人单位经济补偿的情形，具体内容在本教材模块三中会进行详细的介绍。

（1）劳动者提出解除劳动合同的情形　单位过错导致劳动者解除劳动合同，则用人单位需支付经济补偿；单位非过错而劳动者依法解除劳动合同，则用人单位无需支付经济补偿。

（2）用人单位提出解除劳动合同的情形　用人单位提出并与劳动者协商一致解除劳动合同，则需支付经济补偿；劳动合同期满、单位破产或关闭导致终止劳动合同，则应向劳动者支付经济补偿；单位裁减人员导致劳动合同解除，则用人单位需支付经济补偿；劳动者非过错性被解除劳动合同，则用人单位需支付经济补偿；劳动者过错性被解除劳动合同，则用人单位无需支付经济补偿。

▶ 技能应用延伸

纵观《劳动合同法》，我们可以得出这样的认识：该法对劳动者的劳动合同权益作出了明确而具体的规范，对现实生活中侵犯劳动者权益较为突出的问题划定了明确的界限，对侵害劳动者劳动权益的违法行为规定了相应的法律责任，对解决实践中常常引发争议的劳动合同问题提供了明确的法律依据。对广大劳动者和工会组织来讲，《劳动合同法》的颁布和实施为依法维护劳动者的合法权益提供了坚实有力的法律保障。

应用二　劳动合同法风险提示和应对措施

▶ 预习应用知识

《劳动合同法》对 1995 年实施的《劳动法》以及诸多地方劳动立法的很多方面作出了重大调整。劳动立法上的这些重大变化，贯穿于劳动合同的订立、履行、变更、解除以及终止。这些变化将对企业人力资源管理的各个方面甚至企业的经营管理带来巨大影响。《劳动合同法》在 2008 年 1 月 1 日正式实施，面对劳动立法如此巨大的变化，用人单位可能存在的违法行为风险何在，企业人力资源管理活动应如何适应劳动关系法律的新调整，这些已成为企业人力资源管理人员的迫在眉睫而又无法回避的现实问题。

▶ 查阅应用资料及课堂应用训练

不管你今后从事什么专业的管理工作，你始终是一个人力资源管理者。请在课前查阅相关资料，然后在课堂上结合查阅的资料相互讨论一下"对于《劳动合同法》而言，用人单位可能存在的违法行为风险何在？"，最后把你的主要观点写在下列的横线上（不够可附页）：

_____
_____
_____

接着，请几位学生代表谈谈自己的观点，然后由教师继续解析"技能应用及其延伸"的相关内容，各位同学要注意将你的观点与教师的解析进行对比。

➤ 技能应用

作为一个人力资源管理学者和曾经的实践者，作者根据自己的实践经验和理论研究，结合对《劳动合同法》的理解，谈一下对用人单位违法行为的风险分析。其中，违法解除终止劳动合同所应承担的法律风险和违反劳务派遣规定应承担的法律风险两项，由于在模块三中会详细谈到，所以不在此赘述。

1. 不及时签订劳动合同所承担的风险

《劳动合同法》第 10 条规定，建立劳动关系，应当订立书面劳动合同；已建立劳动关系，未同时订立书面劳动合同的，应当自用工之日起 1 个月内订立书面劳动合同；如果用人单位不及时签订劳动合同，包括固定劳动合同到期后不及时续签，会产生以下法律后果：

（1）用人单位自用工之日起满 1 年不与劳动者订立书面劳动合同的，视为用人单位与劳动者已订立无固定期限劳动合同（《劳动合同法》第 14 条）。

（2）用人单位自用工之日起超过一个月不满 1 年未与劳动者订立书面劳动合同的，应当向劳动者每月支付 2 倍的工资；用人单位违反本法规定，不与劳动者订立无固定期限劳动合同的，自应当订立无固定期限劳动合同之日起向劳动者每月支付 2 倍的工资（《劳动合同法》第 82 条）。

（3）用人单位自用工之日起超过 1 个月不满 1 年未与劳动者订立书面劳动合同的，应当依照劳动合同法第 82 条的规定向劳动者每月支付 2 倍的工资，并与劳动者补订书面劳动合同；劳动者不与用人单位订立书面劳动合同的，用人单位应当书面通知劳动者终止劳动关系，并依照《劳动合同法》第 47 条的规定支付经济补偿（《劳动合同法实施条例》第 6 条）。

（4）用人单位自用工之日起满 1 年未与劳动者订立书面劳动合同的，自用工之日起满 1 个月的次日至满 1 年的前 1 日应当依照《劳动合同法》第 82 条的规定向劳动者每月支付 2 倍的工资，并视为自用工之日起满 1 年的当日已经与劳动者订立无固定期限劳动合同，应当立即与劳动者补订书面劳动合同（《劳动合同法实施条例》第 7 条）。

（5）用人单位故意拖延不订立劳动合同，即招用后故意不按规定订立劳动合同以及劳动合同到期后故意不及时续订劳动合同的；对劳动者造成损害的，应赔偿劳动者的相应损失（《违反〈劳动法〉有关劳动合同规定的赔偿办法》第 2、3 条）。

（6）用人单位未按《劳动法》规定的条件解除劳动合同或者故意拖延不订立劳动合同的，应责令限期改正；逾期不改的，应给予通报批评（《违反〈中华人民共和国劳动法〉行政处罚办法》第 16 条）。各地方政府制定的贯彻劳动部关于《违反〈中华人民共和国劳动法〉行政处罚办法》实施细则，都会细化处罚的具体办法。

2．由于管理上的失误致使劳动合同无效所承担的风险

《劳动合同法》第 26 条规定，下列劳动合同无效或者部分无效：以欺诈、胁迫的手段或者乘人之危，使对方在违背真实意思的情况下订立或者变更劳动合同的；用人单位免除自己的法定责任、排除劳动者权利的；违反法律、行政法规强制性规定的。对劳动合同的无效或者部分无效有争议的，由劳动争议仲裁机构或者人民法院确认。

（1）劳动合同被确认无效，包括劳动者以欺诈、胁迫的手段或者乘人之危造成无效的，但是劳动者已付出劳动的，用人单位应当向劳动者支付劳动报酬。劳动报酬的数额，参照本单位相同或者相近岗位劳动者的劳动报酬确定（《劳动合同法》第 28 条）。

（2）无论哪一方，因以欺诈、胁迫的手段或者乘人之危等情况造成劳动合同无效的，劳动者和用人单位都有权随时解除劳动合同。用人单位造成合同无效的，用人单位还必须按规定给予经济补偿（《劳动合同法》第 38、39 条）。

（3）《劳动合同法》第 86 条规定，劳动合同依照本法第 26 条规定被确认无效，给对方造成损害的，有过错的一方应当承担赔偿责任。

（4）《劳动合同法》第 81 条规定，用人单位提供的劳动合同文本未载明本法规定的劳动合同必备条款或者用人单位未将劳动合同文本交付劳动者的，由劳动行政部门责令改正；给劳动者造成损害的，应当承担赔偿责任。

3．违反规定扣押劳动者财物的法律风险

《劳动合同法》第 9 条规定，用人单位招用劳动者，不得扣押劳动者的居民身份证和其他证件，不得要求劳动者提供担保或者以其他名义向劳动者收取财物。

（1）用人单位扣押劳动者证件、劳动者档案或者其他物品的，例如扣押劳动者档案、居民身份证、护照、军官证、学生证、学历证书、职业资格证等证件，由劳动行政部门责令限期退还劳动者本人，并依照有关法律规定给予处罚

(《劳动合同法》第84条)。

(2) 用人单位违反本法规定,以担保或者其他名义向劳动者收取财物的,由劳动行政部门责令限期退还劳动者本人,并以每人500元以上2 000元以下的标准处以罚款;给劳动者造成损害的,应当承担赔偿责任(《劳动合同法》第84条)。

(3) 用人单位扣押劳动者档案或者其他物品的,依照前款规定处罚(《劳动合同法》第84条)。其中,扣押身份证的,公安机关还有权责令限期退还本人,给予警告,并处200元以下罚款。

4. 招聘尚未解除劳动合同的劳动者应承担的法律风险

《劳动合同法》第91条规定,用人单位招用与其他用人单位尚未解除或者终止劳动合同的劳动者,给其他用人单位造成损失的,应当承担连带赔偿责任。

(1) 用人单位招用与其他用人单位尚未解除或者终止劳动合同的劳动者,涉及获取商业秘密,给原用人单位造成损失的,则按《反不正当竞争法》第20条的规定予以赔偿。

(2)《反不正当竞争法》第20条规定了赔偿责任,即损失难以计算的,赔偿额为侵权人在侵权期间因侵权所获得的利润,并承担被侵权人调查所支付的合理费用。

5. 制定规章制度违法应承担的法律风险

《劳动合同法》第4条规定,用人单位在制定、修改或者决定直接涉及劳动者切身利益的规章制度或者重大事项时,应当经职工代表大会或者全体职工讨论,提出方案和意见,与工会或者职工代表平等协商确定;在规章制度和重大事项决定实施过程中,工会或者职工认为不适当的,有权向用人单位提出,通过协商予以修改完善;用人单位应当将直接涉及劳动者切身利益的规章制度和重大事项决定公示,或者告知劳动者。

(1) 用人单位的规章制度违反法律、法规的规定,损害劳动者权益的,劳动者可以解除劳动合同,用人单位应当向劳动者支付经济补偿(《劳动合同法》第38、46条)。

(2) 县级以上地方人民政府劳动行政部门依法对用人单位制定的规章制度及其执行情况进行监督检查(《劳动合同法》第74条)。

(3) 用人单位直接涉及劳动者切身利益的规章制度违反法律、法规规定的,由劳动行政部门责令改正,给予警告;给劳动者造成损害的,应当承担赔偿责任(《劳动合同法》第80条)。

(4) 行政责任:责令改正属行政命令,警告属行政处罚。发现违法行为轻微并能及时改正的,应口头责令改正;立即改正有困难,应下达限期整改指令书;逾期不改正的,按2 000~20 000元处罚(《劳动合同法实施条例》第33条)。

6. 违反试用期规定应承担的法律风险

《劳动合同法》第19条规定，劳动合同期限3个月以上不满1年的，试用期不得超过1个月；劳动合同期限1年以上不满3年的，试用期不得超过2个月；3年以上固定期限和无固定期限的劳动合同，试用期不得超过6个月。同一用人单位与同一劳动者只能约定1次试用期。以完成一定工作任务为期限的劳动合同或者劳动合同期限不满3个月的，不得约定试用期。

《劳动合同法》第70条规定，非全日制用工双方当事人不得约定试用期。至于劳务派遣用工形式的试用期，虽然法律没有明确规定，但根据第58条规定，劳务派遣单位应当与被派遣劳动者订立2年以上的固定期限劳动合同。从这条可以推断，劳务派遣用工主要订立固定期限的劳动合同，也有可能订立无固定期限的劳动合同，其试用期自然遵从第19条的规定。

（1）试用期包含在劳动合同期限内。劳动合同仅约定试用期的，试用期不成立，该期限为劳动合同期限（《劳动合同法》第19条）。

（2）《劳动合同法》第20条规定的劳动者试用期工资表述不严谨，存在两种不同的理解，这样很难操作。因此，《劳动合同法实施条例》第15条规定，劳动者在试用期的工资不得低于本单位相同岗位最低档工资的80%或者不得低于劳动合同约定工资的80%，并不得低于用人单位所在地的最低工资标准。

（3）在试用期中，除劳动者有本法第39条和第40条第1、2项规定的情形外，用人单位不得解除劳动合同。用人单位在试用期解除劳动合同的，应当向劳动者说明理由（《劳动合同法》第21条）。

（4）用人单位违反本法规定与劳动者约定试用期的，由劳动行政部门责令改正；违法约定的试用期已经履行的，由用人单位以劳动者试用期满月工资为标准，按已经履行的超过法定试用期的期间向劳动者支付赔偿金（《劳动合同法》第83条）。

（5）违法约定未履行的，由劳动行政部门责令改正；逾期不改正的，按2 000～20 000元处罚（《劳动合同法实施条例》第33条）。

7. 克扣、拖欠工资和补偿金应承担的法律风险

《劳动合同法》第22条规定，用人单位与劳动者约定服务期的，不影响按照正常的工资调整机制提高劳动者在服务期间的劳动报酬。第74条规定，县级以上地方人民政府劳动行政部门依法对"用人单位支付劳动合同约定的劳动报酬和执行最低工资标准的情况"进行监督检查；用人单位克扣和无故拖欠工资、工资低于最低工资标准、不支付加班费、不支付经济补偿金都应承担相应的法律风险。

（1）用人单位有下列情形之一的，由劳动行政部门责令限期支付劳动报酬、加班费或者经济补偿：劳动报酬低于当地最低工资标准的，应当支付其差额部

分；逾期不支付的，责令用人单位按应付金额50%以上100%以下的标准向劳动者加付赔偿金。对于加付赔偿金有如下几种情况：未按照劳动合同的约定或者国家规定及时足额支付劳动者劳动报酬的；低于当地最低工资标准支付劳动者工资的；安排加班不支付加班费的；解除或者终止劳动合同，未依照本法规定向劳动者支付经济补偿的（《劳动合同法》第85条）。

（2）未按照劳动合同的约定或者国家规定及时足额支付劳动者劳动报酬的、低于当地最低工资标准支付劳动者工资的、安排加班不支付加班费的，符合劳动者单方随时通知解除合同情形，劳动者可随时辞职，用人单位在无条件接受辞职的同时应按规定支付经济补偿金（《劳动合同法》第38、46条）。

8. 不按规定为劳动者缴纳社会保险应承担的法律风险

《劳动合同法》第38条规定，未依法为劳动者缴纳社会保险费的，劳动者可以解除劳动合同。即不按规定为劳动者缴纳社会保险，符合劳动者单方随时通知解除合同的情形，劳动者可随时辞职，用人单位在无条件接受辞职的同时按规定支付经济补偿金，用人单还必须按规定为劳动者补交社会保险费。

第74条规定，县级以上地方人民政府劳动行政部门依法对用人单位参加各项社会保险和缴纳社会保险费的情况进行监督检查。《违反〈中华人民共和国劳动法〉行政处罚办法》第17条规定，用人单位无故不缴纳社会保险费的，应责令其限期缴纳；逾期不缴的，除责令其补交所欠款额外，可以按每日加收所欠款额2‰的滞纳金，滞纳金收入并入社会保险基金。《劳动保障监察条例》第27条规定，用人单位向社会保险经办机构申报应缴纳的社会保险费数额时，瞒报工资总额或者职工人数的，由劳动保障行政部门责令改正，并处瞒报工资数额1倍以上3倍以下的罚款。

9. 违反解除和终止合同时附带义务应承担的法律风险

《劳动合同法》第50条规定，用人单位应当在解除或者终止劳动合同时出具解除或者终止劳动合同的证明，并在15日内为劳动者办理档案和社会保险关系转移手续。劳动者应当按照双方约定，办理工作交接。用人单位依照本法有关规定应当向劳动者支付经济补偿的，在办结工作交接时支付。用人单位对已经解除或者终止的劳动合同的文本，至少保存2年备查。

不出证明、不移档案、不移保险，是很多用人单位要挟劳动者的常用招数。第89条规定，用人单位违反本法规定未向劳动者出具解除或者终止劳动合同的书面证明，由劳动行政部门责令改正；给劳动者造成损害的，应当承担赔偿责任。劳动者办理失业保险、领取失业救济金，需要单位出具的证明才能办理，如用人单位不配合将会给劳动者带来经济损失，该损失应由用人单位承担。

第84条规定，劳动者依法解除或者终止劳动合同，用人单位扣押劳动者档案或者其他物品的，由劳动行政部门责令限期退还劳动者本人，并以每人 500 元以上 2 000 元以下的标准处以罚款；给劳动者造成损害的，应当承担赔偿责任。

10．阻挠劳动监察执法应承担的法律风险

《劳动保障监察条例》第 30 条规定，有下列行为之一的，由劳动保障行政部门责令改正，并处 2 000 元以上 2 万元以下的罚款：无理抗拒、阻挠劳动保障行政部门依照本条例的规定实施劳动保障监察的；不按照劳动保障行政部门的要求报送书面材料，隐瞒事实真相，出具伪证或者隐匿、毁灭证据的；经劳动保障行政部门责令改正拒不改正，或者拒不履行劳动保障行政部门的行政处理决定的。

▶ 技能应用延伸

由于每个企业情况不同，加之对《劳动合同法》理解的角度不同，在执行《劳动合同法》时，应注意以下几个方面的问题：

1．明确《岗位说明书》

（1）要有明确的工作职责、任职条件、能力要求、考核标准。

（2）对于有职业危害的岗位，还需要有"劳动保护、劳动条件和职业危害防护"内容。

（3）全面界定不符合任用的条件，如伪造学历、证书、简历的；有精神病史的；隐藏病史或受伤经历的；未达到工作目标或不符合岗位职责要求的；非因工伤原因不能提供劳动义务的；试用期有任何违法违纪行为的；试用期请假超过规定天数的等等。

2．明确招聘要求

招聘要求里对应聘者的任职资格应有非常明确而细致的要求，并要留存作为合同附件。

3．员工入职注意事项

（1）要求员工提供所有证件的复印件并留存。

（2）要求员工出具《离职证明》。

（3）员工入职时需要签订《承诺书》，内容涉及无胁迫、欺诈、乘人之危签订劳动合同确认书；知道工作内容、工作条件、工作地点、职业危害、安全生产状况、劳动报酬、职位要求与工作职责；了解公司规章制度等。

（4）员工入职时，需让其阅读公司制度。

（5）发给员工《岗位说明书》，并要求员工签收，注意说明书中应有"不符合录用条件"的内容。

（6）签订的劳动合同员工要保存 1 份；如果 2 份合同都要由公司保管，可以让员工写 1 份《委托公司保管合同书》，与合同一起归公司保管。

(7) 人事档案在员工离职后至少保存 2 年。

4. 劳动合同的签订

(1) 合同条款宜粗不宜细，对于不同类型的岗位，可以分别订立补充协议。

(2) 员工不愿意签订劳动合同的，发放《限期签订劳动合同通知书》，说明超过限期不签劳动合同的，立即终止劳动合同。

(3) 试用期不得延长。

(4) 用工之日的证据固定，如考勤卡、入职申请表或员工名册。

(5) 合同期限建议为 3 年或 1 年。

(6) 当签订两次固定期限合同后，如果员工存在"不胜任"、"经培训后仍不胜任"、"患病"的条件的，公司在无人可替代的情况下，可以不与其签订无固定期限合同。

(7) 若在集团内调动时，合同仍有效。

(8) 有职业危害的岗位，需要在合同中告知员工可能的危害及其危害程度。

(9) 对于公司出资的专项培训，注意要保留发票或复印件作为举证材料（发票复印件可以与培训协议装订在一起归档）。

(10) 涉及竞业限制的，约定的补偿金与违约赔偿法律没有具体的界定，可以由双方自行商议。但是劳动者违约赔偿，公司有收集证据并保留证据的义务。

(11) 对于需要"竞业限制"的人员，需要在订立合同时事先确定。

(12) 劳动合同填写前，要确认所有内容无风险隐患

① 工作地点不宜过于详细。

② 对于一些初级岗位，工作内容宜多样化，或者通过《岗位说明书》来固定。

③ 在薪资约定中的奖金部分，要注意根据公司经营状况的条件确定。

④ 社保条款是公司与员工的法定义务。

⑤ 其他需要注意的约定：员工欺诈导致合同无效的损害赔偿责任；劳动者使用虚假身份证时发生工伤，其工伤赔偿责任的分担问题；培训协议条款；保密协议条款；职务创作、发明的权力归属条款等。

5. 合同期间的人事异动

(1) 调动到新岗位的员工，同样须履行《岗位说明书》告知手续。

(2) 对于不胜任的员工，可以在"培训"或"调换岗位"中选其一。仍不胜任的，可以解除劳动合同。对于选择"调整岗位"的，行政管理规定中需要有一条"不能胜任工作的，公司有权调整其工作岗位，工资随岗位而变动。若员工不服从的，即为'严重违纪'，公司可以解除劳动合同且不支付经济补偿"，或者将此条写入合同中。

6. 工资与社保

工资项目中可以加入"劳保费用"、"讲课费"、"稿费"、"计生补助"、"生活困难补助费"等法定的"非工资收入"来减少纳税、经济补偿金的核算。

7. 劳动定额与加班

（1）可以促使员工"自行加班"，注意不能以规定"定额未完成者不能下班"的方式处理。

（2）公司安排的加班方才计为加班，并要注意以下几点：

1）加班必须是公司安排的，因此加班申请必须提前且经过公司或授权人核准。

2）必须有书面材料。

3）对于周末的加班，须书面核准方计为加班。

8. 试用期公司解除劳动合同

（1）书面出具《解除劳动合同》，内容应包括解除劳动合同的原因并举证（要求用人部门出具证明）。理由只能是法律规定的几条，如达不到任职条件——注意任职条件需明确、无法胜任并经过培训或者换岗后仍然无法胜任、严重违反制度或者存在营私舞弊等行为。

（2）试用期解除劳动关系应注意以下几点：

① 各职位依据《岗位说明书》的录用条件来证明"不胜任"，注意录用条件要合法合理，且有可操作性；

② 证明劳动者已经知道录用条件（入职时发给《岗位说明书》并要对方签收）。

9. 转正后解除劳动合同

（1）需要有明确的各岗位绩效标准（可以通过《岗位说明书》来固定）。

（2）需要有数据体现个人岗位绩效评价。

（3）对于不胜任的，需要有相应的培训记录（至少1次），此类培训可以针对某一技能、某一工作态度（注意要举证）。

（4）严重违纪的，注意要有明确的《奖惩条例》。

（5）存在严重失职、营私舞弊给公司利益造成重大损害的，注意要举证严重失职、违反职业道德或者社会道德，而且要给公司的有形资产、无形资产或人造成重大损害的证据。

（6）劳动者以欺诈、胁迫手段，如隐瞒个人经历与工作简历（职位、时间）、证书造假等都是欺诈行为。

（7）员工在合同期内解除劳动合同的，可以约定员工若给公司带来损失则需要赔偿（需写入合同）。公司要注意保存员工合同期内解除劳动关系给公司造成损失的证据。

（8）对于员工未按法定程序而自动离职的，可以按未出勤天数计为旷工（注意要保留其未出勤证据），并按旷工的规定扣款。扣款最多扣到"最低工资"为止，即员工剩下的工资不能低于"最低工资"。

10．劳务派遣

确定公司的哪些岗位需要采用劳务派遣的方式。劳务派遣更适合流动性比较大的岗位。

11．奖惩制度调整

（1）对员工各行为进行明确的等级划分，以使用不同的奖惩等级。

（2）建立"扣分"上限制度，达到"扣分上限"的为严重违纪，即达到"解除劳动合同"的处罚条件，此处罚无需支付经济补偿。

应用三 《劳动合同法实施条例》潜在用工风险提示及应对措施

▶ 预习应用知识

1．《劳动合同法实施条例》产生的背景

《劳动合同法》自 2008 年 1 月 1 日起实施以来，全国劳动用工情况总体平稳，劳动关系比较和谐，法律颁布前存在的劳动合同签订率低、劳动合同短期化、侵害劳动者合法权益等突出问题，正在逐步得到解决。企业依法用工意识逐步增强，职工参与企业管理的程度逐步提高，劳动用工秩序进一步规范。但是，在法律实施过程中也遇到了一些困难和问题。有些问题是对法律的理解和解释问题，有些问题是法律条款规定得比较原则或不够明确，操作性不够强。这些问题都影响了法律的贯彻实施。为此，国务院九易其稿，出台了《劳动合同法实施条例》。

2．《劳动合同法实施条例》制定的过程

国务院法制办、原劳动和社会保障部遵照国务院抓紧研究制定实施条例的指示精神，组织力量研究起草实施条例，先后 3 次征求了全国人大常委会财经委、全国人大常委会法工委、最高人民法院、发展改革委、财政部、商务部、国资委、全国总工会、台盟中央、全国工商联等 26 个中央有关部门、单位和各省、自治区、直辖市人民政府的意见。2008 年 5 月 8 日至 5 月 20 日，通过中国政府法制信息网公开向社会各界征求对草案的意见，共收到各方面的反馈意见 82 236 条。经国务院法制办、人力资源和社会保障部与全国人大常委会财经委、全国人大常委会法工委、国资委、全国总工会、台盟中央、全国工商联等单位反复沟通协调、认真研究修改，并组成调研组专门到反应较强烈的珠三

角和长三角地区听取企业和劳动者的意见,最终形成了《中华人民共和国劳动合同法实施条例(草案)》。2008年9月3日,国务院第25次常务会议审议并原则上通过了这个草案。2008年9月18日,温家宝总理签署第535号国务院令,公布了《中华人民共和国劳动合同法实施条例》,(以下简称《实施条例》),《实施条例》自公布之日起施行。

3.《劳动合同法实施条例》的重要作用

人力资源和社会保障部部长尹蔚民表示,《实施条例》是《劳动合同法》的重要配套行政法规,它的公布施行,对于进一步推进《劳动合同法》的贯彻实施,具有十分重要的作用。

(1) 有利于消除疑虑与分歧,统一社会各界的思想认识 《实施条例》坚持了《劳动合同法》确定的基本原则和基本制度,对社会上存在误解的条款作出了明确规定,既进一步体现了维护劳动者合法权益的立法宗旨,又注重实现劳动关系双方权利与义务的平衡,有利于更好地帮助用人单位和劳动者全面准确地理解和执行《劳动合同法》。

(2) 有利于增强劳动合同制度的可操作性 《实施条例》对法律规定中比较原则的条款作了细化,对实践中遇到的一些具体问题作出了补充规定和必要的衔接,有利于《劳动合同法》的正确实施,为用人单位和劳动者全面贯彻落实法律提供了明确的规定。

(3) 有利于进一步完善劳动合同法律制度体系 《实施条例》作为《劳动合同法》的重要配套法规,它的公布施行是我国劳动合同制度建设中的又一件大事,标志着我国在建设以《劳动合同法》为基础,以国务院行政法规、地方性法规和规章为配套的劳动合同制度法律法规体系的进程中迈出了新的重要步伐。

▶ 查阅应用资料及课堂应用训练

《劳动合同法》在实施过程中遇到了一些困难和问题,这些问题都影响了法律的贯彻实施。为此,国务院九易其稿,出台了《劳动合同法实施条例》对其进行了补充和调整。请在课前查阅相关资料,然后在课堂上结合查阅的资料相互讨论一下"从用人单位的角度总结实施条例中值得关注的要点,并针对潜在的用工风险提出相应的对策",最后把你的主要观点写在下列的横线上(不够可附页):

_____

_____

_____

接着,请几位学生代表谈谈自己的观点,然后由教师继续解析"技能应用及其延伸"的相关内容,各位同学要注意将你的观点与教师的解析进行对比。

▶ 技能应用

《实施条例》对《劳动合同法》中的很多模糊的条款作了明确化的说明与规范,比较全面和具体地解释了《劳动合同法》的一些内容。《劳动合同法》与《实施条例》对企业人力资源管理有着重大且深远的影响。多数用人单位须对传统的用工理念和模式进行调整,构建一个法制化管理的人力资源环境,将劳动关系管理中必要的法律规范作为人力资源管理的法制基础。下面从用人单位的角度总结《实施条例》中值得关注的要点,并针对潜在的用工风险提出相应的对策。其中,《实施条例》关于员工和用人单位可以解除劳动合同的情形,以及经济补偿、赔偿金和违约金等问题,由于在模块三中会详细谈到,所以不在此赘述。

1. 用人单位为何要支付2倍工资

所谓用人单位要支付2倍工资的原因在于企业未与员工签订劳动合同,被规定为违法行为;所谓视为无固定期限劳动合同,是指自用工之日起满1年的,用人单位不与员工订立书面劳动合同的,视为双方已订立无固定期限劳动合同。因此在成为"视为"事实以后,就要补订"无固定期限劳动合同"(《实施条例》第7条)。

用人单位必须在人力资源管理上做好劳动合同管理工作,避免因疏忽而未与员工签订劳动合同的情况发生。首先要提出"签订劳动合同通知书",并取得员工的签收证明,以避免发生劳动争议时员工以用人单位违法为由要求赔偿金。如果员工故意或拖延不签,就要以终止劳动合同方式处理。

2. 当员工不签订劳动合同时,企业如何应对

员工不签订劳动合同时,企业应对的方式分解如下:

(1)自用工之日起1个月内,经用人单位书面通知后,劳动者不与用人单位订立书面劳动合同的,用人单位应当书面通知劳动者终止劳动关系,无需向劳动者支付经济补偿,但是应当依法向劳动者支付其实际工作时间的劳动报酬(《实施条例》第5条)。针对实践中出现的部分劳动者在用人单位要求签订劳动合同时,借故不签订劳动合同而想获取双倍工资的现象,本条规定给了用人单位一个终止劳动关系的选择权。但用人单位需举证证明已经书面通知劳动者签订合同,是劳动者不签订书面劳动合同,此时劳动者如自作聪明可能反而会弄巧成拙。

(2)用人单位自用工之日起超过1个月不满1年未与劳动者订立书面劳动合同的,应当依照《劳动合同法》第82条的规定向劳动者每月支付2倍的工

资，并与劳动者补订书面劳动合同；劳动者不与用人单位订立书面劳动合同的，用人单位应当书面通知劳动者终止劳动关系，并依照《劳动合同法》第47条的规定支付经济补偿。《实施条例》第6条明确了用人单位支付2倍工资的同时还负有补订书面劳动合同的义务。有些劳动者出于某些目的，可能会拒绝补订书面劳动合同，本条给了用人单位一个终止劳动关系的选择权。按《劳动合同法》规定，如果不能在建立劳动关系的同时订立书面劳动合同时，法律给予用人单位1个月的宽限期。用人单位需在1个月的时间内与劳动者订立书面劳动合同，宽限期是法律赋予用人单位的期限，在宽限期内不用支付2倍工资。

3．如何制作职工名册的内容

《劳动合同法》第7条规定，企业自用工之日起即与员工建立劳动关系，企业应当建立职工名册备查。《实施条例》第8条规定，"职工名册"中，应当包括如下内容：劳动者姓名、性别、公民身份证号码、户籍地址及现住址、联系方式、用工形式、用工起始时间、劳动合同期限等。

《实施条例》第33条规定，用人单位违反劳动合同法有关建立职工名册规定的，由劳动行政部门责令限期改正；逾期不改正的，由劳动行政部门处2 000元以上2万元以下的罚款。

4．连续订立两次固定期限劳动合同期满后，企业能否终止合同

按照《劳动合同法》第14条第1款、第2款第3项条文的文义，以及2007年6月29日全国人大常委会在关于劳动合同法新闻发布会上对本条款的说明，连续订立两次固定期限劳动合同期满后，并且没有过失、没有患病、没有负伤、没有不能胜任工作的情况下（《劳动合同法》第39、40条），员工提出要续订劳动合同时，企业应当签订无固定期限的劳动合同。意思是说，即使用人单位主观上想要终止合同，不同意续订，但只要员工提出续订无固定期限合同，企业就要续订无固定期限合同。当然，如果员工提出续订固定期限合同时，企业可以顺理成章地续订固定期限合同。如果员工主动提出终止合同时，如果企业同意终止，一样可以终止，而且员工没有经济补偿；如果企业不同意终止，可以继续协商，协商不成，只有终止。

5．用人单位变换用工主体，员工的工作年限如何计算

由于关联企业之间员工互调是常见的现象，《实施条例》第10条规定，劳动者非因本人原因从原用人单位被安排到新用人单位工作的，劳动者在原用人单位的工作年限合并计算为新用人单位的工作年限。原用人单位已经向劳动者支付经济补偿的，新用人单位在依法解除、终止劳动合同计算支付经济补偿的工作年限时，不再计算劳动者在原用人单位的工作年限。

6. 劳动合同履行地与用人单位注册地不一致，福利待遇按照什么标准执行

因全国各地关于劳动者的最低工资标准、劳动保护、劳动条件、职业危害防护和本地区上年度职工月平均工资标准等事项存在地域性差别，所以《实施条例》第 14 条规定，劳动合同履行地与用人单位注册地不一致的，有关劳动者的最低工资标准、劳动保护、劳动条件、职业危害防护和本地区上年度职工月平均工资标准等事项，按照劳动合同履行地的有关规定执行；用人单位注册地的有关标准高于劳动合同履行地的有关标准，且用人单位与劳动者约定按照用人单位注册地的有关规定执行的，从其约定。

7. 劳动合同期限与服务期限不一致如何处理

用人单位因为提供员工专项培训，会与受培训的员工签订服务期限，而这可能与原来约定的劳动合同期限不一致，不利于用人单位对该员工的岗位管理。《实施条例》第 17 条对此情形做出了规定：劳动合同期满，但是用人单位与劳动者依照《劳动合同法》第 22 条的规定约定的服务期尚未到期的，劳动合同应当续延至服务期满；双方另有约定的，从其约定。例如，合同期限为 3 年、服务期限为 5 年时，合同期虽已届满，按规定可延长至服务期限届满为止，不必再续签一次劳动合同。

这样解决了实践中出现的用人单位与劳动者签订的服务期协议（培训协议）的期限长于劳动合同期限，当合同期限届满，劳动者提出终止劳动合同的，是否还需受服务期限制的问题。明确了劳动合同期满而服务期尚未到期的，劳动合同应续延至服务期满。当然，如有特别约定的，从其约定。

8. 员工达到法定退休年龄但尚未享受基本养老保险待遇，企业能否终止劳动合同

当员工已经达到法定退休年龄，但个人缴费年限未满 15 年，按规定无法享受基本养老保险待遇。由于过去种种因素，一部分企业员工根本就没有参加社会保险，如果该员工年龄已经在 55 岁以上，现在开始缴纳养老保险，达到享受基本养老保险待遇的条件时可能年龄已经是 70 岁了，根据我国一直沿用的法定退休年龄规定，社保机构一般不可能再接受超过法定退休年龄的劳动者缴纳养老保险费（因为员工已丧失劳动者的主体资格），这就会造成部分员工无法享受基本养老保险待遇，导致劳动合同无法终止的尴尬局面。因此，《实施条例》第 21 条规定：劳动者达到法定退休年龄的，劳动合同终止。本条规定了员工达到法定退休年龄时，尚不能依法享受基本养老保险待遇的，企业可以终止劳动合同。这一点，其实是在修正《劳动合同法》第 44 条的内容：劳动者开始依法享受基本养老保险待遇时劳动合同才能终止。

9. 以完成一定工作任务为期限的劳动合同因任务完成而终止，企业是否需支付经济补偿

《劳动合同法》第46条第5项规定，合同终止需支付经济补偿，仅限于固定期限劳动合同。因此用人单位会认为采用以完成一定工作任务为期限的劳动合同，将有利于企业人力资源管理的操作，同时其合同终止不必支付经济补偿，这个观点被《实施条例》否定了。《实施条例》第22条规定，以完成一定工作任务为期限的劳动合同因任务完成而终止的，用人单位应当依照《劳动合同法》第47条的规定向劳动者支付经济补偿。

10. 离职证明的制作技巧与风险分析

用人单位对离职员工给予解除（终止）劳动合同证明书，其制作内容要根据《实施条例》第24条的规定，写明劳动合同期限、解除或者终止劳动合同的日期、工作岗位、在本单位的工作年限。同时，在交付员工离职证明书时，要由该离职员工出具签收证明，证明其确实收到了公司交付的解除（终止）劳动合同证明书。

▶ 技能应用延伸

《劳动合同法》施行以来，社会有关方面，尤其是用人单位对该法的一些规定存在误解，这也使得单位劳动用工存在风险，而《实施条例》给予了澄清。

国务院法制办主任曹康泰在国新办举行的《实施条例》有关情况新闻发布会上介绍，《劳动合同法》实施以来，社会对该法一些规定在理解上存在分歧，主要有3个方面：①无固定期限劳动合同是否是"铁饭碗"、"终身制"；②用人单位滥用劳务派遣用工形式是否会侵害劳动者的合法权益；③经济补偿和赔偿金是否同时适用。

《实施条例》澄清了这些问题：①无固定期限劳动合同不代表"铁饭碗"。曹康泰说，《实施条例》明确规定了劳动者可以依法解除劳动合同的13种情况和用人单位可以依法解除劳动合同的14种情况，实际上在《劳动合同法》中都有体现，为了消除社会误解而集中起来作了规定，和《劳动合同法》完全一致。②劳务派遣单位不得以非全日制形式招用被派遣劳动者，明确劳务派遣纳入经济补偿制度。③单位违法解除合同支付赔偿金后不再支付经济补偿，并明确了经济补偿与一次性工伤医疗补助金和伤残就业补助金的关系，明确了计算经济补偿的工资基数，明确了以完成一定工作任务为期限的劳动合同依法终止时要支付经济补偿等规定。

曹康泰说，《实施条例》对劳动合同的订立、解除和终止方面的一些具体问题也作了明确规定，使《劳动合同法》更具可操作性。

案例实战解析二 规避《劳动合同法》风险

案例知识指引

2008年1月1日起开始实施的《劳动合同法》在社会上产生了广泛影响。我国企业界接连发生的多起"辞职门"事件招致社会的许多猜测。究其动机，有的用人单位纯粹是为了规避《劳动合同法》，有的可能并不如此简单。下面看看"某公司辞职门事件"给我们带来什么启示。

案例实战呈现

"某公司辞职门事件"案例

从2007年9月底开始，广东某技术有限公司（以下简称某公司）要求包括总裁在内的所有工作满8年的员工，在2008年元旦之前，都要先后办理主动辞职手续（先"主动辞职"），再与公司签订1～3年的劳动合同（再"就业上岗"）；废除现行的工号制度，所有工号重新排序。这次大规模的"辞职"是由公司组织安排的，"辞职"员工随后可以竞聘上岗，职位和待遇基本不变，唯一变化的就是再次签订劳动合同。所有自愿离职的员工将获得公司相应的补偿，补偿方案为"N+1"模式。老员工辞职后可获得公司支付的赔偿，据了解总计高达10亿元。此举一出，立刻就被外界解读为意在规避即将实施的《劳动合同法》的有关规定。有人认为，该公司此举是想把员工以前的工龄一笔勾销，重新计算工龄，避免出现员工连续工作10年，与企业签订无固定期限劳动合同的情况。因为按照《劳动合同法》规定，劳动者在同一用人单位连续工作满10年的，劳动者提出或同意续订、订立劳动合同的，除劳动者提出订立固定期限劳动合同外，应当订立无固定期限劳动合同。但是，该公司此举有规避法律之嫌，却难达到规避法律的目的。因为在该公司采取的离职竞岗的做法中，所谓的"离职"员工并未真正离开该公司，而是继续工作，因此工作的年限并不能重新计算，而是要连续计算。

案例小组讨论

请各位同学仔细阅读"某公司辞职门事件"案例，然后以小组为单位结合"劳动合法及其实施条例"的相关内容进行讨论，讨论的主题为："'某公司辞职门事件'发生的真正动机是什么？"，并将讨论的结果写在下列的横线上（不够可附页）：

_____

_____

_____

接着，请继续学习以下"案例综合分析"和"案例知识延伸"的相关内容，并将你的思考与其对比。请记住，管理并没有标准答案，更不可能是唯一答案，我们能提供的只是一种思考的方式和观点的借鉴。

▶ 案例综合分析

参考答案见本教材教师教学参考。

▶ 案例知识延伸

参考答案见本教材教师教学参考。

模块三　五种用工形式的风险提示与对策

📖 **知识目标**

了解5种用工形式劳动合同的订立、了解5种用工形式的定义、了解非全日制用工的作用、了解劳务派遣中复杂的3种关系、了解劳务派遣中主要责任的归属、了解劳务派遣中连带责任的问题、了解事实劳动关系的形成原因、掌握5种用工形式的劳动合同签订期限和试用期、掌握5种用工形式的名称、掌握5种用工形式的社会保险、掌握非全日制用工的前提要求、掌握事实劳动关系的判定标准。

📂 **能力目标**

分析用人单位提出解除5种用工劳动合同的情形及经济补偿、分析赔偿金和违约金的规定、分析任务期限劳动用工不能适用的情形、分析劳务派遣用工形式对于用工单位而言存在的风险、掌握劳动者提出解除5种用工劳动合同的情形及经济补偿、掌握经济补偿的规定、掌握无固定期限劳动合同签订的法定条件、掌握任务期限劳动用工可以适用的6种情形、掌握劳务派遣用工形式对于用人单位而言存在的风险、掌握事实劳动关系的举证方法。

在《劳动合同法》正式实施的大环境下和在金融危机的笼罩下，采用各种灵活的用工形式成为各大企业降低人工成本和规避劳动风险的一种有效方式。那么，企业可以采用的用工形式到底有哪些？在使用的过程中，存在怎样的模糊认识，又会引发怎样的是非纷争呢？

用人单位的用工形式主要有两种分类办法：一种是按照劳动者工作时间的长短来分，可以分为全日制用工和非全日制用工两大类。在全日制用工形式中，按照合同期限可分为固定期限劳动合同用工、无固定期限劳动合同用工和以完成一定工作任务为期限的劳动合同用工。另一种是按照涉及对象多少和法律关系复杂程度来分，可以分为实际上的直接用工和实际与形式相结合的用工。

根据《劳动合同法》的规定和单位用工习惯，用工形式主要有以下5种：固定期限的劳动合同用工、无固定期限的劳动合同用工、以完成一定工作任务为期限的劳动合同用工、劳务派遣用工、非全日制用工。出于行文方便和篇幅考虑，本教材把用工单位的5种用工形式分成常见用工形式和辅助用工形式两大类来进行编写。用工单位的常见用工形式指"固定期限的劳动合同用工、无固定期限的劳动合同用工",用工单位的辅助用工形式指"以完成一定工作任务为期限的劳动合同用工、非全日制用工和劳务派遣用工"。

本模块根据《劳动合同法》及其相关法律法规,分两个项目来介绍5种用工形式的基本情况、用工潜在风险和相应对策。

项目一　常见用工形式的风险提示与对策

应用一　固定期限劳动合同用工的风险提示与对策

预习应用知识

1. 固定期限劳动合同用工的定义

固定期限的劳动合同用工是指在劳动合同中双方明确约定合同终止时间的劳动合同用工;用人单位与劳动者协商一致,可以订立固定期限劳动合同(《劳动合同法》第13条)。固定期限劳动合同一般多用于企业初次与劳动者订立劳动合同或企业对劳动者现有能力、潜在能力了解得不够深入的情况下,是最为普遍的劳动用工形式。

2. 固定期限劳动合同的订立与特殊情况处理

(1) 劳动合同的订立　用人单位自用工之日起即与劳动者建立劳动关系(《劳动合同法》第7条)。已建立劳动关系,未同时订立书面劳动合同的,应当自用工之日起1个月内订立书面劳动合同(《劳动合同法》第10条)。用人单位自用工之日起超过1个月不满1年未与劳动者订立书面劳动合同的,应当向劳动者每月支付2倍的工资(《劳动合同法》第82条)。超过1年未签的,视为签订无固定期限劳动合同(《劳动合同法》第14条)。因此,新员工一进企业就应该签订劳动合同。

(2) 劳动者拒签合同的处理　《劳动合同法实施条例》第5条规定,自用工之日起1个月内,经用人单位书面通知后,劳动者不与用人单位订立书面劳动合同的,用人单位应当书面通知劳动者终止劳动关系,无需向劳动者支付经济补偿,但是应当依法向劳动者支付其实际工作时间的劳动报酬。实践中出现一部分劳动者在用人单位要求签订劳动合同时,借故不签订劳动合同,以期获取双倍工资的现象。本条例的规定,给了用人单位一个终止劳动关系的选择权。当然,用人单位需举证证明已经书面通知劳动者签订合同,而劳动者不签订书面劳动合同。因此,用人单位应当具有证据意识,在书面通知送达时应当有劳动者的签收证据或其他可证明已经向劳动者送达书面通知的证据。

（3）补订书面劳动合同 《劳动合同法实施条例》第 6 条规定，用人单位自用工之日起超过 1 个月不满 1 年未与劳动者订立书面劳动合同的，还要与劳动者补订书面劳动合同；劳动者不与用人单位补订书面劳动合同的，用人单位应当书面通知劳动者终止劳动关系，并依照劳动合同法的规定支付经济补偿。本条例规定了用人单位自用工之日起超过 1 个月不满 1 年未与劳动者订立书面劳动合同的处理方式。用人单位支付两倍工资的同时还负有补订书面劳动合同的义务。由于实践中有些劳动者出于某些目的，可能会拒绝补订书面劳动合同，本条同样地给了用人单位一个终止劳动关系的选择权，避免僵局的产生。

3. 固定期限劳动合同的签订期限和试用期

在以往的用人单位用工实践中，用工单位喜欢一年一签劳动合同。《劳动合同法》实施后，如果用工单位仍然采取这种方式，劳动者连续订立 2 次固定期限劳动合同，且没有用人单位可以解除劳动合同情形的，将由固定期限的劳动合同转换为无固定期限劳动合同（《劳动合同法》第 14 条）。这样一来，用工单位在试用期的规定上失去了部分权利：劳动合同期限 3 个月以上不满 1 年的，试用期不得超过 1 个月；劳动合同期限 1 年以上不满 3 年的，试用期不得超过 2 个月；3 年以上固定期限和无固定期限的劳动合同，试用期不得超过 6 个月。同一用人单位与同一劳动者只能约定一次试用期（《劳动合同法》第 19 条）。没有足够的试用期，很难看出某一位劳动者是否适合企业的发展需要。所以用足 6 个月的试用期，对于把好用人单位用工的"入口"是十分重要的。为了最大限度地保障企业的用工自主权，在录用新员工时，可以首签 3 年，第 2 次签 6 年或 7 年。这样用工单位可以通过设定 6 个月的最长试用期考察员工的能力，选择适合企业发展需要的员工。

《劳动合同法》规定，试用期包含在劳动合同期限内。劳动合同仅约定试用期的，试用期不成立，该期限为劳动合同期限（《劳动合同法》第 19 条）。实践中很多用人单位先和员工签订几个月的试用期合同，试用期满后再决定是否签订正式劳动合同。其实，这是很不明智的做法，白白增加了 1 次短期的固定期限劳动合同。新法规定连续订立 2 次固定期限劳动合同的，就可以签订无固定期限劳动合同了。

4. 固定期限的劳动合同工需购买社会保险

《劳动法》第 72 条规定，用人单位和劳动者必须依法参加社会保险，缴纳社会保险费。第 100 条规定，用人单位无故不缴纳社会保险费的，由劳动行政部门责令其限期缴纳，逾期不缴的，可以加收滞纳金。劳动合同的必备条款包括社会保险（《劳动合同法》第 17 条）。县级以上地方人民政府劳动行政部门依法对用人单位参加各项社会保险和缴纳社会保险费的情况进行监督检查（《劳动合同法》第 74 条）。社会保险强调劳动者、劳动者所在用人单位以及国家三方共同筹资，体现了国家和社会对劳动者提供基本生活保障的责任。劳动者所在用人单位的缴费，使社会保险资金来源避免了单一渠道，增加了社会保险制度本身的保险系数。由于社会保险由国家强制实施，因此成为劳动合同中不可缺少的内容。

➥ 查阅应用资料及课堂应用训练

企业使用最多的是固定期限的劳动合同工形式，出现的用工问题也最多，因此掌握其用工形式显得特别重要。请在课前查阅相关资料，然后在课堂上结合查阅的资料相互讨论一下"固定期限用工劳动合同终止、解除情形及相应的经济补偿风险"，最后把你的主要观点写在下列的横线上（不够可附页）：

_____
_____
_____

接着，请几位学生代表谈谈自己的观点，然后由教师继续解析"技能应用及其延伸"的相关内容，各位同学要注意将你的观点与教师的解析进行对比。

➥ 技能应用

固定期限的劳动合同工是用人单位最为普遍的劳动用工形式，掌握其用工潜在的风险非常重要。下面就探讨一下，固定期限用工劳动合同终止、解除情形及相应的经济补偿风险。

1. 劳动者提出解除劳动合同的情形及补偿

（1）单位过错导致劳动者解除劳动合同则用人单位需支付经济补偿 用人单位未按照劳动合同约定提供劳动保护或者劳动条件、未及时足额支付劳动报酬、未依法为劳动者缴纳社会保险费、规章制度违反法律法规的规定并损害劳动者权益、以不正当手段使求职者在违背真实意思的情况下订立或者变更劳动合同、在劳动合同中免除自己的法定责任和排除劳动者权利、违反法律和行政法规强制性规定、法律和行政法规规定劳动者可以解除劳动合同的其他情形等情况下，劳动者可以行使特别解除权，无条件单方面通知用人单位解除劳动合同，用人单位必须接受并向劳动者支付经济补偿。如果用人单位以暴力、威胁或者非法限制人身自由的手段强迫劳动者劳动的，或者用人单位违章指挥、强令冒险作业危及劳动者人身安全的，劳动者可以立即解除劳动合同，不需事先告知用人单位，用人单位必须接受并向劳动者支付经济补偿（《劳动合同法》第38条、第46条、《劳动合同法实施条例》第18条）。用人单位在条件允许的情况下，尽量做到合法、规范和人性化用工；暂时难以落实相关政策时，也要努力创造使员工留恋的工作环境和氛围，使每个人都能看到比较清晰的自身发展的前景，愿意和单位同进退、共甘苦，从而不会为了短期利益与单位对簿公堂。

(2) 单位非过错而劳动者依法解除劳动合同则用人单位无需支付经济补偿 用人单位与劳动者协商一致，可以解除劳动合同；劳动者主动提出的，用人单位可不支付经济补偿（《劳动合同法》第 36 条）。劳动者提前 30 日以书面形式通知用人单位，在试用期内提前 3 日通知用人单位，可以解除劳动合同（《劳动合同法》第 37 条）。劳动者履行提前通知义务（书面形式），一定要保留用人单位签收的证据，用人单位拒绝签收的，最好可以提供其他证据证明已经书面通知了用人单位（如 EMS 快递详情单）。否则，发生纠纷时，用人单位反过来说员工未履行提前通知义务而擅自离职，就很被动了。另外，注意在试用期内，劳动者不再可以随时通知解除劳动合同了。

2. 用人单位提出解除劳动合同的情形

（1）用人单位提出并与劳动者协商一致解除劳动合同则需支付经济补偿 用人单位与劳动者协商一致，可以解除劳动合同（《劳动合同法》第 36 条）。关于协商解除，用人单位主动提出的，需支付经济补偿（《劳动合同法》第 46 条）。

（2）劳动合同期满、单位破产或关闭导致终止劳动合同则应向劳动者支付经济补偿 劳动合同期满，用人单位终止固定期限劳动合同；用人单位被依法宣告破产，用人单位被吊销营业执照、责令关闭、撤销或者用人单位决定提前解散，用人单位也应当向劳动者支付经济补偿。由于现在无法在不支付补偿金的情况下，利用合同到期终止来辞退不合格员工，因此招聘时要格外小心，不可因时间压力勉强录用。同时要用好试用期，在试用期内认真考察，对不合适的人员一定要在试用期内提出，并给出合适理由；对需要更长时间判断其是否适合该岗位（如高管）的，可约定 6 个月的试用期（《劳动合同法》第 44 条、第 46 条）。

（3）单位裁减人员导致劳动合同解除则用人单位需支付经济补偿 企业因为以下原因需要裁减人员，用人单位应当向解除劳动合同的劳动者支付经济补偿：依照企业破产法规定进行重整的；生产经营发生严重困难的；企业转产、重大技术革新或者经营方式调整，经变更劳动合同后，仍需裁减人员的；其他因劳动合同订立时所依据的客观经济情况发生重大变化，致使劳动合同无法履行的（《劳动合同法》第 41 条、第 46 条）。

经济性裁员是用人单位出于经营方面考虑，单方解除劳动合同的方式。尽管名为经济性裁员，其实质是用人单位单方解除劳动合同的一种方式，且劳动者并没有过错，因此用人单位应当依法向劳动者支付经济补偿。裁减人员时，用人单位应当优先留用订立较长期限的固定期限劳动合同的职工、订立无固定期限劳动合同的职工，以及家庭无其他就业人员和有需要扶养的老人或者未成年人的职工。用人单位在 6 个月内重新招用人员的，应当通知被裁减的人员，并在同等条件下优先招用被裁减的人员。

（4）劳动者非过错性被解除劳动合同则用人单位需支付经济补偿 劳动者

患病或者非因工负伤,在规定的医疗期满后不能从事原工作,也不能从事由用人单位另行安排的工作的;劳动者不能胜任工作,经过培训或者调整工作岗位,仍不能胜任工作的;劳动合同订立时所依据的客观情况发生重大变化,致使劳动合同无法履行,经用人单位与劳动者协商,未能就变更劳动合同内容达成协议的。以上 3 种情况,用人单位可以提前 30 日以书面形式通知劳动者本人或者在额外支付劳动者一个月的工资后,解除劳动合同,但是用人单位必须向劳动者支付经济补偿(《劳动合同法》第 40、46 条)。

根据原劳动部颁发的《企业职工患病或非因工负伤医疗期规定》第 2 条的规定:医疗期是指企业职工因患病或非因工负伤停止工作治病休息不得解除劳动合同的时限。这里的医疗期,是指劳动者根据其工龄等条件,依法可以享受的停工医疗并发给病假工资的期间,而不是劳动者病伤治愈实际需要的医疗期。劳动者患病或者非因工负伤,有权在医疗期内进行治疗和休息,不从事劳动。用人单位需充分掌握医疗期的有关规定,否则,少算一天都会被认定为违法解除,这样就要支付赔偿金了。这里的所谓"不能胜任工作",是指不能按要求完成劳动合同中约定的任务或者同工种、同岗位人员的工作量。但用人单位不得故意提高定额标准,使劳动者无法完成。

(5)劳动者过错性被解除劳动合同则用人单位无需支付经济补偿 劳动者有下列情形之一的,用人单位可以解除劳动合同,而无需支付经济补偿:在试用期间被证明不符合录用条件的;严重违反用人单位的规章制度的;严重失职,营私舞弊,给用人单位造成重大损害的;劳动者同时与其他用人单位建立劳动关系,对完成本单位的工作任务造成严重影响,或者经用人单位提出,拒不改正的;以欺诈、胁迫的手段或者乘人之危,使用人单位在违背真实意思的情况下订立或者变更劳动合同的;被依法追究刑事责任的(《劳动合同法》第 39、46 条)。

劳动者过错性被解除劳动合同,必须是合理、合法的,对用人单位的解除权有如下约束:对于试用期员工,要求用人单位所规定的试用期符合法律规定、超过试用期的时间规定不得以本理由解除劳动合同、用人单位必须提供在试用期间不符合录用条件的有效的证明。规章制度的内容必须是符合法律、法规的规定,而且是通过民主程序公之于众;劳动者的过失行为客观存在,并且是属于"严重"违反用人单位的规章制度。

▶ 技能应用延伸

1. 限制解除劳动合同的情形

(1)试用期解除劳动合同的限制 在试用期中,劳动者若有如下 8 种情形,用人单位可以在说明理由的前提下解除劳动合同:在试用期间被证明不符合录用条件的;严重违反用人单位的规章制度的;严重失职,营私舞弊,给用人单位造成重大损害的;劳动者同时与其他用人单位建立劳动关系,对完成本单位的工作任务造成严重影响，或者经用人单位提出，拒不改正的；以欺诈、胁迫的手段或者乘人之危，使用人单位在违背真实意思的情况下订立或者变更劳动合同的；被依法追究刑事责任的；劳动者不能胜任工作，经过培训或者调整工作岗位，仍不能胜任工作的；劳动者患病或者非因工负伤，在规定的医疗期满后不能从事原工作，也不能从事由用人单位另行安排的工作的。除此8种情形之外，用人单位不得在试用期内解除劳动合同。劳动者在试用期内提前3日通知用人单位，可以解除劳动合同（《劳动合同法》第21、37、39、40条）。

(2) 限制用人单位解除劳动合同的情形　对于以下6类法定情形的劳动者，国家限制用人单位解除劳动合同：从事接触职业病危害作业的劳动者未进行离岗前职业健康检查，或者疑似职业病病人在诊断或者医学观察期间的；在本单位患职业病或者因工负伤并被确认丧失或者部分丧失劳动能力的；患病或者非因工负伤，在规定的医疗期内的；女职工在孕期、产期、哺乳期的；在本单位连续工作满15年，且距法定退休年龄不足5年的；法律、行政法规规定的其他情形（《劳动合同法》第40、41、42条）。

为保护一些特定群体劳动者的合法权益，《劳动合同法》规定在以上6类法定情形下，禁止用人单位根据《劳动合同法》第40、41条的规定单方解除劳动合同。对用人单位不得解除劳动合同规定的理解需注意以下两个方面：①本条禁止的是用人单位单方解除劳动合同，并不禁止劳动者与用人单位协商一致解除劳动合同；②本条的前提是用人单位不得根据《劳动合同法》第40条（即劳动者非过错性被解除劳动合同）、第41条（即裁减人员）解除劳动合同，即使劳动者具备了本条规定的6种情形之一，用人单位仍可以根据《劳动合同法》第39条（即劳动者过错性被解除劳动合同）的规定解除劳动合同。

2. 经济补偿、赔偿金和违约金的规定

(1) 经济补偿的计算　经济补偿按劳动者在本单位工作的年限，每满1年支付1个月工资的标准向劳动者支付。6个月以上不满1年的，按1年计算；不满6个月的，向劳动者支付半个月工资的经济补偿。劳动者月工资高于用人单位所在直辖市、设区的市级人民政府公布的本地区上年度职工月平均工资3倍的，向其支付经济补偿的标准按职工月平均工资3倍的数额支付，向其支付经济补偿的年限最高不超过12年（《劳动合同法》第47条）。劳动者在单位工作的年限，应从劳动者向该用人单位提供劳动之日起计算。如果由于各种原因，用人单位与劳动者未及时签订劳动合同的，不影响工作年限的计算。如果劳动者为同一用人单位提供劳动多年，但间隔了一段时间，也先后签订了几份劳动合同，工作年限原则上应从劳动者提供劳动之日起连续计算，已经支付经济补偿的除外。

《劳动合同法实施条例》第10条规定，劳动者非因本人原因从原用人单位被安排到新用人单位工作的，劳动者在原用人单位的工作年限合并计算为新用人单位的工作年限。原用人单位已经向劳动者支付经济补偿的，新用人单位在

依法解除、终止劳动合同计算支付经济补偿的工作年限时，不再计算劳动者在原用人单位的工作年限。实践中有些用人单位为了规避无固定期限劳动合同的订立，将劳动者在下属子公司之间调动，或者注册新的用人单位与劳动者签订劳动合同。本条规定劳动者非因本人原因从原用人单位被安排到新用人单位工作的，劳动者在原用人单位的工作年限合并计算为新用人单位的工作年限，彻底击破了用人单位的此类规避手法。

(2) 支付赔偿金的情况　根据《劳动合同法》第48条规定，用人单位违反本法规定解除或者终止劳动合同，劳动者要求继续履行劳动合同的，用人单位应当继续履行；劳动者不要求继续履行劳动合同或者劳动合同已经不能继续履行的，用人单位应当依照本法第87条的规定支付赔偿金。根据《劳动合同法》第87条规定，用人单位违反本法规定解除或者终止劳动合同的，应当依照本法第47条规定的经济补偿标准的2倍向劳动者支付赔偿金。

所谓"违反本法规定"，是指违反劳动合同法第36、39、40、41、42、44、45条等规定。具体情形包括不符合法定条件用人单位单方解除的、解除时没有履行法定义务的、不符合法定条件用人单位终止的等。

用人单位违反本法规定解除或者终止劳动合同的，首先要保护劳动者的合法劳动权益，使劳动关系"恢复原状"，不能让用人单位从违法行为中获益。同时考虑到实际情况，应尊重劳动者有关是否继续劳动合同的选择。因此，如果劳动者权衡利弊后，要求继续履行劳动合同的，用人单位应当继续履行劳动合同；如果劳动者认为继续履行劳动合同实际困难太大，不要求继续履行劳动合同的，劳动合同可以解除或者终止，同时用人单位应当依法支付赔偿金。关于赔偿金标准，《劳动合同法》第87条规定为经济补偿标准的2倍。另外，在有的情况下，劳动合同客观上已经不能继续履行了，如原用人单位已经搬迁外地、原工作部门已经被撤销等，此时即使劳动者想继续劳动合同也无法继续，因此，在用人单位支付经济赔偿金后，劳动合同即解除或者终止。为防止用人单位从违法解除或者终止中获益，实践部门应对"劳动合同已经不能继续履行"作限制性解释，不能作宽泛理解。

《劳动合同法实施条例》第25条规定，用人单位违反劳动合同法的规定解除或者终止劳动合同，依照《劳动合同法》第87条的规定支付了赔偿金的，不再支付经济补偿。赔偿金的计算年限自用工之日起计算。支付赔偿金后是否还需支付经济补偿，在实践中也存在一些争议。本条明确了用人单位支付赔偿金后不再支付经济补偿。从劳动合同法的规定中其实可以作出正确的判断，赔偿金适用于用人单位违法解除劳动合同，经济补偿金适用于用人单位依法解除劳动合同，二者性质截然不同，不能同时适用。本条同时规定了赔偿金的计算年限为自用工之日起计算，这直接增加了用人单位的违法成本，劳动合同法实施条例关于赔偿金的规定追溯到劳动合同法施行前的工作年限，突破了劳动合同法对溯及力的规定。

（3）支付违约金的情况 《劳动合同法》第25条规定，违约金仅限于出资培训（第22条）和竞业限制（第23条）两种情形，除此之外用人单位不得与劳动者约定由劳动者承担违约金，其内容解析详见"模块二/项目二/应用一"。对于违约金，《劳动合同法实施条例》作了补充性规定，其第26条第1款规定，用人单位与劳动者约定了服务期，劳动者依照《劳动合同法》第38条的规定解除劳动合同的（即单位过错导致劳动者解除劳动合同），不属于违反服务期的约定，用人单位不得要求劳动者支付违约金。但是，第2款规定，劳动者因过错性导致用人单位与劳动者解除约定服务期的劳动合同的，劳动者应当按照劳动合同的约定向用人单位支付违约金。其中劳动者过错性指的是《劳动合同法》第39条的主要内容（不包括试用期不合格）：严重违反用人单位的规章制度的；严重失职，营私舞弊，给用人单位造成重大损害的；劳动者同时与其他用人单位建立劳动关系，对完成本单位的工作任务造成严重影响，或者经用人单位提出，拒不改正的；以欺诈、胁迫的手段或者乘人之危，使用人单位在违背真实意思的情况下订立或者变更劳动合同的；被依法追究刑事责任的。本款规定了劳动者因过错性被解除劳动合同的，劳动者应当按照服务期协议的约定向用人单位支付违约金。这样可以避免实践中部分劳动者故意制造可被解雇的事由，"诱使"用人单位解除劳动合同，达到规避服务期约定的目的。

注：固定期限劳动合同样本见本教材教师教学参考。

▲ 应用二 无固定期限劳动合同用工的风险提示与对策

➥ 预习应用知识

1. 无固定期限劳动合同用工的定义

无固定期限的劳动合同用工，是指用人单位与劳动者约定无确定终止时间的劳动合同用工，是5种用工形式中劳资关系最为稳定的用工方式，也是为《劳动合同法》所明确鼓励采用的用工形式。无固定期限的劳动合同，试用期不得超过6个月。无固定期限劳动合同一经签订，双方就建立了一种相对稳固和长远的劳动关系，只要不出现法律规定的条件或者双方约定的条件，劳动合同就不能解除。

因此，法律对无固定期限劳动合同的签订条件作了严格的规定，当事人一方并不能随意地要求签订或者拒绝签订无固定期限劳动合同。由于无固定期限劳动合同用工的权益和责任包括并超越固定期限劳动合同用工所享权益和所担责任，因此与固定期限劳动合同用工相同的权益和责任在以下内容中不再重复。

2. 无固定期限劳动合同签订的法定条件

有下列情形（2）、（3）、（4）之一，劳动者提出或者同意续订、订立劳动合同的，除劳动者提出订立固定期限劳动合同外，应当订立无固定期限劳动合同（《劳动合同法》第13、14条）：

（1）用人单位与劳动者协商一致，可以订立无固定期限劳动合同。

（2）劳动者在该用人单位连续工作满10年的。具体是指劳动者与同一用人单位签订的劳动合同的期限不间断地达到10年。

（3）用人单位初次实行劳动合同制度或者国有企业改制重新订立劳动合同时，劳动者在该用人单位连续工作满10年且距法定退休年龄不足10年的。

我们应当考虑那些在计划经济时代给国家和企业作出过很多贡献的老职工的利益，他们"连续工作满10年"的起始时间自用人单位实际用工之日起计算，且包括《劳动合同法》施行前的工作年限。

（4）连续订立2次固定期限劳动合同，接着续订劳动合同的。

这一项之所以这样设计，就是为了解决劳动合同短期化的问题。根据规定，用人单位在与劳动者签订一次固定期限劳动合同后，再次签订固定期限的劳动合同时，就意味着下一次只要劳动者提出或者同意续订劳动合同，就必须签订无固定期限的劳动合同。企业为了不签订无固定期限的劳动合同，但又能同时保持用工的稳定性，防止因频繁更换劳动力而加大用工成本，就会延长每一次固定期限劳动合同的期限，从而解决了合同短期化的问题。

（5）用人单位自用工之日起满1年不与劳动者订立书面劳动合同的，视为用人单位与劳动者已订立无固定期限劳动合同。

《劳动合同法实施条例》第11条规定，除劳动者与用人单位协商一致的情形外，劳动者依照以上法定条件，提出订立无固定期限劳动合同的，用人单位应当与其订立无固定期限劳动合同。对劳动合同的内容，双方应当按照合法、公平、平等自愿、协商一致、诚实信用的原则协商确定。如果用人单位通过调整劳动者工作岗位、降低劳动者劳动报酬来达到规避无固定期限劳动合同的目的，显然违背了该原则，用人单位行为将可能被确认为无效行为。如果双方对此协商不成，则适用集体合同规定；没有集体合同或者集体合同未规定劳动报酬的，实行同工同酬或国家有关规定。

3．无固定期限劳动合同的试用期

根据《劳动合同法》第19条规定，3年以上固定期限和无固定期限的劳动合同，试用期不得超过6个月。

4．无固定期限劳动合同工的社会保险

同固定期限劳动合同工的社会保险一样购买。

➤ 查阅应用资料及课堂应用训练

无固定期限的劳动合同工是5种用工形式中劳资关系最为稳定的用工方

式,也是为《劳动合同法》所明确鼓励采用的用工形式。但是,无固定期限合同并不是没有终止时间的"铁饭碗",只要符合法律规定的条件,劳动者与用人单位都可以依法解除劳动合同。请在课前查阅相关资料,然后在课堂上结合查阅的资料相互讨论一下"无固定期限用工劳动合同解除情形及相应的经济补偿条件",最后把你的主要观点写在下列的横线上(不够可附页):

_____

_____

接着,请几位学生代表谈谈自己的观点,然后由教师继续解析"技能应用及其延伸"的相关内容,各位同学要注意将你的观点与教师的解析进行对比。

▶ 技能应用

无固定期限的劳动合同也是劳动合同的一种类型,在履行过程中,任何一方由于某种原因希望或已提出解除劳动合同,另一方只要表示同意,双方达成一致意见,就可以解除劳动合同。关于协商解除,用人单位提出的,需支付经济补偿;劳动者提出的,用人单位可不支付经济补偿。同时,当如下法定条件出现时,无固定期限的劳动合同就可以解除。

1. 劳动者解除无固定期限劳动合同的法定条件

根据《劳动合同法》第36、37、38条和《劳动合同法实施条例》第18条规定,劳动者可以在如下法定条件下解除与用人单位的无固定期限的劳动合同:用人单位与劳动者协商一致,可以解除劳动合同,劳动者主动提出的,用人单位可不支付经济补偿;劳动者在试用期内提前3日通知用人单位的、劳动者提前30日以书面形式通知用人单位的、单位过错导致劳动者解除劳动合同的情形(具体内容见项目一/应用一/技能应用),其中单位过错导致劳动者解除劳动合同的情形,用人单位还要给劳动者经济补偿。

2. 用人单位解除无固定期限劳动合同的法定条件

根据《劳动合同法》第36、39、40、41条和《劳动合同法实施条例》第19条规定,用人单位可以在如下法定条件下解除与劳动者的无固定期限的劳动合同:用人单位提出并与劳动者协商一致解除劳动合同则需支付经济补偿,劳动者过错性被解除劳动合同则用人单位无需支付经济补偿,劳动者非过错性被解除劳动合同则用人单位需支付经济补偿,单位裁减人员导致劳动合同解除则用人单位需支付经济补偿(具体内容见项目一/应用一/技能应用)。

用人单位解除固定期限劳动合同的法定条件,只比无固定期限劳动合同用工中多一项，即"劳动合同期满、单位破产或关闭导致终止劳动合同则应向劳动者支付经济补偿"，其他都基本一样。由此可见，无固定期限合同并不是没有终止时间的"铁饭碗"，只要符合法律规定的条件，劳动者与用人单位都可以依法解除劳动合同。

↘ 技能应用延伸

《劳动合同法》第14条规定，劳动者在该用人单位连续工作满10年的和连续订立2次固定期限劳动合同的情形下，劳动者提出或者同意续订、订立劳动合同的，除劳动者提出订立固定期限劳动合同外，用人单位都应当订立无固定期限劳动合同。否则，将根据《劳动合同法》第82条规定，用人单位违反本法规定不与劳动者订立无固定期限劳动合同的，自应当订立无固定期限劳动合同之日起向劳动者每月支付2倍的工资。

对此，广东瀚宇律师事务所李迎春律师认为，用工单位要防止两种风险：①在劳动者符合法定的3种情形时，用人单位与劳动者订立固定期限劳动合同，劳动者也默认接受，但时隔数月或者数年，突然要求公司从该固定期限合同订立之日开始每月支付2倍工资，从法律规定看，其主张是可以成立的，因为劳动者并没有提出过订立固定期限劳动合同，用人单位本应当主动订立无固定期限劳动合同。②劳动者口头要求订立固定期限劳动合同，用人单位依劳动者的意思订立；但履行一段时间后，劳动者反悔，要求用人单位支付2倍工资，如果用人单位不能举证是劳动者提出的订立固定期限劳动合同，则面临支付两倍工资的风险。

李律师建议，劳动者符合上述情形的，订立合同前，用人单位应当增强证据意识。实践中建议以书面形式向劳动者征询需订立哪种类型的合同，如劳动者同意订立固定期限劳动合同或主动提出订立固定期限劳动合同的，用人单位一定要保留劳动者同意的书面证据，避免事后被劳动者利用而产生用工成本增加的风险。

订立无固定期限的劳动合同，劳动者可以长期在一个单位或部门工作。这种合同适用于工作保密性强、技术复杂、工作又需要保持人员稳定的岗位。这种合同对于用人单位来说，有利于维护其经济利益，减少频繁更换关键岗位的关键人员而带来的损失。对于劳动者来说，也有利于实现从事长期稳定的职业，潜心钻研业务技术。

注：无固定期限劳动合同样本见本教材教师教学参考。

项目二　辅助用工形式的风险提示与对策

出于行文方便和篇幅考虑，本教材"以完成一定工作任务为期限的劳动合同用工、非全日制用工和劳务派遣用工"归类为辅助用工形式。本教材将"以完成一定工作任务为期限的劳动合同用工"简称为"任务期限劳动合同用工"。

应用一　任务期限劳动合同用工的风险提示与对策

预习应用知识

《劳动合同法》的出台，用立法的方式确立并规范了企事业单位的 5 种用工形式。在 5 种用工形式中，固定期限的劳动合同用工是最为普遍的劳动用工形式，大家最为熟悉；无固定期限的劳动合同用工，在现实中相当于企事业单位的所谓正式工，与计划经济时代所谓的固定工也类似，这一点大家并不陌生；劳务派遣用工方兴未艾，有较多的论著对劳务派遣用工进行了阐述；非全日制用工形式相对比较简单，其论著也不少。唯有任务期限用工形式，劳动法规中很少有针对性的描述，论文著作中也很少涉及，在理论上几乎是一种被"边缘化"的企业用工形式。下面我们就围绕任务期限用工的相关内容，对以完成一定工作任务为期限的用工形式的风险与对策进行探讨。

1. 任务期限用工的法理"遗漏"

2007 年以前颁布的劳动法律法规，都没有涉及与任务期限用工相关的条款；而《劳动合同法》中仅有 3 条涉及任务期限用工，并且没有实质性的内容：第 12 条规定了劳动合同的 3 个分类，第 15 条规定了任务期限用工劳动合同的定义，第 19 条第 3 款规定任务期限用工劳动合同的试用期。《劳动合同法实施条例》也仅有 3 条涉及任务期限用工，第 18、19 条分别规定了劳动者和用人单位可以解除任务期限用工劳动合同的条件，第 22 条规定了终止任务期限用工劳动合同的经济补偿。现行劳动法律法规中，任务期限用工没有得到明确规定，这为该用工的劳动争议带来一些问题。

由于任务期限用工形式"有活来，没活走"这一独有的便利性和特有的"不白养人"的优势，使得这一用工形式如今已被越来越多的用人单位所采用。正如上面所述，劳动法规中很少针对任务期限用工进行明确规定，使得很多用人单位片面地认为法律对此类劳动合同的约束少、劳动者对此类劳动合同的了解甚微，不会引发劳动争议。其实，在实践中，自《劳动合同法》施行以来，劳动者对劳动法律的关注度已大幅提升，对劳动法律的熟悉程度也在日益加强，关于任务期限用工的劳动争议案件也在不断攀升。

2. 任务期限劳动合同的订立"保障"

《劳动合同法》第 15 条第 1 款规定，以完成一定工作任务为期限的劳动合同，是指用人单位与劳动者约定以某项工作的完成为合同期限的劳动合同。在签订任务期限用工劳动合同时，用人单位通常无法预计到该项工作结束的具体时间，因此在实践中该项目的开工之日，就为合同开始之时；该项目的结束之日，就是劳动合同的终止之时。《劳动合同法》第 15 条第 2 款规定，用人单位与劳动者协商一致，可以订立以完成一定工作任务为期限的劳动合同。该条款没有很明确地规定任务期限用工劳动合同的签订条件，在实际操作中会带来一些困扰。

《劳动合同法》草案曾经对是否规定任务期限劳动合同的订立范围展开过博弈。《劳动合同法》草案二审稿中第 15 条规定，单项性、项目性、季节性及其他任务期限的劳动用工，属于任务期限劳动合同的适用情形。但博弈的最终结果是，否定了关于订立范围的规定。笔者认为，适用任务期限劳动合同的 4 种情形是比较科学的。这种限制可以防止大量的短期劳动合同的出现，有利于避免劳动合同的短期化，稳定我国的劳动关系。在我国还没有确立以无固定期限劳动合同为常态和本位合同的情况下，立法限制任务期限劳动合同的适用范围，适当减少此类劳动合同，对防止用人单位利用此合同规避签订长期劳动合同或无固定期限劳动合同是非常有效的。根据劳动用工实践，结合《劳动合同法》草案二审稿，总结出任务期限劳动用工"可以"和"不能"适用的情形如下：

（1）任务期限劳动用工可以适用的 6 种情形

1）以完成具体单项工作任务为期限的劳动用工，例如具体开发某一项软件、安装调试某台机器设备等。

2）以项目承包的形式完成承包任务的劳动用工，例如某栋建筑物的承建或装修、大型发电站的建设等。

3）因季节的原因而临时用工的劳动用工，例如遇到秋季收获庄稼临时雇佣工人等。

4）完成某个区域内工作任务的劳动用工，例如完成某市公共草坪范围的草皮种植等。

5）完成某个阶段内工作任务的劳动用工，例如完成某公司第一阶段的筹备工作，完成某唱片后期制作工作等。

6）其他双方约定的以完成一定工作任务为期限的劳动合同。

以上 6 种情形用工的共同特点是以完成一定工作任务为目标，以完成这个目标为期限；工作性质上或是有整体上的部分性，或是有阶段性、或是有季节性、或是有项目性，总之此类工作都带有一定的独立性和临时性。如果工作性质没有这种独立性和临时性，就不能适用任务期限的劳动合同，并有效防止用人单位刻意规避法律责任和规避该类风险。

（2）任务期限劳动用工不能适用的情形　不适用任务期限劳动用工的工作应当是普遍的，除上述 6 种工作可以适用任务期限的劳动用工以外，其他都不应当适用这种合同形式。只要是不具备工作上分割的充分必要性，就不能把整体工作人为地肢解成这种劳动合同的工作，否则可能会侵犯劳动者的合法权益。具体来讲，不能适用任务期限劳动用工的工作如下：

1）企事业单位的日常工作岗位。没有单项性、项目性、季节性、阶段性、区域性的这种独立性较强的临时性岗位，都应当避免这种任务期限劳动合同。

2）企事业单位的管理工作。管理工作岗位需要连续性，不适宜这种合同形式。

3）关键技术岗位等工作。这种岗位也需要有连续性，不宜签订这种形式的劳动合同。

如果企事业单位仅仅为了规避经济补偿，在不适合签订任务期限劳动合同的情况下而签订了；并且借用这种劳动用工形式，而任意地与劳动者解除合同，劳动者仍有权要求进行经济补偿。同时，这样做也不利用企业职工的稳定和企业凝聚力的形成。因此，企业在签订任务期限劳动合同时，一定要慎重，在确定可以签订这一类型的劳动合同时，才能签订。

3. 任务期限劳动合同期限及试用期的"重构"

《劳动合同法》第19条第3款：以完成一定工作任务为期限的劳动合同或者劳动合同期限不满3个月的，不得约定试用期。在此类合同中，只是明文规定禁止约定试用期，即在任务期限的劳动合同中如果约定了试用期的，应当视为无效；但是，在任务期限劳动合同的期限及试用期规定方面并未说清楚。对于任务期限劳动合同的期限及试用期的界定，法律界、企业界和教育界有不同的看法。

广东广和律师事务所律师石干章认为："一定工作任务"应属于短期的一次性的工作任务，不具有重复性。《劳动合同法》第15条规定的"某项工作的完成"即是指该项工作具有一定的特殊性，不能够重复进行。而从《劳动合同法》第19条的规定来看，此种劳动合同期限应该是在3个月以下，如果超过3个月，用人单位则应该与劳动者签订固定期限劳动合同。一些人力资源专家认为，任务期限的劳动用工并不一定都是短期性的工作，尤其以项目承包的形式完成承包任务的劳动用工周期更长，例如大型的地铁、桥梁、发电站、高速公路和铁路建设等周期都很长，其相应的劳动合同期限也相应很长。因此，任务期限的劳动用工既要适合短期的岗位，也要适应长期的工作。据笔者在企业工作10年的经验，至少一半的任务期限劳动用工周期超过3个月。

既然任务期限劳动合同的期限有长有短，在确定试用期的问题上，也就不能一概而论，要具体情况具体分析，要区分劳动合同长短具体对待。不满3个月的任务期限劳动合同，与短期的固定期限劳动合同一样，不得约定试用期。长期的任务期限劳动合同，也与固定期限劳动合同一样，劳动合同期限3个月以上不满1年的，试用期不得超过1个月；劳动合同期限1年以上不满3年的，试用期不得超过2个月；劳动期限在3年以上的，试用期不得超过6个月。

4. 任务期限劳动用工社会保险的"明确"

在劳动合同法及其实施条例中，基本上没有直接涉及任务期限劳动合同社会保险规定，这给很多劳动者在维护自身正当权益时带来困扰，也为用人单位侵犯劳动者权益带来便利。实际上，任务期限劳动用工和固定以及无固定期限劳动用工一样，都必须参加社会保险。

《劳动法》第72条规定，用人单位和劳动者必须依法参加社会保险，缴纳社会保险费；第100条规定，用人单位无故不缴纳社会保险费的，由劳动行政部门责令其限期缴纳，逾期不缴的，可以加收滞纳金。《劳动合同法》第17条规定，劳动合同的必备条款包括社会保险；第74条规定，县级以上地方人民政府劳动行政部门，依法对用人单位参加各项社会保险和缴纳社会保险费的情况进行监督检查。《社会保险费征缴暂行条例》第12条规定，缴费个人应当缴纳的社会保险费，由所在单位从本人工资中代扣代缴，社会保险费不得减免。综上所述，由于社会保险由国家强制实施，是劳动合同中不可缺少的内容，所以即使是任务期限的劳动用工也必须为劳动者办理社会保险。

➤ 查阅应用资料及课堂应用训练

在5种用工形式中，任务期限劳动用工在理论上几乎是一种被"边缘化"的企业用工形式，劳动法规中也很少有针对性的描述。请在课前查阅相关资料，然后在课堂上结合查阅的资料相互讨论一下"任务期限用工劳动合同终止、解除情形及相应的经济补偿条件"，最后把你的主要观点写在下列的横线上（不够可附页）：

_____

_____

_____

接着，请几位学生代表谈谈自己的观点，然后由教师继续解析"技能应用及其延伸"的相关内容，各位同学要注意将你的观点与教师的解析进行对比。

➤ 技能应用

在《劳动合同法》中，没有直接规定任务期限用工的劳动合同解除及其经济补偿。但是，《劳动合同法实施条例》第18条规定了劳动者可以与用人单位解除任务期限用工劳动合同的条件，第19条规定了用人单位可以与劳动者解除任务期限用工劳动合同的条件。《劳动合同法实施条例》第22条规定，任务期限的劳动合同因任务完成而终止的，用人单位应当依照《劳动合同法》第47条的规定向劳动者支付经济补偿，但是其他情况下的劳动合同解除时，有没有经济补偿则没有明确规定。下面就阐述一下任务期限用工劳动合同终止、解除情形及相应的经济补偿条件。

《劳动合同法》第46条规定，有下列情形之一的，用人单位应当向劳动者支付经济补偿：①劳动者依照本法第38条规定解除劳动合同的，即单位过错导致劳动者解除劳动合同；②用人单位依照本法第36条规定向劳动者提出解除劳动合同并与劳动者协商一致解除劳动合同的，即用人单位提出并与劳动者协商一致解除劳动合同；③用人单位依照本法第40条规定解除劳动合同的，即劳动者非过错性被解除劳动合同；④用人单位依照本法第41条第1款规定解除劳动合同的，即单位裁减人员导致解除劳动合同；⑤依照本法第44条第4项、第5项规定终止劳动合同的，即单位破产或关闭或撤销导致终止劳动合同。

从以上规定可以看出，符合第46条规定的第一项至第4项以及第6项解除、终止劳动合同的，用人单位应当依法向劳动者支付经济补偿。根据《劳动合同法》第12条规定，劳动合同分为固定期限劳动合同、无固定期限劳动合同和以完成一定工作任务为期限的劳动合同可知，任务期限的劳动合同属于三种劳动合同当中的一种，因此任务期限的劳动合同适用于以上情形的劳动合同解除和终止条件，用人单位也应当依法向劳动者支付经济补偿。

《劳动合同法》颁布后，关于任务期限的劳动合同因工作任务完成而终止时是否支付经济补偿的问题，争议非常大。一种意见认为，任务期限的劳动合同一般适用于季节性、临时性的工作岗位。《劳动合同法》第46条的第5项规定，依照本法第44条第1项规定终止固定期限劳动合同的可以获得经济补偿，但不适用任务期限的劳动合同。另一种意见认为，任务期限的劳动合同并不仅仅局限在临时性、季节性的工作岗位，有的工程或项目持续时间较长，用人单位若不支付经济补偿，则对劳动者不公平。

由于《劳动合同法》部分条款规定得不够明确、不够完整，在实践中可能有些条款难以操作。其中，对于任务期限的劳动合同因任务完成而终止的，多数意见都认为要向劳动者支付经济补偿。理由有以下3点：

（1）从法理上来看　由于《劳动合同法》第46条中规定支付经济补偿的情形主要针对劳动合同的解除，且重点考虑的是固定期限和无固定期限劳动合同的解除，未全面考虑各种劳动合同终止的经济补偿。对于无固定期限劳动合同来讲，不可能出现期满终止的情形，本身无固定期限，除非退休或开始依法享受基本养老保险待遇，没有经济补偿我们可以理解。但是，却遗漏了任务期限的劳动合同的终止是否给予补偿的规定，让人难以理解。根据法理来分析，任务期限的劳动合同是以完成一定工作任务为期限，但这种合同的工作任务可以"一定"，即可以量化的，且这种任务能够"完成"，所以本质上也是一种特殊的有期限的劳动合同，其经济补偿应当与固定期限劳动合同的经济补偿相同。

（2）从经济补偿的性质来看　经济补偿是指在劳动者无过失的情况下，劳动合同依法解除或终止后,为维护劳动者基本生存需要而由用人单位给予的一种帮助。任务期限的劳动合同因工作任务完成终止后,劳动者被动失去工作,用人单位应当支付经济补偿,以保障劳动者在失去工作的一定时间内生活不至于发生困难,缓解劳动者被动失去工作对社会稳定可能造成的压力。

(3)从经济利益来看 如果任务期限的劳动合同因工作任务完成而终止时没有经济补偿,一些用人单位受经济利益的驱使,可能会采用大量订立任务期限的劳动合同以规避法定义务。而在实践中,用人单位在劳动合同订立过程中居于主导地位,劳动者处于弱势地位,协商能力有限。在就业形势严峻的情况下,如果用人单位提出订立任务期限劳动合同,绝大多数劳动者可能会被迫接受用人单位的意见。

《劳动合同法》第46条第7项规定,授权法律、行政法规可以规定其他支付经济补偿的情形。《劳动合同法实施条例》作为劳动合同法的配套行政法规,可以规定支付经济补偿的其他情形。基于以上几点考虑,《劳动合同法实施条例》第22条规定,任务期限的劳动合同因任务完成而终止的,用人单位应当依照《劳动合同法》第47条规定的经济补偿标准向劳动者支付经济补偿。该条款实际是在修正《劳动合同法》第5项的规定。这样的修正规定,既体现了公平合理,又有利于维护劳动者的合法权益,防止用人单位滥用任务期限的劳动合同规避法定义务。

综上所述,对于任务期限的劳动用工而言,单位过错、单位裁员、单位破产或关闭或撤销、劳动者非过错性导致解除或终止劳动合同,用人单位提出并与劳动者协商一致解除劳动合同,劳动合同因任务完成而终止等情形,用人单位也应当依法向任务期限用工劳动者支付经济补偿。这一点和固定期限劳动用工的经济补偿没有什么差别。

▶ 技能应用延伸

关于任务期限劳动合同形式的"转化"问题,《劳动合同法》强制性设定订立或转化为无固定期限劳动合同的情形有两种:①第14条第2款规定,连续工作满10年或连续订立2次固定期限劳动合同的,应当订立无固定期限劳动合同;②第14条第3款规定,用人单位自用工之日起满一年不与劳动者订立书面劳动合同的,视为用人单位与劳动者已订立无固定期限劳动合同。

作为任务期限用工来讲,对于以上两种情形应区别对待。

(1)任务期限的劳动合同无法适用第14条第2款规定的转化条件:任务期限的劳动合同所针对的工作类型不同于固定期限劳动合同,具有非继续性的特点。一旦工作完成,用人单位对劳动者所提供的劳动给付不再具有需求,劳动关系即行终止,不可能达到《劳动合同法》第14条第2款所规定的连续工作满10年或连续订立2次固定期限劳动合同的条件。所以在此情况下,不可能转化成无固定期限劳动合同。

（2）即使劳动关系当事人主观上存在订立任务期限劳动合同之意，但一旦符合满1年不订立书面合同的前提，就必须适用《劳动合同法》第14条第3款的规定。该款的立法目的在于解决书面劳动合同签订率低的问题，一旦满足条件，即视为用人单位与劳动者已形成订立无固定期限劳动关系。即使属于单项性、项目性、季节性、阶段性、区域性的任务期限工作，也不例外。所以在此情况下，有可能转化成无固定期限劳动合同。

注：以完成一定工作任务为期限的劳动合同样本见本教材教师教学参考。

▲ 应用二　非全日制劳动用工的风险提示与对策

➤ 预习应用知识

1. 非全日制用工概述

（1）非全日制用工的定义　根据《劳动合同法》第68条，非全日制用工，是指以小时计酬为主，劳动者在同一用人单位一般平均每日工作时间不超过4小时，每周工作时间累计不超过24小时的用工形式。

（2）非全日制用工立法的必要性　劳动合同法引入非全日制用工主要有以下考虑：

1）现实发展的需要。现实针对性是法律的重要价值之一，劳动合同法不能对目前社会广泛存在的非全日用工现象视而不见。因此，劳动合同法对非全日制用工进行了相应的规范，以明确非全日制用工中劳动合同双方的权利和义务，更好地保护非全日制用工中劳动者的合法权益。

2）国际立法的惯例。用法律形式来规范非全日制用工是国际上通行做法。国际劳工组织一向对各种灵活就业方式持肯定的态度，为了防止劳动者受到歧视和不公平待遇，国际劳动组织通过了《非全日制工作公约》和《非全日制工作建议书》。

3）有利于完善劳动合同制度。随着社会的发展，加强对劳动者的保护已成共识，劳动合同的领域呈现扩大化趋势，凡是涉及用人单位用工的，劳动关系双方形成的都属于劳动合同，而不是民事合同。

4）有利于促进就业。从世界范围看，非全日制用工主要有两项功能，一是作为灵活就业的重要形式，非全日制用工有利于缓减国家就业压力，促进劳动者就业；二是在一些发达国家，对一些劳动者，特别是女性劳动者而言，非全日制用工是提高生活质量的有效途径。

2. 非全日制用工的前提要求

根据《关于非全日制用工若干问题的意见》第5条规定，用人单位招用劳动者从事非全日制工作，应当在录用后到当地劳动保障行政部门办理录用备案手续。第6条规定，从事非全日制工作的劳动者档案可由本人户口所在地劳动保障部门的公共职业介绍机构代管。

根据《关于非全日制用工若干问题的意见》第2条规定，劳动者通过依法成立的劳务派遣组织为其他单位、家庭或个人提供非全日制劳动的，由劳务派遣组织与非全日制劳动者签订劳动合同。这一点在《劳动合同法实施条例》第30条中被推翻了，劳务派遣单位不得以非全日制用工形式招用被派遣劳动者。这是因为劳动合同法强制规定劳务派遣单位应当与被派遣劳动者订立2年以上的固定期限劳动合同，而非全日制用工属于一种灵活的用工形式，双方当事人可以订立口头协议，且可以随时提出终止用工，这与劳务派遣规定的必须订立2年以上的固定期限劳动合同的规定显然冲突。因此，本条规定了劳务派遣单位不得招用非全日制用工劳动者，但是可以将招用的劳动者派遣至用工单位从事非全日制岗位工作。

3. 非全日制用工劳动合同订立

（1）非全日制用工的合同规定　根据《劳动合同法》第69条第1款规定，非全日制用工双方当事人可以订立口头协议。这里只是规定非全日制用工可以订立口头协议，而不是必须订立口头协议。为了更好地明确劳动关系双方的权利和义务，减少争议的发生，在非全日制用工中，如果条件允许，应当鼓励用人单位订立书面劳动合同。如果其他法律、法规规定，一定条件下非全日制用工必须订立书面劳动合同，这样的规定并不与本条"非全日制用工可以订立口头协议"的规定相抵触。

如果非全日制用工需要订立书面劳动合同，根据《关于非全日制用工若干问题的意见》第3条规定，非全日制劳动合同的内容由双方协商确定，应当包括工作时间和期限、工作内容、劳动报酬、劳动保护和劳动条件5项必备条款。

（2）非全日制用工的多重劳动关系　根据《劳动合同法》第69条第2款规定，从事非全日制用工的劳动者可以与一个或者一个以上用人单位订立劳动合同。但是，后订立的劳动合同不得影响先订立的劳动合同的履行。非全日制用工中可以有双重或者多重劳动关系，即从事非全日制用工的劳动者可以兼职，这是非全日制用工不同于全日制用工的显著区别之一。由于本法明确规定非全日制用工可以有双重或者多重劳动关系，因此非全日制用工不适用《劳动合同法》第37条和第91条的规定，也不适用《劳动法》第99条的规定。在我国，历来反对劳动者兼职，且现在还是反对的情况下，为什么允许非全日制用工中有兼职现象呢？这主要与非全日制用工自身的特点有关。①非全日制用工中，劳动关系比较松散，既存的劳动关系中，劳动者对用人单位的依附性较低，且劳动关系的存续有着很大的不确定性，要求劳动者为一个随时结束的劳动关系而放弃另外一个工作是不合理的。②非全日制用工的工作时间比较短，每天工作时间不超过4小时,因此非全日制用工中劳动者有较多的空闲时间,一般不会因为从事其他工作而影响开展现有工作。③从人道主义出发,非全日制用工的时间较短,因此非全日制用工中劳动者的收入是较低的,为维持劳动者的基本生活,提高劳动者的生活质量,应当允许非全日制用工中劳动者凭借自身能力,从事两种或者两种以上的工作。

理解本条规定需要注意两点:①允许非全日制用工中双重或者多重劳动关系,这里的劳动关系都是非全日制劳动关系,劳动者不能从事一项非全日制工作,同时兼另一项全日制工作;②允许非全日制用工中双重或者多重劳动关系不是毫无约束的,必须满足"后订立的劳动合同不得影响先订立的劳动合同的履行"这一前提。

4. 非全日制用工的试用期

根据《劳动合同法》第70条规定,非全日制用工双方当事人不得约定试用期。

《劳动合同法》对试用期的规定比较明确也较为严格,但为什么还规定非全日制用工中不得约定试用期呢?这主要有以下几个考虑:①非全日制用工中劳动关系比较松散,试用期间劳动关系也比较松散,如果允许非全日制用工中约定试用期,劳动关系过分松散,处于极不稳定的状态,容易被用人单位滥用,不利于保护劳动者的合法权益。②试用期的功能是考察期、适应期、缓冲期,法律赋予劳动者和用人单位在试用期间进一步进行双向选择,允许劳动者和用人单位可以较为容易地解除劳动关系。非全日制用工具有松散、灵活的特点,非全日制用工中劳动者和用人单位可以随时进行双向选择,可以随时解除劳动合同,因此试用期的主要功能非全日制用工也具有,为避免重复,因此非全日制用工中不必再约定试用期。③非全日制用工的劳动合同期限普遍较短,如果折算成全日制用工的合同期限就更短,一般也达不到可以约定试用期的最低劳动合同期限。因此,非全日制用工中无需再约定试用期。④与全日制用工相比,非全日制用工中用人单位所承担的义务大大减少了,为了更好地平衡劳动合同双方的权利义务,也要相应地减轻劳动者的有关义务、减少用人单位的有关权利。总体而言,试用期对劳动者而言更多的是义务、负担,而对用人单位而言更多的是权利,因此非全日制用工中禁止约定试用期。

如果用人单位违法约定试用期的,可根据本法第83条的规定追究其法律责任:由劳动行政部门责令改正;违法约定的试用期限已经履行的,由用人单位以劳动者试用期满月工资为标准,按已经履行的试用期的期限向劳动者支付赔偿金。

5. 非全日制用工的社会保险

根据《关于非全日制用工若干问题的意见》第10条规定,从事非全日制工作的劳动者应当参加基本养老保险,原则上参照个体工商户的参保办法执行;

对于已参加过基本养老保险和建立个人账户的人员，前后缴费年限合并计算，跨统筹地区转移的，应办理基本养老保险关系和个人账户的转移、接续手续；符合退休条件时，按国家规定计发基本养老金。

根据《关于非全日制用工若干问题的意见》第11条规定，从事非全日制工作的劳动者可以以个人身份参加基本医疗保险，并按照待遇水平与缴费水平相挂钩的原则，享受相应的基本医疗保险待遇。参加基本医疗保险的具体办法由各地劳动保障部门研究制定。

根据《关于非全日制用工若干问题的意见》第12条规定，用人单位应当按照国家有关规定为建立劳动关系的非全日制劳动者缴纳工伤保险费。从事非全日制工作的劳动者发生工伤，依法享受工伤保险待遇；被鉴定为伤残5~10级的，经劳动者与用人单位协商一致，可以一次性结算伤残待遇及有关费用。

▶ 查阅应用资料及课堂应用训练

非全日制用工是企事业单位中最灵活、最松散的用工形式，劳动法规中也很少有针对性的描述。请在课前查阅相关资料，然后在课堂上结合查阅的资料相互讨论一下"非全日制用工劳动合同终止情形及相应的经济补偿情况"，最后把你的主要观点写在下列的横线上（不够可附页）：

_____
_____
_____

接着，请几位学生代表谈谈自己的观点，然后由教师继续解析"技能应用及其延伸"的相关内容，各位同学要注意将你的观点与教师的解析进行对比。

▶ 技能应用

关于非全日制用工劳动合同终止情形及相应的经济补偿情况，根据《劳动合同法》第71条规定，非全日制用工双方当事人任何一方都可以随时通知对方终止用工。终止用工，用人单位不向劳动者支付经济补偿。

对非全日制用工中随时终止劳动合同中的"随时"可以作以下理解：①非全日制用工中劳动合同的终止不需要遵循程序性规定，如提前通知、经济性裁员中的说明情况、听取意见、报告等程序。②非全日制用工中劳动合同的终止不需要满足《劳动合同法》关于劳动合同终止的条件的规定。即对于劳动者而言，不需要因为用人单位有过错或者违法行为，才可以终止劳动合同；对于用人单位而言，不需要具备劳动者有违法违纪违规行为或者不适合工作岗位的情形或者经济性裁员等理由，才可以终止劳动合同。换言之，在非全日制用工中，终止劳动合同是完全放开的，劳动者或者用人单位都可以随时无理由终止劳动合同。

值得一提的是，在非全日制用工中，合同双方约定工作期限时，还是否需要遵守约定？如果不遵守，是否需要承担法律责任？劳动合同中除了国家强制规定外，其他内容都需要合同双方来约定。根据一般法律原则，在不违反国家强制性规定外，约定优于法定。因此，非全日制用工中合同双方约定工作期限的，应该遵守约定。但是根据本条的规定，在非全日制用工中，劳动合同一方违反约定提前终止劳动合同不属于违反本法规定，终止劳动合同不用承担法律责任。

在非全日制用工中，所有终止劳动合同行为，不管是出于什么原因，不管用人单位或者劳动者是否有过错，用人单位都不支付经济补偿。之所以这么规定，主要有两个原因：①经济补偿的主要功能之一是帮助劳动者在解除或者终止劳动合同后，渡过重新寻找工作的待业期。非全日制用工中，劳动关系本来就宽松，寻找一份非全日制工作相对容易，劳动者还可以兼职，因此对劳动者而言，待业期本来就模糊，对随时结束劳动关系早有心理预期，经济补偿难有适用的条件。②目前我国使用非全日制用工的企业多为微型、小型企业，生存压力比较大，如果要求其支付经济补偿，由于生产成本过高，将很难存续。

▶ 技能应用延伸

非全日制用工是灵活就业的一种重要形式，在我国主要体现为"小时工"或"钟点工"。近年来，我国非全日制用工形式呈现迅速发展的趋势，特别是在餐饮、超市、社区服务等领域，使用非全日制用工形式的用人单位越来越多。

在我国促进非全日制用工的重要意义，主要表现在非全日制用工可以实现"三赢"：

（1）用人单位赢。它适应企业降低人工成本、推进灵活用工的客观需要。在市场经济条件下，企业用工需求取决于生产经营的客观需要。同时，企业为追求利润的最大化，也要尽可能降低人工成本。实际上，非全日制用工的人工成本明显低于全日制用工。因此，越来越多的企业根据生产经营的需要，采用包括非全日制用工在内的一些灵活用工形式。

（2）劳动者赢。非全日制用工的自主灵活特点，如工资小时化、多用人单位化等，便于劳动者自主择业且易于就业。

（3）国家赢。非全日制用工在用人单位和劳动者双赢的前提下，已成为促进就业的重要途径，对缓解就业压力起到了良好的作用，这对国家来讲无疑是一桩好事。

根据前面的学习可知，非全日制用工双方当事人可订立口头协议、不得约定试用期、用人单位应当为员工缴纳工伤保险、工伤保险以外的社会保险由劳动者自行缴纳、任何一方可随时通知对方终止用工、用人单位无需向劳动者支付经济补偿。

非全日制用工与全日制用工一样,都受到《劳动法》和《劳动合同法》的调整。除法律有特别规定外,非全日制劳动者同样享有如劳动条件、劳动安全、劳动保护、职业危害防护等规定,同样包括劳动者休息休假的权利。对于国家法律、法规规定的法定节假日,非全日制用工劳动者也同样可以享受。但现行劳动法律法规对非全日制劳动者在法定节假日加班工资计算的具体数额还没有明确规定,需要用人单位和劳动者协商确定。

注:非全日制劳动用工的劳动合同样本见本教材教师教学参考。

应用三 劳务派遣用工的风险提示与对策

↘ 预习应用知识

1. 劳务派遣用工的定义

劳务派遣是指劳务派遣公司招聘员工,并与员工建立劳动关系,然后根据用工单位的需要,结合劳务派遣员工意见,派遣相关员工到用工单位工作,并接受用工单位指挥监督的一种新型用工形式。劳务派遣也是我国在新的经济发展时期所采用的一种管人和用人相分离的、灵活的、专业的新型人才资源服务方式。它真正实现了"单位人"向"社会人"的转变。劳务派遣员工的用人单位是劳务派遣公司,而用工单位则是劳务派遣员工所实际服务的企事业单位。对于劳务派遣员工而言,在某一时期内用人单位只是劳务派遣公司一家,而所服务的用工单位可能会有多家;当完成用工单位所布置的工作以后,劳务派遣员工则回到劳务派遣公司,重新被派往另一家用工单位服务。

2. 劳务派遣用工的法律真空

我国现行的法律法规中除了《劳动合同法》以外,很难找到有关劳务派遣方面的规定,只是散见于一些地方管理部门为解决现实中的管理问题而制定的一些规定(例如,北京市劳动保障局于 1999 年印发了《北京市劳务派遣组织管理暂时办法》)。这些规定不仅数量少、层次低,就内容来说,只涉及部分人群,如下岗职工、技术人员等规定,而对劳务派遣涉及的其他重要内容则没有规定。

3. 劳务派遣中复杂的 3 种关系

《劳动合同法》在制定过程中,对劳务派遣制度的存废问题争议很大,但最终确立此项制度,专用一节共 11 条对劳务派遣问题作出了规定。但是,对于劳务派遣员工与用工单位之间是劳动关系还是劳务关系,未予明确。其实,用工单位作为劳务派遣员工的使用者是实际用人单位,劳务派遣单位作为劳务派遣员工的录用和派遣者是名义用人单位。

劳动派遣涉及三方主体:劳务派遣公司(本教材均指用人单位)、用工单位

（本教材均指实际用人单位）和劳务派遣员工。劳动派遣涉及产生3种关系：劳务派遣公司与劳务派遣员工的名义劳动关系、劳务派遣公司与用工单位的民事合同关系、劳务派遣员工与用工单位之间的关系（笔者将其定性为准劳动关系或者实际劳动关系）。对于劳务派遣员工与用工单位之间关系而言，首先其不应是劳务关系，因为两者之间仍应受《劳动合同法》的调整，用工单位亦应承担劳动法的部分义务。其次，两者也不是纯粹的劳动关系，因为用人单位只能是一个，《劳动合同法》已明确用人单位是劳务派遣单位。因此，劳务派遣员工与用工单位之间的关系既不同于严格意义上的劳动关系，更不能简单等同于民法上的一般劳务关系，而是一种劳动法上的与劳动关系相似的法律关系，所以我们称之为准劳动关系。名义劳动关系和实际劳动关系是由一个完整的劳动关系分割而成的，劳务派遣公司与用工单位的民事合同关系是名义劳动关系和实际劳动关系的联系纽带。

4. 劳务派遣中主要责任的归属

对于用工单位而言，剥离出非生产性劳动管理事务后，减轻了一般劳动管理负担和劳动法律负担，能够专注于生产性劳动管理事务。劳务派遣公司通过专业化运作可将人事管理成本减低至原来的60%~80%，节约出20%~40%的成本费用。成本降低部分在劳务派遣公司和用工单位之间进行分配，使双方都能够取得良好的收益。

劳务派遣公司的主要责任包括：劳务派遣员工的录用、派遣和档案管理、向劳务派遣员工支付工资、为其缴纳社会保险费、提供福利待遇等非生产性事务，并向用工单位提供相关服务；用工单位的主要责任包括为劳动者提供工作岗位、进行劳动任务安排、发出生产指令、劳动安全卫生管理和教育、内部劳动规则的制定和实施、劳动监督管理等生产性事务，并承担向派遣公司支付劳务费的义务。

5. 劳务派遣中连带责任的问题

在我国，劳务派遣现实中存在的主要问题是派遣单位和用工单位相互推卸责任，导致劳动者在"有劳动没关系，有关系没劳动"的前提下工作，同工而不同酬，面临双重剥削，劳动关系不稳定，无法获得正式员工（如无特别说明，均指用工单位的正式员工）享有的权利。正因为如此，法律在规定劳资三方的权利时就应更加明确、具体和具有可操作性，避免给用工单位和劳务派遣公司有侵害劳动者的可乘之机。为防止用人单位与用工单位相互推卸责任，《劳动合同法》第92条规定，劳务派遣单位违反本法规定的，给被派遣的劳动者造成损害的，劳务派遣单位与用工单位承担连带责任。但是，这样做还是治标不治本，问题依然存在。在现实情形中，如果劳务派遣公司在合同的订立阶段就违法侵害劳动者利益（如扣押劳动者身份证，要求劳动者提供担保财物等），侵犯了劳动者的权益，是否应判令用工单位与劳务派遣公司共同承担连带责任是值得质疑的。因为在此种情形下，用工单位既未介入该案存在共同侵权的行为，又不存在共同过错。因此，在制定相关司法解释时，可对法条作限制性的解释，明确用工单位仅和劳务派遣公司连带承担有关工作时间、最低工资、加班限制、加班报酬、安全和卫生、就业歧视、休息休假等与其行为有关的连带责任。

▶ 查阅应用资料及课堂应用训练

劳务派遣是我国在新的经济发展时期所采用的一种管人和用人相分离的、灵活的、专业的新型用工方式。但在现实当中，用人单位和用工单位逃避应有责任，侵害劳务派遣员工利益的现象大量存在。请在课前查阅相关资料，然后在课堂上结合查阅的资料相互讨论一下"用人单位和用工单位分别在哪些方面可能会侵害劳务派遣员工的利益？劳务派遣存在哪些用工风险？"，最后把你的主要观点写在下列的横线上（不够可附页）：

_____
_____
_____

接着，请几位学生代表谈谈自己的观点，然后由教师继续解析"技能应用及其延伸"的相关内容，各位同学要注意将你的观点与教师的解析进行对比。

▶ 技能应用

用人单位与劳务派遣员工在如下几个方面的争议，侵害了劳务派遣员工的利益，同时也是劳务派遣用工形式对于用人单位而言存在的风险。

1. 适用岗位的混乱

由于我国法律对劳务派遣还没有规范和限制，用人单位为降低用工成本、逃避劳动法的责任，任意使用劳务派遣员工，使劳务派遣范围不断扩大，派遣劳动者人数也不断增加。如果不对这一用工形式加以规范，劳务派遣很有可能在不久的将来成为所有企业用工的常态，劳动关系的基础将受到严峻的挑战，劳动者的合法权益将无法得到应有的保障，社会公平与和谐也将难以维护和实现。因此《劳动合同法》第66条明确规定了劳务派遣一般仅适用于临时性、辅助性或者替代性的工作岗位。

有的劳务派遣公司认为，把劳务派遣限定在临时辅助性岗位上实施，与实践相矛盾。这只能说明劳务派遣单位为了自身的经济利益，任意扩大劳务派遣范围。加之劳务派遣用工形式很容易使劳务派遣员工滋生自己是"用工单位的二等公民或临时雇佣工"的心理,实际上也会因此损害劳动者的正当利益。劳动合同法不会为了迎合劳务派遣单位的利益,而损害劳动者正当利益。从国外情况看,一些发达国家对劳务派遣经历了一个由管制到逐步放开的过程,也有较多国家把劳务派遣限定在临时辅助性岗位上实施。劳务派遣这种用工形式在我国还刚刚起步,没有经验,所以劳动合同法对其作一些限制性规定是非常必要的。

2. 劳动合同期限的争议

有些劳务派遣单位为了逃避用人单位的责任,故意在劳动合同中不约定具体的合同期限,而是把劳务派遣单位与用工单位在劳务派遣协议中约定的工作时间或者把劳务派遣员工为用工单位提供劳动的实际时间,作为劳务派遣单位与劳务派遣员工的合同期限。劳务派遣单位不是中介,劳务派遣员工是劳务派遣单位的正式员工,劳务派遣单位应当承担用人单位的相应责任。为解决这个问题,《劳动合同法》第58条第2款规定,劳务派遣单位应当与劳动者订立2年以上的固定期限劳动合同。

有的劳务派遣单位认为,劳务派遣单位与劳务派遣员工订立的也是劳动合同,而劳动合同法对一般的劳动合同没有最低合同期限的规定,如果仅对劳务派遣劳动合同规定最低2年期限,必将导致法律前后不一致,加重了劳务派遣单位的负担。其实,劳务派遣相对于固定期限和非固定期限劳动合同用工形式来讲,是一个次要的和辅助的用工形式,尤其是劳务派遣存在一个非常大的法律真空,对劳务派遣员工合法权益损害的可能性很大,加上劳务派遣员工普遍存在的"临时雇佣工"的心理压力,因此,最低合同期限的规定对于劳务派遣的必要性是不容置疑的。还有人提出,规定劳务派遣劳动合同的最低期限为2年与劳务派遣岗位的临时辅助性相矛盾。用工单位提供给劳务派遣员工的工作岗位确实是临时辅助性的,而劳务派遣员工的真正用人单位是劳务派遣单位,劳务派遣员工在某一个用工单位结束临时辅助性的劳动,劳务派遣单位可以将其再派到另外一个用工单位做临时辅助性的工作。因此,对于劳务派遣单位而言,劳务派遣员工做的是一个相对长期的工作,劳务派遣合同的最低期限定为2年与劳务派遣岗位的临时辅助性并不矛盾。

3. 转包劳务的隐患

劳务转包是一些自身规模小、地方分支机构不健全的劳务派遣公司,通过跟所谓的"合作伙伴"、"外包联盟"等相互合作、互为代理,从而层层转包劳务派遣员工的现象。劳务转包带来了大量潜在的劳动纠纷。用工单位在某地需要A劳务派遣公司派遣员工,但是A公司在某地没有设立自有分支机构,没有招工权,也不能为员工缴纳社会保险;于是A公司通过B劳务派遣公司招聘员工,再派到 A 公司，再由 A 公司派遣到用工单位。这样一旦发生劳动纠纷，就出现责任不清现象，损害了劳动者的权益。《劳动合同法》第 62 条第 2 款规定，用工单位不得将被派遣劳动者再派遣到其他用人单位。这条规定即表明，坚决禁止转包劳动者。该法实施后，将使一大批不正规的劳务派遣公司因此退出市场。

4. 克扣薪酬福利的手段

在劳务派遣活动中，存在劳务派遣单位克扣用工单位支付给劳务派遣员工薪酬福利的现象。现实中，通常是用工单位将工资和社会保险费用统一交到劳务派遣公司，劳务派遣员工从劳务派遣公司领取劳动报酬，劳务派遣公司负责为劳务派遣员工交纳社会保险费用，这样为劳务派遣单位克扣劳务派遣员工的报酬提供了便利。

下面是一个普遍存在的案例：小李被一家劳务派遣公司派到 A 公司工作，在劳务派遣公司与 A 公司签订的派遣协议中，A 公司付给他的工资是 2 500 元/月，但劳务派遣公司却在隐瞒的情况下只付给他 1 500 元/月。《劳动合同法》第 60 条对此有明确的规定：劳务派遣单位不得克扣用工单位按照劳务派遣协议支付给被派遣劳动者的劳动报酬。

在社会保险费缴纳方面，有的劳务派遣公司也是做足了文章：①故意晚缴费，把本该从 2008 年 1 月 1 日参保缴费，改成 2008 年 1 月参保，3 月缴费，从而扣下两个月的保费；②减少缴费险种，只参加养老保险和工伤保险，不让派遣员工参加医疗、失业和生育保险，以达到"节省费用"的目的；③降低缴费基数，有的不按《社会保险申报缴纳管理暂行办法》的规定执行，实发工资高出社会平均工资的，不按实发工资缴费，而是按最低基数缴费，从中"节约"基数差。

因此，在制定相关司法解释时应明确规定，劳务派遣单位只收取管理费用，由用工单位直接向被派遣劳动者支付工资、加班费、购买社会保险及发放其他福利，以避免上述侵犯劳动者权益现象的出现，进而减少此类案件的诉争。

5. "自愿"离职的诱骗

劳务派遣公司以退回社保费用为诱饵，诱骗劳务派遣员工"自愿"离职，以达到免于支付劳动经济补偿金的目的。

以下也是一个真实的案例：2008 年，某汽车车身厂于 4 月 25 日、5 月 25 日两次裁减劳务派遣员工近 180 人，并将裁减人员退回某劳务派遣公司；在这些被辞退的劳务派遣员工中，大多数人被诱骗在劳务派遣公司事先已经打印好的申请上签字，内容是因产量下滑、效益不高，本人自愿辞职，请把社会保险费支付给本人。其实，劳务派遣员工即使自愿离职也不必退回社保费用，可以暂时停保，等到找到另外一家工作单位时可以续保。我们知道，社保费用有两个来源，大部分来源于用工单位的支付，小部分来源于本人的缴纳。员工退保通常只会得到本人缴纳的费用，单位缴纳的一般不会退回。所以，劳动者不但损失了用工单位为其缴纳的社保费用，而且也失去了一份工作。这虽然是劳务派遣公司直接造成的，同时也跟劳务派遣员工自身缺乏法律意识和劳动常识有关。

▶ 技能应用延伸

用工单位与劳务派遣员工在如下几个方面的是非，同样侵害了劳务派遣员工利益，同时也是劳务派遣用工形式对于用工单位而言存在的风险。

1．"逆向派遣"的乱局

《劳动合同法》施行之前，一些公司突击把一些老员工改为劳务派遣。所谓"逆向派遣"是指，劳动者已在用工单位长期工作，但合同到期后不再与其续订劳动合同，而是找一家劳务派遣公司与其签订劳务派遣劳动合同，劳动者以劳务派遣员工的名义，继续在该用工单位劳动。用工单位通过"逆向派遣"，将其应当承担的劳动责任转嫁给派遣单位。"逆向派遣"导致的结果就是劳务派遣单位与用工单位互相推诿责任，劳动者的正当权益得不到保护。《劳动合同法》第62条规定，用工单位不得将被派遣劳动者再派遣到其他用人单位；第67条规定，用工单位不得设立劳务派遣单位，向本单位或所属单位派遣劳动者。这两项规定都是针对劳务转派和关联企业派遣现象做出的禁止性规定，目的是防止用工单位逃避其本应对劳动者承担的责任。"逆向派遣"与转派、关联企业派遣导致的结果是一样的，立法已经认识到转派和关联企业派遣存在的问题，但对"逆向派遣"的重视程度不高。

2004年北京发生了一起很有典型性的"逆向派遣"劳动纠纷案件。山东农民工徐某是某外资快餐企业A的员工，工作11年后A企业以徐某违反劳动纪律和操作规程为由给予辞退。被辞退后，徐某想要回经济补偿金，却被告知自己是被某劳务派遣公司B派遣到A企业的劳务派遣员工。原来，徐某自1995年2月起开始在A企业打工，2004年5月在A企业的要求下，徐某与B公司签订劳动合同，否则将被A企业辞退。徐某与B公司虽然签订了劳动合同，但是徐某仍然在A企业工作。徐某向劳动仲裁委员会申诉被驳回，起诉到法院被判败诉。这件"逆向派遣"劳动纠纷虽然结案了，但是如何保障这些"逆向派遣"员工的合法权益，值得我们深思。

2．同工同酬的问题

目前，劳务派遣领域中对劳务派遣员工进行身份歧视的问题比较突出，主要体现为劳务派遣员工与正式工之间虽从事相同的工作但工资待遇相差较大，甚至有的相差一半左右。上海市总工会的调查报告显示，同样从事一线岗位工作，劳务派遣员工的平均工资收入仅为正式工的81.52%。部分用工单位劳务派遣员工与正式工的基本工资相差30%～40%，但绩效工资基本相同。国有企业强调国家对工资总额的控制，加上历史包袱比较重，难以很快做到同工同酬。

加上用工单位一般通过劳务派遣公司将本身就比较微薄的薪酬福利转交给劳务派遣员工，这种情况下更无法期望劳务派遣员工与正式工同工同酬了。

多数意见提出，保证劳务派遣员工和正式员工适用同样的工资标准，不能人为地搞身份歧视。但有人认为，如果做到同工同酬，劳务派遣将没有生存的空间。前劳动部官员提出，我国许多用工单位选择劳务派遣这种用工形式，其动机往往出于减少和避免法定责任和义务，降低人力成本；而经济发达国家的企业选择劳务派遣主要是为了降低管理成本，如果不在法律上有效规制，必然不利于劳动者的权益保护。笔者认为，如果在工资待遇上不能实现同工同酬，劳务派遣制度只能是助长了新的铁饭碗形式的发展，加重企业的内部不公平，打击员工生产的积极性，形成新的劳动和人权歧视。只有解决这种制度上的缺陷，才能激发员工的生产热情，提高生产效率，构建和谐企业和社会。不论何种理由，劳务派遣员工与企业的职工不能同工同酬是一个不争的事实。正因为这样，我国颁布的《劳动合同法》第63条规定，被派遣劳动者享有与用工单位的劳动者同工同酬的权利。第62条规定，用工单位告知被派遣劳动者的劳动报酬，支付加班费、绩效奖金，提供与工作岗位相关的福利待遇。

3. 发展空间的梦想

由于劳务派遣员工不是用工单位的正式员工，主要应用于临时季节性岗位，在绝大多数用工单位得不到应有的发展空间。据对某矿区的调查可知，劳务派遣员工在原煤一线生产人员中占80%以上，大多已成为熟练工人和中坚力量；他们除了工资福利明显低于全民工和合同工外，无论工作表现如何好，都不可能评先进、得奖励、调工资，更没有晋升或提拔机会。由于派遣单位不直接使用劳动力，很少对被派遣劳动者进行职业培训；而对于用工单位来说，被派遣劳动者的流动性较大，也难有对其进行培训的动机。

虽然《劳动合同法》第62条明确规定，用工单位应当对在岗被派遣劳动者进行工作岗位所必需的培训，连续用工的要实行正常的工资调整机制。现实中，许多用工单位在派遣协议中刻意回避，有的推卸责任，有的以"退员工回派遣单位"相威胁，有的以考核结果不佳为由清退员工，劳务派遣员工的合法权益得不到保障。《劳动合同法》第59条第2款规定，用工单位不得将连续用工期限分割订立数个短期劳务派遣协议。分割订立数个短期劳务派遣协议往往成为相关单位实践中躲避社会保险、正常的工资调整等的手段，这对劳动者的合法劳动权益是一种侵害。对其严格禁止，有利于保护劳动者合法劳动权益。

4. 劳动安全的纷争

劳务派遣员工最怕的是发生工伤事故，虽然一般劳务派遣单位都参加工伤保险，但从工伤保险基金中支付的只是主要医疗费，其他的相关费用都由用工单位承担；而有的用工单位往往不愿担责，把责任推给劳务派遣单位。实践中，有的劳务派遣员工受到了工伤，工伤赔偿责任是由劳务派遣单位承担，还是由接受单位承担规定得不明确，容易造成相互推诿责任。

《劳动合同法》第 62 条规定，用工单位应当执行国家劳动标准，为劳务派遣员工提供相应的劳动条件和劳动保护。虽然国家《工伤保险条例》没有直接涉及劳务派遣员工的工伤理赔事宜，但是河北、四川、安徽、江苏等省和北京市的工伤保险规定，都直接介入到劳务派遣员工的工伤理赔。《北京市企业劳动者工伤保险规定》第 47 条规定，职工被借调、聘用或者劳务输出期间发生工伤事故的，由借调、聘用或者劳务输入单位承担工伤保险责任，派遣机构将协助用工单位办理工伤理赔事宜。《劳动合同法》第 92 条规定，被派遣劳动者的权益受到损害的，由劳务派遣单位和用工单位承担连带赔偿责任。《劳动争议调解仲裁法》第 22 条规定，劳务派遣单位或者用工单位与劳动者发生劳动争议的，劳务派遣单位和用工单位为共同当事人，即双方应承担连带责任。这说明，劳动者可以同时向劳务派遣单位和用工单位要求负责和赔偿，即使劳务派遣单位和用工单位有一方并没有违法行为，也需要承担赔偿责任。建议用工单位加强工作场地、设施及环境的安全管理，提供必要的劳动保护条件；劳务派遣公司定期查看派遣员工的工作场地安全设施，为用工单位提出用工安全建议，以保证派遣员工劳动安全，避免发生工伤事故。

注：劳务派遣用工的劳动合同样本见本教材教师教学参考。

项目三　事实劳动关系的判定

▲ 应用　事实劳动关系如何举证

> 预习应用知识

1．对事实劳动关系的认识

现实社会中大量存在着的用人单位招用劳动者不签订劳动合同，发生劳动争议时因双方劳动关系难以确定，致使劳动者合法权益难以维护的现实状况，对劳动关系的和谐稳定带来了不利影响。然而令人遗憾的是，现实劳动法规中，对于这种"事实劳动关系"没有明确的界定。为判定"事实劳动关系"、规范用人单位用工行为、保护劳动者合法权益、促进社会稳定，前劳动和社会保障部 2005 年 5 月 25 日发布文件《关于确立劳动关系有关事项的通知》（劳社部发[2005]12 号），就用人单位与劳动者确立劳动关系的有关事项作了规定。据此我们认为，事实劳动关系是指用人单位与劳动者之间没有签订书面合同、或双方只有口头协议、或签订的书面合同不符合法律规定而形成一种实际上已经存在的劳动关系。

根据现行《劳动合同法》第 7 条和第 10 条的基本精神,事实劳动关系是相对于订立合法书面劳动合同的劳动关系而言的,引起劳动关系产生的基本法律事实是劳动用工,而不是订立劳动合同。

2. 事实劳动关系的形成原因

我国较普遍地存在着事实劳动关系,事实劳动关系形成的原因也不尽相同,主要有如下四种:

（1）因未依劳动法规签订书面劳动合同而产生的事实劳动关系,如自始至终都没有订立书面劳动合同。

（2）因劳动合同过期后未续签也未终止而形成的事实劳动关系,如某公司与员工签订的劳动合同 2010 年 3 月已经到期,由于各种原因没有续签或终止。

（3）因双重劳动关系而产生的事实劳动关系,如兼职、停薪留职和国有企业职工在原单位下岗再就业形成的事实劳动关系。

（4）因履行无效劳动合同而形成的事实劳动关系,如用人单位没有营业执照或劳动者未满 16 周岁等。

3. 事实劳动关系的判定标准

事实劳动关系的判定标准,也就是事实劳动关系的构成要件;根据《关于确立劳动关系有关事项的通知》（劳社部发[2005]12 号）规定,用人单位招用劳动者未订立书面劳动合同,但只要同时具备下列要件,事实劳动关系就成立了。

（1）用人单位和劳动者符合法律、法规规定的主体资格。

（2）用人单位依法制定的各项劳动规章制度适用于劳动者,劳动者受用人单位的劳动管理,从事用人单位安排的有报酬的劳动。

（3）劳动者提供的劳动是用人单位业务的组成部分。

查阅应用资料及课堂应用训练

现实社会中大量存在着未签订书面劳动合同,但又实际存在事实劳动关系的状况。请在课前查阅相关资料,然后在课堂上结合查阅的资料相互讨论一下"事实劳动关系如何举证?",最后把你的主要观点写在下列的横线上（不够可附页）：

_____

_____

_____

接着,请几位学生代表谈谈自己的观点,然后由教师继续解析"技能应用及其延伸"的相关内容,各位同学要注意将你的观点与教师的解析进行对比。

➡ 技能应用

争议当中的事实劳动关系,是否满足事实劳动关系的判定标准,即如何判定事实劳动关系?实践中,在此方面有哪些常用且有效的证据呢?

1. 事实劳动关系判定的法定证据

根据前劳动和社会保障部 2005 年 5 月 25 日发布的文件《关于确立劳动关系有关事项的通知》(劳社部发[2005]12 号)规定,用人单位未与劳动者签订劳动合同,认定双方存在事实劳动关系时可参照下列凭证。

(1) 工资支付凭证或记录(如工资单、职工工资发放花名册、工资开户存折)、缴纳各项社会保险费的记录、员工劳动手册等。

(2) 用人单位向劳动者发放的工作证、胸卡、服务证等能够证明身份的证件。

(3) 劳动者填写的用人单位招工招聘"登记表"、"报名表"等招用记录。

(4) 考勤记录。

(5) 其他劳动者的证言等。

其中,(1)、(3)、(4)项的有关凭证由用人单位负举证责任。

2. 事实劳动关系判定的其他证据

(1) 用人单位与劳动者之间的联络信函(如工作安排通知等)。

(2) 第三方证言(如接受过劳动者服务的客户的证言等)。

(3) 劳动者向用人单位报销的凭证(差旅费、医疗费报销凭证等)。

(4) 用人单位对内对外的证明文件(各种用途的证明、任命文件、调令、人事异动通知或公告、本人签名的规章制度文件资料、档案材料、获奖证书、名片等)。

(5) 用人单位工作服、劳动保护用品等。

3. 事实劳动关系的举证责任

所谓举证责任是指当事人对自己提出的请求,有提出证据加以证明的责任。如果当事人提不出证据或所提供的证据不足以证明其主张的,其主张无法获得法律的支持。举证责任是纠纷解决过程中最为重要的一环。

《劳动争议调解仲裁法》规定,发生劳动争议,当事人对自己提出的主张有责任提供证据。这是劳动争议举证责任的一般原则,即"谁主张,谁举证"。但任何原则都有例外,在举证责任分配方面,需要考虑当事人举证的能力,以及举证的可能性和现实性。考虑到用人单位作为用工主体方掌握和管理着劳动者的档案、工资发放、社会保险费缴纳、劳动保护提供等情况和材料,一旦发生纠纷,劳动者将无法获得这些证据材料。因此,为了确保举证责任分配的公平，对于特定事项，法律规定了"举证责任倒置"。所谓举证责任倒置是指根据法律规定，将通常情形下本应由提出主张的一方当事人就某种事由不负担举证责任，而由他方当事人就某种事实存在或不存在承担举证责任，如果该方当事人不能就此举证证明，则推定原告的事实主张成立的一种举证责任分配制度。

"举证责任倒置"在劳动法领域也广泛存在，如最高人民法院《关于审理劳动争议案件适用法律若干问题的解释（一）》第13条特明确规定，因用人单位作出的开除、除名、辞退、解除劳动合同、减少劳动报酬、计算劳动者工作年限等决定而发生的劳动争议，用人单位负举证责任。《工伤保险条例》第19条规定，用人单位与劳动者或者劳动者直系亲属对于是否构成工伤发生争议的，由用人单位承担举证责任。劳动和社会保障部《关于确立劳动关系有关事项的通知》中规定，工资支付凭证、社保记录、招工招聘登记表、报名表、考勤记录由用人单位负举证责任。

▶ 技能应用延伸

关于"事实劳动关系"，也有部分学者提出：2008年1月1日颁布实施《劳动合同法》以后，已经不存在所谓的"事实劳动关系"。

1995年1月1日颁布实施的《劳动法》第16条规定，劳动合同是劳动者与用人单位确立劳动关系、明确双方权利和义务的协议；建立劳动关系应当订立劳动合同。由此我们可以看出，用人单位与劳动者的劳动关系是否成立的标准，就是是否签订了劳动合同。用人单位与劳动者签订了劳动合同就存在劳动关系，没有签订劳动合同就不存在劳动关系。

在《劳动合同法》实施前由于较多用人单位与劳动者之间没有签订劳动合同，但他们之间却实实在在地存在管理与被管理的关系，劳动者加入用人单位，听从用人单位的指挥，实际上就存在着劳动关系。在实践中，将此种情况称之为"事实劳动关系"，承认其存在劳动关系。《劳动法》对劳动关系的确认标准为是否签订劳动合同，而现代劳动法律界普遍认为，劳动关系产生的依据是劳动者在用人单位的管理下劳动的事实，而不是劳动合同。

2008年1月1日颁布实施的《劳动合同法》，纠正了劳动法关于劳动关系的认定标准。《劳动合同法》第7条规定，用人单位自用工之日起即与劳动者建立劳动关系。《劳动合同法》第10条规定，建立劳动关系，应当订立书面劳动合同；已建立劳动关系，未同时订立书面劳动合同的，应当自用工之日起一个月内订立书面劳动合同；用人单位与劳动者在用工前订立劳动合同的，劳动关系自用工之日起建立。由此可以看出，用人单位与劳动者之间是否有用工事实,成为了劳动关系是否成立的标准,而双方之间签订的劳动合同不再是劳动关系确认的标准。双方有劳动合同而没有用工事实,双方之间不是劳动关系;双方有用工事实而没有劳动合同,双方之间仍是劳动关系。

综上所述,"事实劳动关系"只是在劳动法时代,由于各种原因而产生的不严谨概念;而在劳动合同法时代,已经不存在所谓的"事实劳动关系",只要有用工事实就是真正意义上的劳动关系。

案例实战解析三 劳务派遣协议导致的事实劳动关系

➡ 案例知识指引

既然劳动合同法对事实劳动关系的形式瑕疵采取了极为严苛的否定立场,并规定了一系列不利于用人单位的法律责任,那么作为企业而言,最正确、最合理的应对方法就是设法避免事实劳动关系的发生。以后在劳动人事管理实践中,企业往往会格外注意订立、续订和管理劳动合同。但可以预计的是,很多时候非因用人单位本身的原因,却可能发生书面劳动合同没有签订或签订不能的情形,而此时如果依法却要承担相应的严苛的法律责任,那么这对企业是非常不公平和不合理的。

➡ 案例实战呈现

劳务派遣协议导致的事实劳动关系

北京某电子系统公司与劳务派遣公司之间的劳务派遣协议即将到期,于是将其一名通过劳务派遣公司派遣来的员工李某退回劳务派遣公司。但李某主张自己与劳务派遣公司无任何关系,而与该电子系统公司存在事实劳动关系,并进一步要求电子系统公司支付5年工龄的经济补偿金及补缴欠缴的社会保险费。电子系统公司后经查实,由于自己的合作伙伴劳务派遣公司在管理上的不规范和严重缺失,导致5年来李某与劳务派遣公司根本无任何劳动合同,未为李某缴纳任何社会保险费,也几乎没有对李某采取管理行为,当然也没有任何书面的可以证明双方建立了劳动关系的证据。该电子系统公司以前也曾多次要求该员工提交其与劳动派遣公司的劳动合同,李某均借故推托,但一直没有引起电子系统公司的重视。李某因此将电子系统公司告上仲裁法庭。

➡ 案例小组讨论

请各位同学仔细阅读"劳务派遣协议导致的事实劳动关系"案例,然后以小组为单位结合"本模块"的相关内容和知识进行讨论,讨论的主题是:"本案例中的事件给你带来什么启示？"并将讨论的结果写在下列的横线上（不够可附页）：

_____
_____
_____
_____

接着，请继续学习以下"案例综合分析"和"案例知识延伸"的相关内容，并将你的思考与其对比。请记住，管理并没有标准答案，更不可能是唯一答案，我们能提供的只是一种思考的方式和观点的借鉴。

▶ 案例综合分析

参考答案见本教材教师教学参考。

▶ 案例知识延伸

参考答案见本教材教师教学参考。

模块四　员工使用管理

📖 知识目标

了解为什么要重视员工、了解管理的内涵、了解领导者掌握授权艺术的现实意义、了解知识员工管理困难的原因、掌握员工管理的内涵、掌握员工参与管理的目的。

📂 能力目标

分析如何管理自己的员工、分析员工参与管理的主要形式、分析实现有效授权的8大障碍、分析知识员工应该如何进行管理、掌握各部门管理者如何获得员工的拥戴、掌握如何通过合法的规章制度去管理员工、掌握如何管理问题员工。

项目一　员工管理思想

▲ 应用一　如何管理员工

➤ 预习应用知识

1. 员工管理的现状

在实际管理工作中，人们过于重视管理者自身的带头示范作用，却忽略了与顾客直接接触的员工。在很多组织里，都把一切优惠条件、培训和发展机会让给管理者，很多管理者都有出国考察和培训发展的机会。但是他们并没有把相应的能力和发展机会传输给下属，以至于下属接受的培训和获得的发展机会较少，在平时的工作中也没有接受特别的指导和训练，所以当他们在面对市场和顾客时，要么没有全心投入，要么显得力不从心。

2. 为什么要重视员工

管理者即使再有能力，所发挥的作用也是很有限的，因为顾客所认识的通常都是面前的员工，而不是主管。在旧有的管理观念里，通常是管理层来管理一家公司；但新的管理思想却认为，应该让员工参与决策和管理。有很多种汽车品牌，如天津的夏利、上海的桑塔纳、广东的本田、湖北的雪铁龙，每一辆汽车车型都是经过仔细考虑、精心设计的。那么为什么有的车型受欢迎而有的不受欢迎呢？这是因为在市场中，消费者有不同的看法，设计者未能抓住消费者的不同喜好。所以尽管是管理者在做决策，但是实际上市场的反应可能并像其所预期的那样。而员工直接面对顾客，应该让员工去参与决策，管理者只负责分配资源，而不是什么事情都由其来主导，这就是所谓重视员工的一个原则。

如图 4-1 所示为计划经济时代、现代企业和未来企业 3 种不同观念下管理者、员工和顾客的关系。

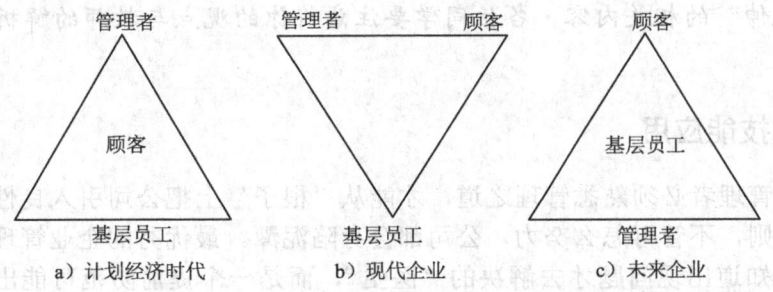

图 4-1　3 种不同观念下管理者、员工和顾客的关系

从图 4-1a 可以看出，在计划经济时代，企业资源实行的是国家统销统配，企业的产品是"皇帝的女儿不愁嫁"；既然产品是由国家统一销售或配给的，顾客在企业的心中自然不会重要，管理者掌握着资源的统配权，自然也就高高在上。改革开放后的现代企业，引进了市场竞争机制，企业经营实行自负盈亏；这时候的顾客被奉为上帝，由于传统观念根深蒂固，管理者仍然在员工面前高高在上。在未来企业管理模式中，管理者、员工和顾客三者之间的关系如图 4-1c 所示，顾客位于企业地位的最上层，员工在前台直接面对顾客，管理者则处在企业的幕后，坚定地支持员工开展工作，这是企业员工管理的新观念。

在我国，许多人都去过麦当劳、肯德基这样的快餐店，也去过像沃尔玛、家乐福这样的超市，不是常常能看到经理或店长，但是每次都会看到为顾客服务的服务员和在柜台里负责结账的收银员。所以一个人对快餐店的看法，一定是来自于那些终端餐点和收银的服务员；一个人对超市或快餐店的想法，一定是来自于在现场服务和收银的服务员。这给人们一个很大的启发，就是真正面对顾客的其实不是管理者，而是员工。对于制造型的企业而言，顾客真正面对的是员工亲手生产的产品和亲自上门的售后服务人员。所以要正确处理管理者、员工、顾客的关系，要重视员工。

➡ 查阅应用资料及课堂应用训练

通过上面的学习，我们知道"善待你的员工，就是善待你的顾客；善待你的顾客，就是善待老板自己"。请在课前查阅相关资料，然后在课堂上结合查阅的资料相互讨论一下"如何管理自己的员工？"，最后把你的主要观点写在下列的横线上（不够可附页）：

_____

_____

_____

接着，请几位学生代表谈谈自己的观点，然后由教师继续解析"技能应用及其延伸"的相关内容，各位同学要注意将你的观点与教师的解析进行对比。

▶ 技能应用

作为管理者必须熟悉管理之道，才能从"根子"上把公司引入良性发展的轨道。否则，不管再怎么努力，公司都会身陷泥潭。最优秀的企业管理者，不是一个只知道出现问题才去解决的"医生"，而是一个提前防范可能出现问题的"先知"，因此，企业管理者必须成为这个公司的"管理大师"，知道如何管理自己的员工：

1. 善待你的员工

世界上有三大快递公司：德国邮政敦豪集团（DHL）、美国联合包裹（UPS）、美国联邦快递（FedEx），它们都用速度来争取客户。

（1）2003年联合包裹获得亚洲金奖，被称为亚洲的最佳雇主。联合包裹的亚洲区总裁讲过："公司要照顾好员工，员工就会照顾好客户，进而照顾好公司的利润。"换句话说，一家企业如果要有很好的利润，首先必须要有很好的客户；要很好的客户，最起码要有很好的员工。如果不善待员工，员工就不会善待公司的客户，也就不可能提高公司的利润。

（2）联合包裹在和敦豪、联邦快递竞争时，他们不会把眼睛盯在管理者身上，而是把眼睛盯在他们的员工身上。这就说明他们先注意员工，再要求员工注意客户，然后从客户的身上去挖掘公司的利润，这是非常重要的。

2. 营造员工最能有效工作的环境

不管经营和管理什么业务，想要成功，管理者必须创造一种最能使员工有效工作的环境。如果管理者约束员工的合理自由和自动自发精神，只让员工关心细节，会严重损害员工的创造性和积极性。管理者必须彻底地理解员工的内在需求，不仅要把管理者所需要的东西给予员工，而且还要给予员工自己所需要的东西，这样才能使员工作出最大的贡献。

3. 上下多沟通，路就会顺畅

成功的管理者是那些把沟通的技巧提炼为艺术的人，良好的沟通为业务的达成奠定了基础；它不仅使管理者在不知不觉中增强了"管理"员工的能力，而且会增强员工之间的团队协作能力。

4. 赢得下属的支持

管理者与下属的关系是鱼水难分、荣辱与共的关系。作为管理者必须使自己赢得下属的拥护与合作，才能生存发展下去。与下属关系恶劣，就像走在沼泽里，无处可以用力，无处可以使劲，此时陷身其中，虽发号施令，但无人响应；或者被下属阳奉阴违、敷衍了事、偷梁换柱。这样，企业管理的目标任务就无法开展实施，管理者个人的地位也就岌岌可危了。

5. 相信干劲都是被激励出来的

企业是一个复杂的体系，管理也涉及方方面面的内容。根据经验而言，管理无小事，许多管理都是直接或间接与员工相关。从这个角度可以看出，建立以员工为中心的激励系统是多么的重要。俗话说"工欲善其事，必先利其器"，而管理制度中的激励系统则正是管理者协调和管理公司各种关系的利器。

6. 使用好你的员工

创办了卡耐基管理的安德鲁·卡耐基讲过一句话："带走我的员工，把我的工厂留下，不久后工厂就会长满杂草；拿走我的工厂，把我的员工留下，不久后我们还会有个更好的工厂。"所以和机器、设备、工厂等相比而言，最重要的是公司的员工。既然把员工看成是人力资源，就应该把他们看作是公司的财富。

企业的基业长青和百年传承，都是靠企业的人力资源长期奋斗累积起来的。对于企业来讲，厂房、设备、工具、材料，甚至资金，这些获取都不是难题，但是人力资源的培养、开发和发挥作用，就非一朝一夕所能实现的。

➥ 技能应用延伸

阿布雷在其所著的《管理的演进》（The Management Evolution）中提出了"管理的 10 大要领"。在这 10 大要领中，有 6 项是关于员工管理的，可见在公司中对人的管理的重要性。这 6 项要领也可以作为人力资源部门进行员工管理的 6 大目标，它们分别是：

（1）应使员工明白企业制定的目标，以确保其实现。

（2）应使企业中的每一位成员都了解其职责、职权范围以及与他人的工作关系。

（3）定期检查员工的工作绩效及个人潜力，使员工个人得到成长和发展。

（4）协助并指导员工提高自身素质，以作为企业发展的基础。

（5）应有恰当及时的鼓励和奖赏，以提高员工的工作效率。

（6）使员工从工作中得到满足感。

应用二　管理者如何获得员工的拥戴

▶ 预习应用知识

1．管理的定义

管理就是在特定的环境下，管理者为了实现一定的目标，对其所能支配的各种资源进行有效的计划、组织、领导和控制等一系列活动的过程。

2．管理的内涵

（1）管理是什么　管理是一系列活动的过程。

（2）由谁来管　管理的主体是管理者。

（3）管理什么　管理的客体，是指各种资源，如人、财、物、信息、时间等。

（4）为何而管　管理的目的是为了实现一定的目标。

（5）怎样管　管理的职能是计划、组织、领导和控制。

（6）管理的核心是什么　管理的核心是管理人，也就是管理员工。

3．员工管理的内涵

员工管理思维的含义非常广泛，其中最关键的就在于认识到管理的特性。员工管理是通过别人来完成自己想要完成的工作的一门学问。因此，无论下属是能力强的还是能力差的，是主动性强的还是主动性差的，都要进行管理。人无完人，谁都会有缺点，我们能做的就是发现不同人的特点，并根据这个特点运用不同的管理风格，以达到团队的最终目的。

简单地讲，员工管理的内涵就是：管人事，理人心，从而达到自己及整个团队的目标。

▶ 查阅应用资料及课堂应用训练

员工关系管理是人力资源管理的一个重要内容，它不仅仅是人力资源部的一项重要工作，更是各部门管理者的一项核心工作。请在课前查阅相关资料，然后在课堂上结合查阅的资料相互讨论一下"作为员工关系管理的一线执行者，各部门管理者如何获得员工的拥戴？"，最后把你的主要观点写在下列的横线上（不够可附页）：

_____

_____

_____

接着，请几位学生代表谈谈自己的观点，然后由教师继续解析"技能应用及其延伸"的相关内容，各位同学要注意将你的观点与教师的解析进行对比。

➡ 技能应用

从事管理工作的人都有这样的体会：当你能够获得下属拥戴的时候，你的管理的有效性会更强。其实，员工拥戴的不同程度，还直接影响到管理有效性的强弱。这是一种普遍的现象，仅就这种现象而言，能否获得下属拥戴，已经成为每一个管理者面临的重大课题。相比西方的企业管理，中国企业管理中的伦理色彩更为浓厚。之所以会这样，是因为中国文化是典型的群体文化，在这种文化背景下，员工对管理者的要求更高。因此，在中国的企业里从事管理，员工是否拥戴管理者，对管理有效性的决定意义更为显著。如何才能获得员工的拥戴？以下几个重点问题是需要高度关注的。

1. 保持热情与活力

管理者在任何情况下都应该是积极向上，充满热情的。没有人会拥戴一个消极的上级。虽然管理者也会郁闷、也会烦恼、也有牢骚，但是，这些都必须埋在心里，绝不能让下属员工看到。当然在某些有需要的情况下，也需要让员工看到，但那是作为一种管理的手段，是刻意为之的。

2. 懂得授权

授权不是放纵，给员工一定的操作空间和决定事情的权利，这样当工作上出现紧急问题时能第一时间处理好，在客户面前也能体现我们工作的效率和服务的水平。授权还能激发员工工作的积极性，当然授权还要看员工的能力大小而决定授权多少。授权之后还要进行时时监督和控制，防止权力滥用，要充分信任自己的员工但是不能放任不管。

3. 学会聆听

优秀的管理者其实是一个好的聆听者，谈话是一门艺术，听人谈话则是一门学问，管理者一定要善于倾听员工的心声和建议。管理者在较多方面比员工高明，但是没有必要刻意去强调这一点。如果管理者总是在员工面前显示自己的高明，反而是一种不智之举：当你为自己的全方位才能和优秀表现沾沾自喜时，其实你已经降低了自己的高度和地位。另外，不要轻易打断别人的谈话，通过听员工说话你能了解一些事情的真相。

4. 化解对立面

对大多数企业管理者来说，在自己的管理范围内出现对立面是经常发生的事情，也是很正常的事情。对立面的出现，原因很复杂，对这些原因过于追究没有什么意义。比弄清楚原因更有意义的，是把对立面化解掉。有的管理者对此不以为然：对立面的存在既然是正常的，就让其存在下去，他们常常抱着无所谓的态度。这种鸵鸟式的做法很洒脱，但是难免会存在较大的风险。

要把对立面化解掉，仅依靠一两次谈话沟通或表达出善意无法解决问题。化解对立面并不容易，其难点在于化解的方法。化解的方法应因人而异，因情况而异；需要思虑，需要谋划，需要稳健的行动。面对那些强悍的对立面，化解的过程，就是同对立面之间进行一场博弈的过程。敢于并友善地进行这样的博弈，应该是管理者的合理选择。

5. 与下属员工保持适当的距离

有不少管理者喜欢同自己的员工保持很密切的关系，这本来是好事，但是需要注意把握"度"，保持适当的距离。由于人与人之间的距离越近，彼此对对方的要求就越高。一旦要求高到一定程度，对方就会做不到，这样就可能造成伤害。那么，与员工之间的距离应该怎样把握呢？这是无法确切度量且难以把握的，但只要管理者不突破以下两大底线，与员工之间的距离就是基本合适的。

（1）不占员工一分便宜。管理者同员工之间不可能不发生经济往来，一起餐饮消费，到员工家里坐坐，烟酒不分家，都是免不了的。需要注意的是，在这类情况下管理者不能占员工一分便宜。员工往往希望不分你我，但是管理者不能这样。经济上不占下属一分便宜，其他的便宜也同样不能占。

（2）控制好倾诉的欲望。每个人都有倾诉的欲望，作为管理者也一样，有了高兴的事情，有了烦恼，也需要向人倾诉，把快乐加倍，把痛苦减半。管理者可以向家人、朋友、上级倾诉，对下属员工则不可以。

6. 懂得激励

让员工始终都能有充沛的活力和旺盛的热情，让员工充满希望，尽最大能力为公司的发展发挥自己的智慧和才干。那么，应如何激励员工？加薪不是唯一的办法，加薪并不能让员工的满意度持续提升，此法使用不当还会让满意度下降。可以对员工进行精神奖励，如晋升、标榜、尊重、信任、支持、赞赏、微笑、改善工作环境等都是不错的激励方式。

7. 树立仁德资本

管理者得到员工的认可、拥戴，就表明管理者获得了"仁德资本"。这种资本与其他资本不同，别的资本都存在于自己的身上，如年轻、貌美、勤奋、精力过人等，但"仁德资本"却存在于他人心里。

要树立仁德资本，首先要研究其构成，即员工对管理者的关注点是什么。对这个问题，每个人的答案可能不同，但一般包括善良、正义、重视集体荣誉、重视他人感受、处理好人情世故与员工关系、以人为本的管理作风等。其次管理者还必须掌握一定的方法。管理者的工作，是"道"和"术"高度统一，还有与"仁"的有机结合。路遥知马力，日久见人心，树立和积累仁德资本的方法是一个无穷无尽的领域，需要管理者不断进行探索与实践。

▶ 技能应用延伸

管理者在实际工作中是一个不断处理各种事情、协调各种员工关系的重要人物、是综合利用各种资源，使企业不断实现目标，最终实现企业愿景的重要人物。员工关系管理是人力资源管理的一个重要模块内容，它不仅仅是人力资源部的工作，更是各部门管理者的一项核心工作；作为员工关系管理的一线执行者，各部门管理者应具备的基本素质如下：

（1）品行端正，身心健康，如诚信、孝敬父母、忠于朋友、为人正直、信心十足等。

（2）心胸豁达，包容心强，员工做错了事不会斤斤计较，不会为了小事念念不忘；经常能站在对方的角度去考虑问题，不会从一两件事去肯定或否定一个人。

（3）思维敏捷，能洞察事物的本质，具备一定的计划性和严格的执行力。

（4）责任心强，勇于担当，能为自己做的事负责，知错能改。

（5）会聆听，能洞察别人的心理。

（6）懂授权，给下属充分展示自己的空间。

（7）巧激励，充分挖掘员工的潜力。

（8）会用人，能知人善任，不错过每一个人才。

（9）勤沟通，让信息顺畅传播。

（10）善做决策，以充分展示管理者的大智慧。

⊂ 案例实战解析四 企业规章制度

▶ 案例知识指引

《劳动合同法》第4条规定，用人单位应当依法建立和完善劳动规章制度，保障劳动者享有劳动权利、履行劳动义务；用人单位在制定、修改或者决定有关劳动报酬、工作时间、休息休假、劳动安全卫生、保险福利、职工培训、劳动纪律以及劳动定额管理等直接涉及劳动者切身利益的规章制度或者重大事项时，应当经职工代表大会或者全体职工讨论，提出方案和意见，与工会或者职工代表平等协商确定；在规章制度和重大事项决定实施过程中，工会或者职工认为不适当的，有权向用人单位提出，通过协商予以修改完善；用人单位应当将直接涉及劳动者切身利益的规章制度和重大事项决定公示，或者告知劳动者。通过对《劳动合同法》第4条的理解，我们应通过如下法定程序用规章制度去管理员工。

1. 用人单位应当依法建立和完善劳动规章制度

用人单位的规章制度是用人单位制定的组织劳动过程和进行劳动管理的规

则和制度的总和，也称为内部劳动规则，是企业内部的"法律"。规章制度内容广泛，包括了用人单位经营管理的各个方面。根据1997年11月劳动部颁发的《劳动部关于对新开办用人单位实行劳动规章制度备案制度的通知》可知，规章制度主要包括劳动合同管理、工资管理、社会保险福利待遇、工时休假、职工奖惩，以及其他劳动管理规定。用人单位制定规章制度，要严格执行国家法律、法规的规定，保障劳动者的劳动权利，督促劳动者履行劳动义务。制定规章制度应当体现权利与义务一致、奖励与惩罚结合，不得违反法律、法规的规定。否则，就会受到法律的制裁。

《劳动合同法》第38条规定，用人单位的规章制度违反法律、法规的规定，损害劳动者权益的，劳动者可以解除劳动合同，用人单位必须支付经济补偿。第74条规定，县级以上地方人民政府劳动行政部门，依法对用人单位制定直接涉及劳动者切身利益的规章制度及其执行的情况进行监督检查。第80条规定，用人单位直接涉及劳动者切身利益的规章制度违反法律、法规规定的，由劳动行政部门责令改正，给予警告；给劳动者造成损害的，应当承担赔偿责任。

当然，劳动者严重违反用人单位的规章制度的，根据《劳动合同法》第39条规定，用人单位可以解除劳动合同，且不必支付经济补偿。同时，根据《劳动合同法实施条例》第26条第2款规定，劳动者严重违反用人单位的规章制度导致用人单位与劳动者解除约定服务期的劳动合同的，劳动者应当按照劳动合同的约定向用人单位支付违约金。

2. 规章制度和重大事项的决定程序

规章制度的制定程序关键是要保证制定出来的规章制度内容具有民主性和科学性。规章制度的大多数内容与职工的权利密切相关，让广大职工参与规章制度的制定，可以有效地杜绝用人单位独断专行，防止用人单位利用规章制度侵犯劳动者的合法权益。

（1）关于规章制度制定程序引起的争议　职工参与企业民主管理，是企业管理制度的一个重要内容。这不仅仅是我国社会主义企业管理的特色，也是世界范围内企业管理的一个趋势。职工如何参与企业管理，在哪些事项上，以什么形式和途径参与，我国的相关法律都作了规定。《劳动法》第8条规定，劳动者依照法律规定，通过职工大会、职工代表大会或者其他形式，参与民主管理或者就保护劳动者合法权益与用人单位进行平等协商。《工会法》第38条规定，企业、事业单位研究经营管理和发展的重大问题应当听取工会的意见；召开讨论有关工资、福利、劳动安全卫生、社会保险等涉及职工切身利益的会议，必须有工会代表参加。《公司法》第18条第3款规定，公司研究决定改制以及经营方面的重大问题、制定重要的规章制度时，应当听取公司工会的意见，并通过职工代表大会或者其他形式听取职工的意见和建议。《劳动合同法》在立法过程中，"草案"曾经规定，规章制度涉及劳动者切身利益的，应当经工会、职工大会或者职工代表大会讨论通过，或者通过平等协商作出规定。这样的规定曾经引起较大的分歧。一种意见认为，制定规章制度和决定重大事项是企业的经营管理自主权，是用人单位的"单决权"。用人单位在制定规章制度和决定重大事项时只要听取工会和职工的意见就可以了，规定经工会、职工大会或者职工代表大会讨论通过，如果意见不统一，势必造成规章制度或者重大事项久拖不决，用人单位的管理将无所适从。这样规定，限制了用人单位的经营自主权，实践中无法操作。另一种意见认为，用人单位制度规章制度应当有劳动者参与，从国外的情况看，涉及职工切身利益的事项，很多都是用人单位和职工双方共同决定的内容，属于"共决权"。我国的《全民所有制工业企业职工代表大会条例》规定，属于职工代表大会职权范围内的企业规章制度，应当经职工代表大会审议通过。最后，综合考虑各方面意见，《劳动合同法》规定：用人单位在制定、修改或者决定直接涉及劳动者切身利益的规章制度或者重大事项时，应当经职工代表大会或者全体职工讨论，提出方案和意见，与工会或者职工代表平等协商确定。

（2）平等协商的内容 直接涉及劳动者切身利益的规章制度或者重大事项。规章制度如劳动报酬、工作时间、休息休假、劳动安全卫生、保险福利、职工培训、劳动纪律以及劳动定额管理等；重大事项如企业裁员、住房分配、企业改制等。

（3）具体制定程序 根据《劳动合同法》第4条第2款的规定，用人单位在制定规章制度或者决定重大事项时，应当经职工代表大会或者全体职工讨论，提出方案和意见，与工会或者职工代表平等协商确定。所以，这个程序分为两个步骤：①经职工代表大会或者全体职工讨论，提出方案和意见；②与工会或者职工代表平等协商确定。一般来说，企业建立了工会的，与企业工会协商确定；没有建立工会的，与职工代表协商确定。这种程序，可以说是"先民主，后集中"。

3. 规章制度的异议程序

用人单位的规章制度既要符合法律、法规的规定，也要合理，符合社会道德。实践中有些用人单位的规章制度不违法，但不合理，不适当。如有的企业规章制度规定，一顿饭只能几分钟吃完，一天只能上几次厕所等。这些虽然不违背法律法规，但不合理，也应当有纠正机制。因此，在规章制度实施过程中，工会或者职工若认为用人单位的规章制度不适当，有权依据《劳动合同法》第4条第3款向用人单位提出，通过协商作出修改完善。

4. 规章制度的告知程序

规章制度是劳动合同的一部分，要让劳动者遵守执行，应当让劳动者知道。因此，《劳动合同法》第4条第4款规定，直接涉及劳动者切身利益的规章制度应当公示，或者告知劳动者。关于用人单位的告知义务很重要，由于告知不当而没有留下相应证据，造成用人单位在劳动纠纷中败诉的案例也比较多。下面我们就提供一些规章制度和重大事项的公示办法：

（1）劳动合同约定法 可以直接在合同中约定，并注明劳动者已经知悉并愿意遵守，也可以将其作为劳动合同的附件。

（2）试卷保留法 对员工进行规章制度和重大事项考试，保留考试的资料。

（3）入职申明法 员工入职时将规章制度交付职工，保留职工已经知悉规章制度的凭证。

（4）张贴法 在职工可以看到的黑板报、宣传栏张贴规章制度和重大事项的内容。

（5）电子邮件确认法 让职工确认自己的电子邮箱，将规章制度和重大事项内容发到该邮箱，规定一定时间内回复。

（6）传阅签名法 实行规章制度和重大事项内容阅读登记制度，将相关内容发到基层单位的职工手上进行传阅，并要签名确认已阅。

（7）手册发放法 将规章制度和重大事项写进手册并发放，人手一本，收讫签名。

（8）书面确认通知书 发送规章制度和重大事项阅读确认通知书，回执确认。

无论采取何种办法，都要有凭据证实职工已经知道规章制度和重大事项的内容，这是劳动争议处理时证实职工已经知情的重要证据。

▶ 案例实战呈现

违约金的支付标准案例

孙某于2005年大学毕业后到某电子公司工作。双方签订了无固定期限的劳动合同，约定以该电子公司的《职工参加学习、培训的管理规定》和《职工在劳动合同期内申请解除劳动合同的有关规定》（以下简称《规定》）作为合同附件。2007年5月24日，孙某因考取研究生向该电子公司提出辞职申请，孙某与该电子公司因违约金的计算标准问题发生分歧。孙某认为，根据公司《职工在劳动合同期内申请解除劳动合同的有关规定》中规定的违约金计算方法，自己应向该电子公司交纳违约金9 000元。但该电子公司却按2006年8月出台的《员工内部退养、待岗、解除劳动合同管理办法》（以下简称《管理办法》）要求孙某支付违约金共计35 000元。孙某认为《管理办法》只对2006年以后签订劳动合同的人有效，而对之前的劳动合同没有溯及力；另外，《管理办法》未经其本人签字，对其没有约束力。该电子公司则认为《管理办法》是经职工代表大会讨论并通过，且已下发到各科室，并要求职工认真学习的，因此孙某应当自觉遵守。双方争执不下，于是孙某起诉至人民法院。

➥ 案例小组讨论

请各位同学仔细阅读"违约金的支付标准案例",然后以小组为单位结合"劳动合同法及其实施条例"有关劳动合同、违约金、规章制度等及其相关内容进行讨论,讨论的主题是:"违约金的支付标准是什么?"并将讨论的结果写在下列的横线上(不够可附页):

_____

_____

_____

接着,请继续学习以下"案例综合分析"和"案例知识延伸"的相关内容,并将你的思考与其对比。请记住,管理并没有标准答案,更不可能是唯一答案,我们能提供的只是一种思考的方式和观点的借鉴。

➥ 案例综合分析

参考答案见本教材教师教学参考

➥ 案例知识延伸

参考答案见本教材教师教学参考

项目二 全员行动管理

我们通常认为的管理只是企业各级领导者的事,员工始终处于被管理的被动地位。现代员工关系管理提出:"人人都是管理者,也是被管理者",只有全员行动起来加入管理行列,才能实现良好的管理效果及和谐的员工关系。全员行动管理包括员工参与管理、员工授权管理、员工士气管理和消除工作倦怠等,这里限于篇幅,只讲前面两个内容。

🅰 应用一 员工参与管理有何表现形式

➥ 预习应用知识

1. 员工参与管理的定义

员工参与管理是指由管理者发起,鼓励员工参与和其工作有关的事务的管理和决策。

2. 员工参与管理的目的

（1）对于员工来讲　发挥员工的聪明才智，促进员工的创新能力，实现员工的自我价值，拓展员工的发展空间。

（2）对于企业来讲　促进企业管理和技术的提升，提高企业的工作效率，增长企业的效益，提高企业的生产力和竞争力。

（3）对于双方来讲　保障公平合理地分享企业的工作权益，促进员工与企业的沟通交流，促使员工对企业的兴衰荣辱产生责任感，改善企业的员工关系。

▶ 查阅应用资料及课堂应用训练

现代员工关系管理提出："人人都是管理者，也是被管理者"，只有全员行动起来加入管理行列，才能实现良好的管理效果及和谐的员工关系。请在课前查阅相关资料，然后在课堂上结合查阅的资料相互讨论一下"员工参与管理有哪些具体的表现形式？"，最后把你的主要观点写在下列的横线上（不够可附页）：

_____
_____
_____

接着，请几位学生代表谈谈自己的观点，然后由教师继续解析"技能应用及其延伸"的相关内容，各位同学要注意将你的观点与教师的解析进行对比。

▶ 技能应用

进入 21 世纪，随着企业组织结构发生实质性变化，参与式管理越来越普遍，管理民主越来越深入人心。过去，企业组织结构是金字塔式的，层层垂直命令是其主要特点。企业组织结构的扁平化发展，意味着管理方式由"权力型"向"参与型"转变。权力型管理方式的基本特征是上级管下级，一级管一级，排斥员工参与。参与型管理方式的基本特征是将所有能下放到基层的管理权限都下放到基层，使管理者在遇到困难时能得到员工的广泛支持，上情很快下达，下情迅速上报，反应灵敏高效。这种分权的管理本身就是一种员工参与管理的手段，员工参与管理的主要形式包括以下几种：

1. 合理化建议方案

合理化建议方案是员工参与提高企业效益管理的最常见的手段之一。在企业内部，有时员工的好方案因为没有良好的沟通渠道而无法提出来，员工因此会感到相当沮丧。合理化建议方案这种员工参与管理的方式有助于减少员工的沮丧情绪。

成功的合理化建议方案的基础是，企业制定有提交和评估各种方案并奖励有功人员的正式程序和组织，以及有效地向员工解释任人唯贤而不使他们感到挫折的体系。最常见的方式是意见箱、意见表格，或者有专门的人员或机构来具体负责。管理者和团队领导也必须鼓励下属提供建议，并以海报、小册子和公司杂志上的文章等方式来宣传该方案，同时突出陈述成功的建议和贯彻这些建议的方式。

2．共同磋商

所谓共同磋商是指资方为协调与员工的关系而在制定决策之前，先征求员工的意见或态度，但不需要征得员工或其代表同意的决策程序。共同磋商是最常见的员工参与管理的方式之一，本质上是使管理者和员工聚集在磋商委员会，讨论并决定影响他们共同或各自利益事务的一种形式，通过观点和信息的交流，达成一个双方同意的解决办法。共同磋商提供了一种机制，它使管理者能将影响员工利益的方案传达给员工，并使员工能够表达对这些方案的想法，对工作的组织方式、工作条件、人事政策、各种程序、卫生和安全的运作方式提出自己的意见。

共同磋商并非权利分享，员工并不会参与策略性政策的制定，如投资、产品市场开发、合并或接管等。共同协商的组织是协商委员会，由员工和管理方代表组成，主席往往由委员会成员每年选举产生。

3．全员 7S 管理

5S 起源于日本，是指在生产现场对人员、机器、材料、方法、信息等生产要素进行有效管理，这是日本企业独特的管理办法，是全员参与企业管理的一种有效方式。由于整理（Seiri）、整顿（Seiton）、清扫（Seiso）、清洁（Seiketsu）和素养（Shitsuke）这五个词，日语中罗马拼音的第一个字母都是 S，所以日本人称之为 5S。近年来，随着人们对这一活动认识的不断深入，有人又添加了"安全（Safety）"、"节约（Save）"等内容，分别称为 6S、7S。7S 管理的定义如下：

（1）整理 随时将现场物品分成需用和不用两类，及时将不用的物品清除出现场。有用的分一个月需用、一周需用、每天需用等。

（2）整顿 将要用的物品分类定置摆放，保证品名数量清楚、安全存放，井然有序，取放方便。

（3）清扫 自觉地把生产、工作的责任区域、设备、工装、工位器具等清扫干净，保持整洁、明亮、舒畅的生产、工作环境。

（4）清洁 认真维护生产、工作现场，确保清洁生产，防止环境污染。员工本身也要做到着装整洁、仪表端正、文明生产。

（5）素养 爱岗敬业，尽职尽责，遵守纪律，提高素质，养成自我管理、自我控制的良好习惯。

（6）安全　贯彻"安全第一、预防为主"的方针，在生产、工作中，必须确保人身、设备、设施、产品、物料安全；严守公司技术机密。

（7）节约　消除种种不良现象，杜绝浪费（动作、搬运、过多生产、产能不均等）。

4．职工代表大会

职工代表大会即企业民主管理制度，是我国国有企业实行企业民主和参与企业管理的最基本形式，也是员工行使民主管理权力的机构，它由民主选举的员工代表组成。我国《全民所有制工业企业职工代表大会条例》规定，企业在实行厂长负责制的同时，建立和健全职工代表大会制度和其他民主管理制度，保障工会组织和员工代表在审议企业重大决策、监督行政领导、维护员工合法权益等方面的权力，发挥其应有的作用。职工代表大会制度对保障员工权益，充分发挥员工的积极性和主动性，提高劳动生产率，建立和谐的劳动关系，稳定社会秩序具有重大意义。

职工代表大会的工作机构是企业工会，具有审议权、同意或否决权、决定权、监督权、选举权等职权，具体包括：审议企业生产经营重大决策，审议通过企业重大改革方案，参与决定职工集体福利重大事项以及民主评议和推荐、选举企业领导干部等。职代会建制率是企业民主管理推选情况的重要标志。职工代表大会是组织员工参加企业管理，树立员工主人翁精神，发挥员工工作积极性的有效形式。建立现代企业制度，必须进一步坚持和完善以职工代表大会为基本形式的员工民主管理制度，突出工会职能，加快民主化建设的进程，密切与员工的联系，维护员工的合法权益，保护和调动员工的积极性，增强企业的凝聚力、创造力，提高经济效益。

5．品管圈

品管圈（Quality Control Circle，QCC），又称质量圈，是指由同一个工作现场或工作相互关联区域的员工自动自发地进行品质管理活动所组成的小组，品管圈也是全员参与企业管理的常见手段之一。品管圈最早是由美国管理学家设计，但在美国长期遭到忽视，20世纪50年代传到日本，被日本企业极深入地予以实施，从而生产出了低成本高质量的产品，并在与美国企业的竞争中获胜。20世纪80年代以来，欧洲、北美、亚洲等企业都大力实施品管圈活动，倡导员工参与企业管理，激发员工的工作积极性。品管圈定义可以从以下几个方面来解释：

（1）活动小组　同一工作现场或工作相关联的员工组成圈，人员上至公司高层、中层管理人员、技术人员、基层管理人员，下至普通的员工。QCC小组一般由3~10人组成，人数太少，方案对策不全面；人数太多，意见难统一，效率好但效果反而不明显。

（2）自动自发　QCC 小组活动由各级员工自发组成，通常公司高层领导不会强迫员工实施 QCC 活动，只提供实施 QCC 活动的条件和奖励机制。

（3）活动主题　每次 QCC 活动都会有一个明确的主题，围绕产品生产、技术攻关、工艺改良、质量改进、工序改造、管理技术等方面提出，主题范围广泛多样。

（4）活动目的　每次活动都是为了改进企业或部门工作的某个方面，目的是提高效率、效果和效益。

（5）活动方法　解决问题的方法多应用现代企业管理科学的统计技术和工具的一种或几种相结合。

6．员工持股计划

员工持股计划（Employee Stock Ownership Plans，ESOP）是经济民主的一种形式。在现代大型股份制企业，员工持股已经非常普遍。员工持股计划是 20 世纪 60 年代初，由路易斯·凯尔索最先在美国提出，其主要内容是：企业成立一个专门的员工持股信托基金会，基金会由企业全面担保，贷款认购企业的股票；企业每年按一定比例提取出工资总额的一部分，投入到员工持股信托基金会，偿还贷款；当贷款还清后，该基金会根据员工相应的工资水平或劳动贡献大小，把股票分配到每个员工的"持股计划账户上"；员工离开企业或退休，可将股票出卖给员工持股信托基金会。

自 20 世纪 80 年代以来，越来越多的企业开始拟订并实施员工持股计划。ESOP 在西方被看作一项员工福利计划，员工获得的股票是福利的一部分。从资本意义上说，ESOP 使员工成为企业的所有者。实践证明，ESOP 的实施能够激励员工更努力、更主动地工作。如今，以 ESOP 为代表的员工持股计划的发展已越来越趋于国际化。ESOP 对企业业绩的提升作用十分明显，这是 ESOP 得以迅速推广的重要动因。美国学者对 1 400 家实施了 ESOP 的公司业绩进行了详细调查，结果表明，实施了 ESOP 的企业的生产效率比未实施 ESOP 的企业要高，而且员工参与企业管理的程度越高，企业业绩提高得越快。员工持股制度的普遍推行，使员工与企业利益融为一体，员工与企业间的经济利益是水涨船高，风雨同舟。员工对企业前途充满信心，企业获得超常发展，员工也从持股中得到巨大利益。目前，我国也有许多企业实施了员工持股计划。员工入股参与是员工物质参与满意的前提和保证，也是管理参与的物质基础。

7．工人董事

20 世纪 70 年代，董事会制度中开始出现工人董事的概念。工人董事是指由员工民主选举一定数量的员工代表进入公司董事会，代表员工参与决策、监督的制度。董事会中的员工代表称工人董事。工人董事制度使员工代表对公司决策进行监督，及时反映员工的意愿和要求；能够平衡与投资者、管理者的关系；能够把员工利益和公司利益结合在一起，共同承担风险、承担责任、共享利益；在促进公司发展，协调劳资关系方面起到重要作用。

工人董事是产业民主运动的一部分，其初衷是通过工人董事制度，使员工代表能够更接近策略性政策的制定。但事实上，在私有企业内很少有工人董事存在，即使有，也只是"为了加强或者重新维护管理者的控制权而非分配控制权"。在公营组织内部虽然有任命的工人董事，但一些学者研究发现，管理者代表事实上倾向于在董事会之外处理一些敏感或机密的事务，而工会成员会发现他们处于两难境地：一方面得尽量维护工会成员的利益，另一方面又得帮助做出对工人有害的管理决策。

在我国，工人董事是一种新制度，是职工代表大会制度的延伸，是完善公司法人治理结构的重要内容，是公司实行民主管理的重要形式。

8. 工作理事会

在欧洲国家，工作理事会也是员工参与管理的一种重要形式。企业的工作理事会与公司级别的磋商委员会的职能大致相同，只是名字不一样。但一些企业工作理事会成员的身份更为广泛，包括管理者、团队领导、专业技术和办公室职员，可以覆盖企业内部的每个人。欧洲国家工作理事会讨论的话题，包括企业总体的经济和财政状况，对员工有影响的具体事项，如迁址、关闭、合并、集体解雇以及新技术的推行等。拥有1 000名以上员工的企业必须建立理事会，而且该理事会必须是一个只包含员工的团体，由3~30名员工代表选举产生或者指派的员工组成，如果不存在这样的员工代表时，就由所有的雇员组成。

▶ 技能应用延伸

企业在实施员工参与管理时，应该注意以下事项：

1. 把全体员工推到参与管理的主体地位

企业管理的主体应包括经营者和广大劳动者，企业领导者在管理中起主导作用，而员工在参与管理中起主体作用。

领导者的主导作用主要是提出员工参与管理，强化管理的宗旨、内容、要求、途径和措施保证，动员和组织员工参与管理、改善管理，并善于身先士卒地不断探索和总结提高。员工参与管理的主体作用体现在管理的全过程，包括在民主决策中从各种不同角度进行全方位的献计献策，在管理执行中群策群力地揭露并消除各种不良管理，并参与对管理者的评价和广泛而严格的民主监督。

2. 以管理的薄弱环节和不良管理为切入点

管理的薄弱环节和不良管理往往是强化管理、实行管理创新的焦点和热点所在，最为广大员工所关注。以此作为员工参与管理的切入点和突破口，"大处着眼、小处看手"，能使员工参与管理迅速见效。

一般来讲，管理的薄弱环节和不良管理内容，应包括：①不科学、不适应市场需求的企业决策和决定；②不合理、不完善的企业管理制度；③损害企业形象和利益的管理行为和管理方式、方法；④管理制度执行过程中出现的差错；⑤各种管理上的漏洞。产生不良管理的原因主要来自两个方面：一是由于管理者本身素质上的问题造成了不良管理行为；二是由于企业体制、机制上的弊端产生了不良管理问题。这两个方面问题的克服，都必须依靠广大员工的参与和力量。

3. 建立起多方位、快速畅通的员工参与管理的渠道

员工参与管理的渠道包括：①自下而上的投诉建议直通渠道，员工通过企业设置的投诉建议箱或总经理电话专线，可用书面、口头方式直接向高层管理者反映，然后由企业高级管理层进行集中整理、分析，作出整改决定，由专门办公室监督贯彻执行，再反馈给提意见者；②通过企业董事会、监事会中的法定职工代表和职代会的定期召开，切实保障员工直接或间接地参与公司的重大决议、经营方略、技改项目、人事变动等的讨论、研究和评估；③自上而下地定期向员工或职工代表实行企务公开、财务公开，并定期举行经济分析会，让广大员工及时了解企业的各项费用开支、重大生产经营活动和经营状况，并广泛、直接地听取员工的意见和建议；④通过定期的总经理接待日，保障领导与员工能面对面地交流信息，共同研究和解决问题。

4. 形成全员参与管理的新机制

全员参与管理新机制的形成主要来自 4 个方面：①在组织体系上，设置了便于员工参与管理的组织机构，把组织发动员工参与管理、共同克服不良管理、进行管理创新，明文规定为各级管理者的基本职责和全体员工的当然权力与责任，并赋予组织保证，使其有领导、有计划地持续进行下去；②在管理制度上，把组织发动员工参与管理、进行管理创新，列入管理者和各单位业绩考核的标准，奖罚兑现，激励人人敢于参与管理，勇于管理创新；③在资产和利益机制上，逐步把广大员工变成公司股东，形成员工与企业、管理者与被管理者的利益共同体，激发员工参与管理，关心管理效益；④把员工参与管理的落脚点放在管理制度的更新与完善上，形成领导与群众共同强化和创新管理的共识。

应用二 员工授权管理的障碍解析

▶ 预习应用知识

授权,简单来讲就是让下属员工在某些工作上有作决定的权利,即有一定的决策权。授权是一种有效的领导方法和积极的员工管理方法。

在任何组织的工作中,不仅有着各项重大任务,而且有许多事务性工作。有些事情非常紧急,迫在眉睫,必须当机立断,及时去办;有些事情忽然来到,不办不行,必须妥善安排;有些事情必须上下结合,共同去办。作为管理者,不可能也没有能力更没有必要去总揽一切工作。授权也是一样,必须按照轻重缓急程度把工作交由下属员工去办。领导者掌握授权艺术的现实意义如下:

1. 授权有利于领导者集中精力做更重要的事情

授权可以使领导者从繁琐的事务性工作中解脱出来,拿出更多的时间和精力去考虑战略性的大事情,去抓带有全局性的重大事情,以更有效地完成决策、协调和监督等领导者最基本的职能。

2. 授权有利于调动和发挥下属的工作积极性和创造性

领导者把权力授予自己的下属,可以使领导者的智慧和能力得以延伸和放大,同时可以激发下属的工作热情,调动下属的积极性和创造性,提高工作效率。

3. 授权有利于发挥下属的专长,弥补领导者的不足

人各有所长,也各有所短。任何领导者都不是全才,应当尽量把自己不太擅长的工作交给这方面有专长的下属去做,这就可以发挥下属的专长,弥补自己的不足,提高领导工作质量。

4. 授权有利于员工整体水平和素质的提高

授权可以为下属创造和提供更多在实践中锻炼和展示自己才华的机会,使他们增长才干,尽快地成长起来。下属对此也充满了希望,更易调动其积极性。

▶ 查阅应用资料及课堂应用训练

通过以上内容的学习,我们知道授权对于领导者和员工都是非常必要和有益的,但现实中我们经常看到领导者难以对下属员工做到有效授权。请在课前查阅相关资料,然后在课堂上结合查阅的资料相互讨论一下"领导者实现授权的障碍到底有哪些?",最后把你的主要观点写在下列的横线上(不够可附页):

_____

_____

接着，请几位学生代表谈谈自己的观点，然后由教师继续解析"技能应用及其延伸"的相关内容，各位同学要注意将你的观点与教师的解析进行对比。

➥ 技能应用

授权是基于一种充分信赖的心态，对自己、对他人信赖。缺乏信赖感的人，不会采取授权的领导方式，而是将权柄牢牢抓在自己的手中。而这种授权还必须有效，所谓有效是在于授权者有策略，既相信被授权者的品格与能力，又相信自己能够处理授权带来的所有问题和任何意外，归根结底，是对自己的信赖。但现实中，我们经常看到领导者难以对下属员工做到有效授权，究其原因，实现有效授权存在如下8大障碍：

障碍一：不信任员工

实践中，企业管理者对员工的信任，往往因种种担心而言行不一。管理者的担心事出有因，主要是下属的工作绩效难以达到管理者的预期、下属的行为难以让管理者安心。然而，一味地批评抱怨又有什么用呢？如果管理者怀疑员工的动机，管理者应该自省其身，是不是因为自己没有通过信任来激励他们；如果管理者怀疑员工的工作能力，管理者更应该自问，有没有对他们进行必要的培训或给他们锻炼的机会。总而言之，管理者应该反复寻找失利的原因，然后和大家一起探索提升业绩的办法。事实就是这样简单，通过管理者的信任、鼓励和培养，下属一般都会成长为一个真正值得自己信赖的人。

障碍二：害怕失去对任务的控制

很多管理者之所以对授权特别敏感，是因为害怕失去对任务的控制。一旦失控，后果很可能就无法预料了。问题是，难道管理者非得把任务控制在自己手中吗？可不可以通过合适的手段避免任务失控呢？

只要管理者能够保持沟通与协调的顺畅，采用类似"关键会议制度"、"书面汇报制度"、"员工述职"等手段，强化信息流通的效率与效果，任务在完成的过程中，失控的可能性其实是很小的。同时，在安排任务的时候，管理者应该尽可能地把问题、目标、资源等向下属交代清楚，也有助于避免任务失控。

另外，管理者和员工也很容易在解决问题的方法上产生分歧。由于管理者相信自己的经验，甚至会强迫下属执行自己的意见，致使下属不愿意对任务负责。其实条条大路通罗马，问题的关键不是方法，而是结果。一些具体的处理细节，管理者完全可以授权给自己的下属来全权处理。

障碍三：过度强调自己在组织中的重要性

管理者能力高强是好事，如果过度强调自己在组织中的重要性，事必躬亲，难免分身乏术。其实，下属就是管理者的最大财富，他们帮管理者销售产品，帮管理者和经销商讨价还价，帮管理者与消费者沟通和服务……在具体的业务内容和常规工作方面，下属比管理者还要经验丰富。对于这样的下属，弃之不用，是企业的损失，也是管理者的损失。

障碍四：以为自己做得总是比员工好

万事开头难，下属在工作之初，工作的质量和速度肯定比不上管理者。如果管理者以为自己做得总是比员工好，而不愿意让下属接受锻炼，那么管理者的管理水平和管理层次只能停留在较低水平，而得不到提高。

其实培养下属不仅是管理者的责任，也是管理者在为自己创造左膀右臂；把工作大胆地交给下属去做，并适时地加以指导和控制，下属熟悉工作后，可以让管理者有时间做更重要的事情，这样可以促使管理者在事业上有更大的发展。

障碍五：害怕削弱自己在组织中的地位

这是许多管理者非常害怕的一件事情：如果把自己的权力授予别人的话，会不会因此影响自己对于组织的重要性，从而削弱自己在组织中的地位呢？

答案显然是否定的。如果管理者能够让自己的属下能够更加积极、主动地处理问题，管理者就能充分发挥团队的力量，将任务完成得更多、更快、更好，从而使自己的地位有机会得到进一步的巩固或提升。管理者将得到一个更有效率的工作团队，并且能够把精力集中在那些值得管理者全心投入的事情上。

障碍六：认为授权会降低灵活性

对于某些事情而言，事必躬亲确实有利于掌握处理问题的灵活性。可是，对于工作繁忙的管理者而言，毕竟不可能在同一时间做好多件事情。如果强迫自己面面俱到，不但会顾此失彼，而且工作质量也会大大降低。

然而，通过授权把具体的工作分派出去，让自己从一个更高的层面来统率全局，思路往往会更加灵活，同时也有更多的时间和精力来处理那些棘手的问题和突发事件。

障碍七：害怕影响员工的日常工作

管理者思想有个误区，总以为员工连现有的日常工作都做不好，难以承担更大、更重要的责任。其实，员工长期重复日常工作，工作内容枯燥无味，工作热情衰竭，所以给领导的印象就变成了"日常工作做不好"。如果给员工一些挑战性的工作，员工不但工作积极性提高，而且也能替管理者分忧解难。如果员工在工作能力上乏善可陈，问题很可能就出在管理者的身上。

▶ 技能应用延伸

前面我们学习了领导者掌握授权艺术的现实意义和实现有效授权的 8 大障

碍，除此之外，我们还应明确授权对象和内容，才能真正地实现有效授权。

1. 确定授权对象

权力授给谁，管理者首先要考虑这个问题。而且，在做出决定之前，必须考虑很多的因素。这里着重讲的是授权对象愿不愿意接受领导者授予的权力。下级对领导者授予的权力，并非都会欣然接受。领导者不要勉强授权，否则很难取得成效。这就需要管理者把权力授予愿意接受权力的人。

管理者应注意授权对象的承接力和如何把握适合的时间策略，如果想要授权有效和体现出成果，必须要经过精挑细选。被选中的员工应具备以下素质：有职业道德，善于灵活机智地完成任务，有自我开创能力及协调与合作精神，善于思考的头脑，而且要懂得一定的"传帮带"技术。

2. 明确授权内容

管理者向下属授权，必须明确哪些权力可以下授，哪些权力不能下授。管理者的权力保留多少，要根据不同任务的性质、不同环境和形势以及不同的下属而定。

一般情况下，管理者应保留以下几种权力：事关区域、部门、单位的重大决策权，直接下属和关键部门的人事任免权，监督和协调下属工作的权力，直接下属的奖惩权。这些权力属于职能责任者工作范围内的权力，不能授出。除此之外的其他权力，可根据不同情况灵活掌握。

凡是分散管理者精力的事务工作，上下都得支配或可分担的边际权力，以及因人因事而产生的机动权力等都可以考虑下授。但要注意事情的本末、轻重、缓急程度和授权方法。

3. 授权方法选择

任何企业或组织都有自身的发展目标，这些目标的实现绝不是管理者个人所能完成的。管理者只有将组织的总目标进行必要的分解，由组织内部的各个管理层次及部门的所属成员各分担一部分，并相应地赋予他们一定的责任和权力，才能使下属齐心协力，共同奋斗，努力实现组织的总目标。那么，管理者应该按照何种方法进行授权，才可以避免授权的盲目性和授权失当的现象发生呢？

（1）充分授权法　管理者在充分授权时，应允许下级决定行动的方案，并将完成任务所必须的人、财、物等权力完全交给下属，并且允许他们自己创造条件，克服困难，完成任务。充分授权可极大地发挥下属的积极性、主动性和创造性，并能减轻管理者不必要的工作负担。

（2）不充分授权法　凡是在具体工作不符合充分授权的条件下，管理者应采用不充分授权的方法。在实行不充分授权时，应当要求下属就重要性较高的工作，在进行深入细致的调查研究的基础上，提出解决问题的全部可能的方案，或提出一整套完整的行动计划，经过上级的选择审核后，批准执行这种方案，并将执行中的部分权力授予下属。

（3）弹性授权法　管理者面对复杂的工作任务或对下属的能力、水平无充分把握，或环境条件多变时，采用弹性授权法。在运用这种方法时，要掌握授权的范围和时间，并依据实际需要对授给下属的权力予以变动。例如，实行单项授权，即把解决某一特定问题的权力授予某人，随着问题的解决，权力即予以收回；或者实行定时授权，即在一定时期内将权力授给某人，到期后，权力即刻收回。

（4）制约授权法　管理者管理幅度大，任务繁重，即可采用制约授权的方法。制约授权是在授权之后，下属个人之间或组织之间的相互制约的一种授权方式。它是管理者将某项任务的职权，分解成两个或若干个部分分别授权，使他们之间相互制约、互相钳制，以有效地防止工作中出现疏漏。

（5）逐渐授权法　管理者要做到能动授权，就要在授权前对下级进行严格考核，全面地了解下级成员的知识、技术、能力和态度等情况。但是，当管理者对下属的能力、特点等不完全了解，或者对完成某项工作所需的权力无先例可参考时，就应采取见机行事、逐步授权的方法。如先用"代理"职务等非授权形式，使用一段时间，以便对下级进行深入考察；当下属适合授权的条件时，领导者才授予他们必要的权力。这种稳妥的授权方法，并非要权责脱节，而最终是要使两者吻合和达到权责相称。

项目三　特殊员工管理

▲ 应用一　如何管理知识员工

➤ 预习应用知识

世界经济一体化的浪潮已经席卷全球，每一个人都深深地感受到信息时代所带来的强大冲击力。然而，企业如何面对新经济时代的挑战？如何有效获取、运用、整合和创新知识？也就是如何有效管理知识资源？这已成为企业经营成败的关键。新经济时代的动力是知识，知识已经成为一个创造性的领域。管理知识员工不仅让你认识到知识在一个组织中的重要地位，而且让你知道如何管理人力资源中的脑力资源部分。在人类社会完成由资本经济向知识经济过渡的今天，作为知识和信息载体的知识员工理所当然地成为组织可持续发展的动力源泉，因而是组织间相互猎取的对象。

知识员工是指组织中以脑力劳动为主要手段，创造社会财富的一类员工。如管理人员、专业技术人员以及技师等都属于知识员工范畴。管理学家彼得·德鲁克认为，知识型员工属于那种掌握和运用符号和概念，利用知识或信息工作的人。以上定义把知识员工与传统上听从命令或按规定程序操作的员工极大地区别开来。那么知识员工的管理为什么难，又主要难在哪里呢？

1. 独立要求高，权威感低

知识员工在本身专长领域内都是专家，因此工作上的自主性较高，他们对自己的专业知识、技能、天赋和灵感充满自信。他们往往更倾向于一个自主的工作环境，不仅不愿意受制于物，甚至无法忍受上司的指挥，而更强调工作中的自我引导。实际中常出现两种现象：一种情况是员工有时过于自信而导致自负，听不进去别人的意见，甚至连上司的意见也不放在眼里，致使管理双方产生间隙；另一种情况是管理者把要做的每一件事的计划与措施都安排得非常明确，使得员工感觉工作丧失了自主性，无可发挥，只能唯命是从。这些状况如果长期存在，滋生怨气是不可避免的。

2. 流动意愿高，忠诚度低

知识员工具有很强的创新能力，能帮助企业在变化万千的市场环境中赢得优势。他们知道自己的知识对于公司营运的重要性；他们可以独立于组织之外而获得聘用，实现个人价值，建立个人的声誉和地位。因此，知识员工与一般员工相比，更多是忠诚于他们的职业而非服务的组织。现实中有的企业为了维护管理大局的需要，在对知识员工的管理上不加区别，例如，当不能达成共识时就简单以"不听话就走人"的方式来处理矛盾，这种威吓和不讲理的批评对知识员工来讲，只能使其对目前的职业无可留恋；又或者企业的内部氛围无法让知识员工感觉到被上司关注、工作被认可或职业上有更广阔的发展机会时，也会加大他们的流动，更有甚者会成为企业的竞争对手。

3. 工作成就感低，工作成果可量化程度低

知识型员工很在意自身价值的实现，他们工作的目的不仅仅是为了获得工资报酬，而是有着发挥自己的专长、成就事业的追求，并期望自身价值得到社会的认可。他们留在一家公司服务"选择"成分多于"需要"，即选择一家有利于发挥他们专业知识并获取满足感的企业去工作。现在有一些公司，常常靠单一的提高待遇（如高额薪酬、配股分红）留住人才或在行业里互相挖人才，但结果往往并不能取得更好的激励效果，因为员工并没有因此付出更多。

4. 绩效考核结果挫伤了知识员工的积极性

知识型员工从事的工作在极大程度上依赖于自身的智力投入，其产品无形，一些科技含量高的产品生产，往往是众多知识型员工集体智慧和努力的结晶，其工作过程难以把握，工作成果难以衡量，使得企业价值评价体系也变得复杂而不确定,考核个人绩效比较困难。而传统的绩效考核结果,很大程度地挫伤了知识员工的积极性。

➤ 查阅应用资料及课堂应用训练

通过上述内容的预习,我们已经找到了知识员工管理困难的原因。请在课前查阅相关资料,然后在课堂上结合查阅的资料相互讨论一下"知识员工应该如何进行管理?",最后把你的主要观点写在下列的横线上(不够可附页):

_____
_____
_____

接着,请几位学生代表谈谈自己的观点,然后由教师继续解析"技能应用及其延伸"的相关内容,各位同学要注意将你的观点与教师的解析进行对比。

➤ 技能应用

我们既然已经找到了知识员工管理困难的原因,那么对知识员工的管理也必须针对管理困难的原因来进行实施。我们应该采用怎样的激励措施才能最大限度地发挥出他们的潜力呢?下面介绍几种可行的激励措施。

1. 薪酬激励体制

在知识经济时代,薪金的多少不仅是一个收入分配的问题,它还是实现知识员工自身价值的一种外在体现,一个合理的薪酬制度是组织吸引和留下知识员工的前提条件。知识员工拥有着知识这种重要的生产要素,因此他们希望得到一个好的回报也是很自然的。但是值得注意的是,高薪酬并不是一把"万能钥匙",可以解决所有存在的问题,而且知识员工也并不是仅仅看中这一个方面。对他们来说,由于物质要求很容易得到满足,因此他们更看中精神上的满足感。所以,这也给我们提出了一个问题,那就是什么样的薪酬才是合理的。

(1)提高薪酬要有度 薪酬并不是越高越好,不断攀升的高薪酬必然会遭遇到"天花板效应",当薪酬达到一定水平时,如果还以提高薪酬作为激励手段,那么虽然薪酬增加了,但是却无法对员工产生更多的激励效用,相反还会给组织带来不必要的成本负担。所以,员工的薪酬水平虽然要提高,但是一定要高得有度,这个度则与行业的平均水平有关。

(2)薪酬一定要公平 在企业的人员流失中,因为薪酬问题引起的比较普遍,而其中又有相当一部分是因为觉得薪酬不公平而造成的。因此,企业的薪酬必须遵循这样一个原则，就是要做到"对外要竞争，对内要公平"。尤其是"对内公平"这一点更容易对员工的心态产生影响。如果某些员工的薪金高于其他人，那么就应该让其他人知道这些高薪员工能够完成别人无法完成的工作，得到高薪是理所应当的，从而尽量避免不公平感的产生。

（3）要将基本薪酬和浮动薪酬相结合　这样可以将员工的薪酬和其业绩联系起来，工作业绩越好薪酬也就会越高。为了将企业的长期利益和个人利益联系起来，也可以给以员工一定的企业股票期权，使员工的报酬和企业的股东价值相一致，从而达到长期激励的目的。

2．最大限度地实现员工的个人价值

在知识经济时代，仅仅是简单地满足员工的物质要求已经远远无法跟上员工的需要了，知识员工希望在更高的精神层次上得到满足，也就是要在最大限度上实现自我价值。因此，企业要想吸引并留住这些知识型人才，就必须为他们创造这样的环境和条件。

企业必须为员工提供不断晋升的机会，让他们参与管理工作。一方面根据工作任务的要求进行充分的授权，允许他们自己决定工作方案，另一方面还要为他们提供工作所需的资金、物资以及人员上的支持。当然，及时的信息反馈也是极为重要的，因为，如果缺乏反馈信息就只会传递这样一种信息，那就是"我们不在乎你"。所以，当员工完成一定工作后，应该及时对他发出反馈信息，对于业绩突出者应该作出正面的鼓励；对于那些业绩平平者则应告知其不足之处，以便日后改进。这样使员工感到自己时时处于组织的关注与重视之中，由此赋予员工使命感，员工在工作中分享了企业管理者的思想和感受，他们也就更容易认同企业发展的方向，在工作中更为投入，并且更主动地去关心企业的成长了。

3．为员工提供学习和提高自身能力的机会

知识经济时代，知识的发展日新月异，知识员工对充实自身知识、跟上时代发展的潮流、做到与时俱进的要求极为强烈。如果知识结构不能获得及时的更新和补充，他们会对自己的前途甚至是将来的生存能力担忧，由此他们很容易就会想到要跳槽到更有利于提高自身能力的地方去。所以，企业应该开展相应的教育培训工作，加强对人才的培养和选拔，使员工始终能接触到本行业的最新成果和动态，使他们始终能保持一种新颖的思维模式，富于创造力。这也是企业吸引和留住人才的重要条件之一。另外，也要做到知人善用，使员工能找到最适合自己的位置，一旦发现员工有才能就应该委以重任，最好能将略超出员工现有能力的任务交给他完成，使员工感觉自己受到高度的信任与期望，从而增强员工的自信心，激发出其内在的潜力，并使其焕发出巨大的创造力，这也就是我们所说的翁格玛利效应。最后，要将企业组织建立成为学习型组织，在组织成员的共同进步中找到组织自身的创新点，在创新中实现知识的增值，

最终达到企业和个人全面进步的目的。

4．让员工在组织中找到归属感

企业只有给员工提供一个相对轻松的工作环境，才能使员工充分发挥出他们的特长，使他们把工作当成乐趣。在工作之余，企业还应适时开展相应的企业文化活动，由此增强员工的归属感，使员工之间的关系更为融洽。当员工感到自己被组织这个"大家庭"接受、欢迎时，员工之间的协调工作自然也变得更简单了。员工感到自己是组织的一份子，自然对工作的责任感也就会大大增加了。

5．对知识员工的监督与协调

虽然说知识员工的工作过程我们难以直接控制，但是这并不意味着要对他们不闻不问，任其自由发展，相应的监督管理工作还是必不可少的。由于专业分工越来越细，一个大型的项目往往需要工作小组的多名成员来共同完成，这同样也需要企业随时了解每个员工的工作进程，以便对不同员工的工作进行相应的协调。为了使企业始终保持创新的活力，我们还应适当引入竞争。知识员工进行的是知识创新的活动，他们随时都需要一些新鲜的刺激来保持和激发创新灵感。一旦他们的工作走入程式化，那么他们的工作也就失去了原来的意义。因此，我们需要适当地引入竞争机制，支持合理的人才流动，不断为企业输入新鲜血液，让员工在公平的竞争中发挥出最大的潜力，并由此促使员工不断进步，最终达到企业和个人双赢的结果。

▶ 技能应用延伸

知识经济时代是一个知识竞争的时代，企业只有做到以人为本，在注重员工的物质生活水平的基础上更加注重员工的精神需求，同时加强对员工的感情投资，这样才能吸引并留住知识型人才，使企业在竞争不断加剧的市场中占据优势地位。知识员工是组织中最重要的财富资源，人力资源管理的核心是知识员工。关注知识员工是每一位管理者的工作，以人为本，这才是现代企业的制胜之道。

▲ 应用二 如何管理问题员工

▶ 预习应用知识

员工关系管理在人力资源管理中占有相当大的比重，尤其是在劳动密集型产业，而问题员工的管理又占有员工关系管理的较大比重。企业界基本上有这样的共识：20%的优秀员工产生80%的绩效，而20%的问题员工产生80%的问题。

什么样的员工算问题员工？站在管理者角度判断问题员工往往可以采取两个标准：一个是绩效标准，绩效标准不是说绩效低的员工就一定是问题员工，而是指绩效不稳定或者突然出现大幅度降低的员工。在排除外界因素的情况下，这种员工就十分值得关注。另一个是行为标准，员工的行为必须遵守社会准则和企业规章制度。如果员工经常出现违纪情况、工作失误频繁发生、工作热情下降、磨洋工、在公司中制造混乱或引起对立、做出一些令人难以接受的举动等行为，这种员工也是值得警惕的问题员工。

对问题员工的管理稍有不慎就会使公司陷入仲裁、诉讼的困扰之中。那么，如何避免此类问题的发生，理所当然也就成为了对人力资源管理者的考验。

➥ 查阅应用资料及课堂应用训练

作为人力资源管理者，必须正确、积极地面对问题员工。请在课前查阅相关资料，然后在课堂上结合查阅的资料相互讨论一下"问题员工主要有哪几种类型？分别应采取什么对策？"，最后把你的主要观点写在下列的横线上（不够可附页）：

_____
_____
_____
_____

接着，请几位学生代表谈谈自己的观点，然后由教师继续解析"技能应用及其延伸"的相关内容，各位同学要注意将你的观点与教师的解析进行对比。

➥ 技能应用

很多企业都有不同程度的问题员工存在，这些员工分布在团队的各个层面，虽然数量不多，但对于团队管理者来说，也足够"闹心"了。他们的存在，令管理者如鲠在喉，不得不拿出更多的时间来"对付"这些问题员工：要么是"专政"，即将这些难缠的问题员工或工作"禁闭"或"淘汰出局"；要么就是"委曲求全"、"网开一面"，即对这些问题员工睁一只眼闭一只眼。

但我们认为，以上两种管理方式都不理想和有效，作为管理者，有责任、有义务去深入探讨这些"问题员工"的行为表现及管理办法。

1. 心理失衡型问题员工

（1）行为表现　即由于对身边与自己类似的事或物进行比较而产生的心理不平衡，从而表现出来的心理失常。例如，有的业务员在看到原来同一级别的同事成为了自己的上司后，就开始存在不平衡心理，因此在工作中经常不配合或"捣乱"，要么就是散布一些上司在某些方面不如自己的言论等，从而成为上司眼中的问题员工。

（2）管理办法　嫉妒之心，人皆有之。对于此类问题员工，一定要能够放下架子，从而让失衡的下属找到平衡的感觉。绝不能在其面前以领导自居。只有对其"先交朋友，后做上级"，经常在公开场合对其恰如其分地给予表扬或"提及"，尤其是其不在现场时，能够传到其耳朵里效果会更好。通过这种"敬"与"疏"的方式，有时要比直接采取"堵"即调离或辞退的方式，更让人心服口服，更让人感到可亲与可敬。

2．习惯使然型问题员工

（1）行为表现　即由于个性因素造成的自身"问题"。例如，有些员工由于自身原有的习惯，平时工作作风懒散、拖拉、玩世不恭等，也是问题员工形成的一个主要原因。

（2）管理办法　对于有恶习，但在业务上有一套本领的问题员工，作为管理者，就必须发扬"传帮带"的作风，使其远离陋习，从而使其保持与团队的合拍与步调一致。而主要采用的有效手段就是用制度与规范约束。当然，这需要管理者首先要"身正"，正己才能正人。通过"杀鸡儆猴"，从而起到鞭策后进及有不良习惯员工的效果。对于没有潜力，但又屡教不改的员工，就要找机会终止或解除其劳动合同。只有这样，才能起到警示他人、净化团队的目的。

3．倚老卖老型问题员工

（1）行为表现　有些曾经为公司作出贡献的老员工对同事和上司不屑一顾，加之企业领导对其的偏爱，便不把上司放在眼里，从而也成为问题员工了。

（2）管理办法　对于此类员工，需要慎重而为之。因为此类问题员工，由于根基往往较深，有时甚至会"牵一发而动全身"。因此，需要采取一定的策略与技巧。首先，要懂得先扬后抑，即经常要通过看似表扬，实则"话中有话"的方式，给予其身份提醒；其次，通过加压驱动的方式，"拔高"其考核指标，给其更大的挑战空间，给予更多的提升机会。最后，给其提供更大的"展示"平台，满足其表现欲。例如，利用给团队员工做培训的机会，让其现身说法，既能满足其表现欲，又表示了你对其的尊重与厚望。当然，对于敢挑战制度与规定的屡教不改的问题员工，绝不能放任自流，应根据规章制度给予惩罚。

4．有恃无恐型问题员工

（1）行为表现　有的员工，感觉"朝里有人好做官"，依仗自己的朋友、亲戚在企业或本部门担任要职，就对上司不理不睬，对工作不冷不热，从而也成为难以管理的问题员工一族。

（2）管理办法　此类问题员工在私营企业里较为多见，需要"对症下药"。

常用的"诊治"方法是：首先要向其讲述做人和做事的基本道理与原则，阐明谦逊与崇尚礼仪是做人的美德。其次，要通过工作之便引导其树立中、长、短期工作目标，激发其工作的热情，让其养成独立自主的工作与生活风格，而不是依赖他人。通过以上两种方式，逐渐治愈这类问题员工的有恃无恐症。

5．工作失宠型问题员工

（1）行为表现　这类员工一般是由于上司变迁或撤换，或自己工作不力而被降职、降级，而使自己成为心理有问题的人。例如，某饮料公司的区域经理，由于业绩一直下滑，公司将其降职使用。面对新上任的上司，曾经风光无限的该区域经理情绪低落，以致在工作中处处与上司作对，从而成为问题员工。

（2）管理办法　工作失宠是造成部分问题员工产生的关键因素，对于这一类的员工要与其推心置腹地进行交流与沟通。要先指出此类员工曾经给企业带来的贡献，然后适时地指出其"失宠"的原因，分析其操作中的失误，最后帮其修正工作计划，告诉他"从哪里跌倒，就从哪里爬起来"，鼓励他重新树立再创辉煌的勇气。

6．家庭变故型问题员工

（1）行为表现　个别员工由于家庭遭遇不测或离异等，而使其心理失常，成为问题员工。例如，有的员工由于家庭失和，闹离婚，家里遭遇变故等而情绪不稳，工作起来没有积极性，易怒、暴躁等，从而使工作数量下滑、工作质量出现问题等。

（2）管理办法　由于家庭的原因使工作受到影响而成为问题员工的情况比比皆是。作为一个好的管理者，一定要能够"体恤员工"，及时发现员工细微的变化，从而急他们所急，想他们所想，真正做他们的"知心人"尽其所能地帮助他们。对于自己帮不了的，可以及时向企业或上司汇报，从而商量出一个好的对策，帮助他们渡过难关，这样不仅可以让员工跟着团队走，而且还可以增强企业的凝聚力、向心力和员工的忠诚度。

7．压力过大型问题员工

（1）行为表现　由于工作目标制定过高，或下达的指标超出自己的实际承受能力而造成自己心理负担过大，因而工作起来忧心忡忡，烦躁焦虑，思想消极，让人感觉有"问题"。

（2）管理办法　对下属的期望值越高，下属的压力往往也就越大。例如，在日常管理中，有时工作目标制定得过高，会导致物极必反的效果，从而使下属产生逆反心理，而给管理者带来诸多"难题"，如"软抵抗"、消极怠工，"破罐子破摔"等。作为好的管理者，不仅会"加压"，而且还一定要能够适时给下属解压，其方式有两种：①授业，即传授给下属完成目标的方法、技巧、策略，提供必要的支持，从而让其更好地达成目标，借此给其缓解压力；②解惑，即根据其心理症结，解除其心理困惑，让其得到精神与智慧上的支持，以此来鼓舞他们，缓解其内在的紧迫感与压力。

8．以牙还牙型问题员工

（1）行为表现 由于误解上司"不公平"、对自己有偏见，而"积怨"颇深，在一些场合故意顶撞上司，以出自己心头怨气等。例如，有的员工认为上司给自己制定的工作目标不合理，给自己提供的晋升机会少等，对上司一直都是"横眉冷对"，从而给自己戴上了问题员工的帽子。

（2）管理办法 由于下属对管理者的误解而造成的问题员工的情况也很多。作为管理者，一定要能够以宽广的胸怀，给予下属包容，真正倾听下属的心声，了解他们的工作与生活，从而给予他们更多的理解与支持。对问题员工的管理，最忌"以牙还牙"、"打击报复"，否则会激化矛盾，使管理者的权威一扫而光，甚至让整个团队"内讧"四起而变成一盘散沙。一名优秀的管理者，应该是一个能够及时化解团队内部矛盾，围绕"问题"寻找方法的人，不仅能够坚持原则性，更能体现灵活性。

▶ 技能应用延伸

企业管理归根到底是对人的管理，而对人的管理是现代企业普遍遇到的一个难题，企业中问题员工的存在是导致这个难题的症结。现代管理者应具有大人力资源观，即所有的管理者都必须首先是一个人力资源管理者；作为各部门的管理者应该担负员工关系管理的重任，尤其是要用心、用力地对问题员工进行细致和耐心的管理。

导致问题员工产生的企业原因是多种多样的，既有企业制度、政策方面的因素，也有管理者的认识因素。当企业出现问题员工的时候，管理者首先应该从企业和自身的角度寻找原因，而不是把责任推卸到员工身上，换人的方法只能解决短期症状，而不能解决问题的根本。因此，面对问题员工，企业应该以此为镜，诊断自身的问题，从而促进自身的健康发展。

模块五　员工权益保障

知识目标

了解工资的法定含义、了解社会保险的定义、了解社会保险法律法规一览表、了解工作时间的界定、了解休息时间的界定、了解国家相关休假制度、了解员工就业保护、了解劳动安全保护、掌握工资支付的法定原则、掌握社会保险与商业保险的区别、掌握社会保险 5 种险种的基本内容、掌握法定节假日制度。

能力目标

分析未成年工和女职工的劳动保护、掌握最低工资标准和小时最低工资标准、掌握社会保险的缴费基数和缴费比例、掌握国家工时管理最新规定、掌握加班时间的法律规定、掌握跳槽员工带薪年休假的计算方法。

项目一　员工薪酬福利保护

应用一　员工工资权益保护手段

➔ 预习应用知识

1. 工资的法定含义

下面根据 1990 年国家统计局《关于工资总额组成的规定》，界定工资及其相关名词的含义。

（1）工资　由计时工资、计件工资（或提成工资）、奖金、津贴和补贴、加班加点工资、特殊情况下支付的工资 6 个部分组成。

（2）计时工资　是指按计时工资标准和工作时间支付给个人的劳动报酬，包括：①对已做工作，按计时工资标准支付的工资；②实行结构工资制的单位，支付给职工的基本工资和职务（岗位）工资；③实行绩效考核的单位，支付给职工的基本工资和绩效工资。

（3）津贴和补贴　是指为了补偿职工特殊或额外的劳动消耗和因其他特殊原因支付给职工的津贴，以及为了保证职工工资水平不受物价影响支付给职工的物价补贴。

2. 工资支付的法定原则

（1）平等支付原则 《劳动法》第 46 条规定：工资分配应当遵循按劳分配原则，实行同工同酬；工资水平在经济发展的基础上逐步提高；国家对工资总量实行宏观调控。《劳动合同法》第 18 条规定，劳动合同对劳动报酬和劳动条件等标准约定不明确，引发争议的，用人单位与劳动者可以重新协商；协商不成的，适用集体合同规定；没有集体合同或者集体合同未规定劳动报酬的，用人单位应当对劳动者实行同工同酬；没有集体合同或者集体合同未规定劳动条件等标准的，适用国家有关规定。第 11 条规定，用人单位未在用工的同时订立书面劳动合同，与劳动者约定的劳动报酬不明确的，新招用的劳动者的劳动报酬应当按照集体合同规定的标准执行；没有集体合同或者集体合同未作规定的，用人单位应当对劳动者实行同工同酬。

（2）依法支付原则 《劳动合同法实施条例》第 15 条规定，劳动者在试用期的工资不得低于本单位相同岗位最低档工资的 80% 或者不得低于劳动合同约定工资的 80%，并不得低于用人单位所在地的最低工资标准。《劳动合同法》第 72 条规定：非全日制用工小时计酬标准不得低于用人单位所在地人民政府规定的最低小时工资标准；非全日制用工劳动报酬结算支付周期最长不得超过 15 日。

▶ 查阅应用资料及课堂应用训练

工资事关员工最切身的利益，会深刻地影响到家庭生存条件及社会和谐稳定。请在课前查阅相关资料，然后在课堂上结合查阅的资料相互讨论一下"员工工资在实际运用中有什么法律上的保护手段？"，最后把主要结论写在下列的横线上（不够可附页）：

_____

_____

_____

接着，请几位学生代表谈谈自己的观点，然后由教师继续解析"技能应用及其延伸"的相关内容，各位同学要注意将你的观点与教师的解析进行对比。

▶ 技能应用

为保障员工工资权益，防止用人单位拖欠、克扣员工工资，维护社会和谐稳定，国家出台了相关的法律，政府劳动保障部门也颁发了法规条例，从法律上为员工工资提供了保护手段。

1. 工资不得扣除

《劳动法》第 50 条规定，工资应当以货币形式按月支付给劳动者本人；不得克扣或者无故拖欠劳动者的工资。那么，企业克扣或无故拖欠劳动者工资的，劳动监察部门应当如何对其进行处理呢？《劳动部关于贯彻执行〈中华人民共和国劳动法〉若干问题的意见》（1995年8月4日）第63条规定，企业克扣或无故拖欠劳动者工资的，劳动监察部门应根据《劳动法》第91条、劳动部《违反和解除劳动合同的经济补偿办法》第3条、《违反〈中华人民共和国劳动法〉行政处罚办法》第6条予以处理。

2. 扣除工资的限制

《工资支付暂行规定》第16条规定，因劳动者本人原因给用人单位造成经济损失的，用人单位可按照劳动合同的约定要求其赔偿经济损失；经济损失的赔偿，可从劳动者本人的工资中扣除，但每月扣除的部分不得超过劳动者当月工资的20%；若扣除后的剩余工资部分低于当地月最低工资标准，则按最低工资标准支付。

3. 特殊情况下工资的支付

《工资支付暂行规定》第11条规定，劳动者依法享受年休假、探亲假、婚假、丧假期间，用人单位应按劳动合同规定的标准支付劳动者工资。第12条规定，非因劳动者原因造成单位停工、停产在一个工资支付周期内的，用人单位应按劳动合同规定的标准支付劳动者工资；超过一个工资支付周期的，若劳动者提供了正常劳动，则支付给劳动者的劳动报酬不得低于当地的最低工资标准；若劳动者没有提供正常劳动，应按国家有关规定办理。

4. 工资调整机制

《劳动合同法》第22条规定，用人单位为劳动者提供专项培训费用，对其进行专业技术培训的，可以与该劳动者订立协议，约定服务期；用人单位与劳动者约定的服务期较长的，用人单位应当按照工资调整机制提高劳动者在服务期间的劳动报酬。第52条规定，企业职工一方与用人单位可以订立劳动安全卫生、女职工权益保护、工资调整机制等专项集体合同。第62条规定，劳动派遣中的用工单位，连续用工的，实行正常的工资调整机制。

5. 工资的诉讼保护

《劳动合同法》第30条规定，用人单位应当按照劳动合同约定和国家规定，向劳动者及时足额支付劳动报酬；用人单位拖欠或者未足额支付劳动报酬的，劳动者可以依法向当地人民法院申请支付令，人民法院应当依法发出支付令；劳动报酬的支付不仅要及时，还要足额。本条规定劳动者可申请支付令，但"支付令"并非"执行令"，用人单位只要一提出书面异议，支付令将自动失效，劳动者还得通过申请仲裁要求支付工资。

《劳动合同法》第85条规定，用人单位有下列情形之一的，由劳动行政部门责令限期支付劳动报酬、加班费或者经济补偿；劳动报酬低于当地最低工资标准的，应当支付其差额部分；逾期不支付的，责令用人单位按应付金额50%以上100%以下的标准向劳动者加付赔偿金：

（1）未按照劳动合同的约定或者国家规定及时足额支付劳动者劳动报酬的。

（2）低于当地最低工资标准支付劳动者工资的。

（3）安排加班不支付加班费的。

（4）解除或者终止劳动合同，未依照本法规定向劳动者支付经济补偿的。

➤ 技能应用延伸

员工工资的法律保障除了上面谈到的5点，还包括"最低工资标准"法律制度和"最低小时工资标准"法律制度。

1."最低工资标准"法律制度

（1）最低工资的含义　最低工资是指劳动者在法定工作时间内履行了正常劳动义务的前提下，由其所在单位支付的最低劳动报酬。最低工资包括基本工资和奖金、津贴、补贴，但不包括加班加点工资、特殊劳动条件下的津贴，国家规定的社会保险和福利待遇排除在外。最低工资制度是一种基本保障制度。目前，世界上有80%的国家通过建立最低工资制度为劳动者提供保障。

（2）最低工资的相关法律　《劳动法》第48条规定，国家实行最低工资保障制度；最低工资的具体标准由省、自治区、直辖市人民政府规定，报国务院备案；用人单位支付劳动者的工资不得低于当地最低工资标准。

《劳动合同法实施条例》第15条规定，劳动者在试用期的工资不得低于本单位相同岗位最低档工资的80%或者不得低于劳动合同约定工资的80%，并不得低于用人单位所在地的最低工资标准。

《劳动合同法》第58条规定，劳务派遣单位应当与被派遣劳动者订立2年以上的固定期限劳动合同，按月支付劳动报酬；被派遣劳动者在无工作期间，劳务派遣单位应当按照所在地人民政府规定的最低工资标准，向其按月支付报酬。第74条规定，县级以上地方人民政府劳动行政部门依法对用人单位支付劳动合同约定的劳动报酬和执行最低工资标准的情况进行监督检查。

《最低工资规定》第12条规定，在劳动者提供正常劳动的情况下，用人单位应支付给劳动者的工资在剔除下列各项以后，不得低于当地最低工资标准：①延长工作时间工资；②中班、夜班、高温、低温、井下、有毒有害等特殊工作环境、条件下的津贴；③法律、法规和国家规定的劳动者福利待遇等。

实行计件工资或提成工资等工资形式的用人单位，在科学合理的劳动定额基础上，其支付劳动者的工资不得低于相应的最低工资标准。

劳动者由于本人原因造成在法定工作时间内或依法签订的劳动合同约定的

工作时间内未提供正常劳动的，不适用于本条规定。

《最低工资规定》第 13 条规定，用人单位违反本规定第 11 条规定的，由劳动保障行政部门责令其限期改正；违反本规定第 12 条规定的，由劳动保障行政部门责令其限期补发所欠劳动者工资，并可责令其按所欠工资的 1~5 倍支付劳动者赔偿金。

（3）最低工资标准一览表 在扩内需、促消费、调结构和"用工荒"的背景下，多个省（区、市）计划上调最低工资标准。各大企业纷纷积极应对，各地政府也表示将采取积极措施把负面影响降到最低。江苏省率先宣布 2010 年 2 月 1 日起调整最低工资标准，接着浙江、广东、福建、上海、天津、山西、山东等共 11 个省（区、市）相继调整最低工资标准，调整幅度最高达到 33%，一些省份超过 20%，其他省份在 2010 年内也计划上调最低工资标准。部分省市 2010 年上调最低工资标准如表 5-1 所示。

表 5-1 2010 年 11 个省（区、市）最低月度工资标准一览表

省（区、市）	调整日期	调整前	调整后	增幅
北京	2010-07	800 元/月	900 元/月	12.5%
天津	2010-04-01	820 元/月	920 元/月	12.2%
山西	2010-04-01	一类：720 元/月 二类：670 元/月 三类：620 元/月 四类：570 元/月	一类：850 元/月 二类：780 元/月 三类：710 元/月 四类：640 元/月	18.1%（最高） 12.3%（最低） [根据数据计算得出]
上海	2010-04-01	960 元/月	1120 元/月	16.6%
江苏	2010-02-01	一类：850 元/月 二类：700 元/月 三类：590 元/月	一类：960 元/月 二类：790 元/月 三类：670 元/月	13.56%（最高） 12.86%（最低） [根据数据计算得出]
浙江	2010-04-01	一类：960 元/月 二类：850 元/月 三类：780 元/月 四类：690 元/月	一类：1 100 元/月 二类：980 元/月 三类：900 元/月 四类：800 元/月	15.9%（最高） 14.6%（最低） [根据数据计算得出]
福建	2010-03-01	一类：750 元/月 二类：700 元/月 三类：650 元/月 四类：570 元/月 五类：480 元/月	一类：900 元/月 二类：800 元/月 三类：700 元/月 四类：600 元/月	平均增长 24.5%
山东	2010-05-01	一类：760 元/月 二类：620 元/月 三类：500 元/月	一类：920 元/月 二类：760 元/月 三类：600 元/月	22.6%（最高） 20%（最低） [根据数据计算得出]
湖北	2010-05-01	一类：700 元/月 二类：600 元/月 三类：520 元/月 四类：450 元/月	一类：900 元/月 二类：750 元/月 三类：670 元/月 四类：600 元/月	33.3%（最高） 25%（最低） [根据数据计算得出]

(续)

省（区、市）	调整日期	调整前	调整后	增幅
广东	2010-05-01	一类：1000元/月 二类：900元/月 三类：860元/月 四类：770元/月 五类：670元/月 六类：580元/月 七类：530元/月	一类：1030元/月 二类：920元/月 三类：810元/月 四类：710元/月 五类：660元/月	平均增长21.1%
宁夏	2010-05-01	一类：560元/月 二类：530元/月 三类：490元/月	一类：710元/月 二类：660元/月 三类：605元/月	平均增长24.9%

2．"最低小时工资标准"法律制度

（1）最低小时工资标准概述 近年来，以小时工为主要形式的非全日制用工发展迅速，1993年颁布的月最低工资标准已不能与之相适应。2004年3月施行的新的《最低工资规定》提出增加小时最低工资标准，适用于非全日制就业劳动者，月最低工资标准和小时最低工资标准每两年至少调整一次。这些措施将更有效地保障劳动者的合法权益。1993年颁布的《企业最低工资规定》同时废止。

（2）最低小时工资标准相关法律 《最低工资规定》第5条规定，最低工资标准一般采取月最低工资标准和小时最低工资标准的形式。月最低工资标准适用于全日制就业劳动者，小时最低工资标准适用于非全日制就业劳动者。

《最低工资规定》第6条规定，确定和调整小时最低工资标准，应在颁布的月最低工资标准的基础上，考虑单位应缴纳的基本养老保险费和基本医疗保险费因素，同时还应适当考虑非全日制劳动者在工作稳定性、劳动条件和劳动强度、福利等方面与全日制就业人员之间的差异。

《劳动合同法》第72条规定，非全日制用工小时计酬标准不得低于用人单位所在地人民政府规定的最低小时工资标准；非全日制用工劳动报酬结算支付周期最长不得超过15日。

表5-2所示为部分省市最低小时工资标准。

表5-2 2010年部分省市最低小时工资标准一览表

省或市	调整日期	调整前	调整后
福建	2010-03-01	暂缺	一类：9.6元/小时 二类：8.5元/小时 三类：7.5元/小时 四类：6.5元/小时

(续)

省 或 市	调整日期	调整前	调整后
山东	2010-05-01	暂缺	一类：9.6元/小时 二类：7.8元/小时 三类：6.5元/小时
上海	2010-04-01	8元/小时	9元/小时
浙江	2010-04-01	一类：8元/小时 二类：7.1元/小时 三类：暂缺 四类：暂缺	一类：9元/小时 二类：8元/小时 三类：7.3元/小时 四类：6.5元/小时
江苏苏州地区	2010-02-01	7.2元/小时	7.8元/小时

应用二　员工社会保险缴费费率

预习应用知识

1. 社会保险的定义

社会保险是指劳动者由于年老、患病、失业、伤残、死亡、生育等原因，暂时中断劳动或者永久丧失劳动能力不能获得劳动报酬，国家通过立法，按规定提供物质帮助的一种制度。

2. 社会保险与商业保险的区别

（1）社会保险是由国家立法强制实施的，具有强制性、互济性和福利性，具有非营利性质。其作用是通过法律赋予劳动者享受社会保险待遇而得到生活保障的权利。而商业性保险是一种商业行为，具有自愿性、赔偿性和营利性，它是运用经济赔偿手段，使投保的企业和个人在遭到损失时，按照经济合同得到经济赔偿。

（2）社会保险费按照国家或地方政府规定的统一缴费比例进行筹集，由国家、集体和个人三方共同负担，行政强制实施；而商业保险实行的是自愿投保原则，保险费视险种、险情而定，由个人负担。

（3）社会保险金支付是根据投保人交费年限（工作年限）、在职工资水平等条件按规定付给，支付标准以保障基本生活为前提。同时社会保险从稳定社会出发，着眼于长期性基本生活的保障，还要随着物价上涨进行调整、逐步提高。而商业保险金的支付是按照经济合同给付，着眼于一次性经济补偿，并且给付金额双方在签订合同之初就已经明确。

（4）社会保险由各级政府主管社会保险的职能部门管理，其所属社会保险管理机构不仅负责筹集、支付和管理社会保险基金，还要为劳动者提供必要的管理服务工作，政府对社会承担最终的兜底责任，是一种政府信用。而商业保险则由各商业保险公司进行自主经营，属于企业行为，承担市场的经营风险。

3. 社会保险 5 种险种的基本内容

对员工而言，社会保险有利于保障自己的合法权益，参保后员工能像国有职工一样同等享受相应的社会保险待遇，有利于保障老有所养、伤病有所医、失业及生育有所助。社会保险主要包括基本养老保险、基本医疗保险、工伤保险、失业保险、生育保险等社会保险制度。

（1）基本养老保险　养老保险是社会保障制度的重要组成部分，是社会保险 5 大险种中最重要的险种之一。所谓养老保险（或养老保险制度）是国家和社会根据一定的法律和法规，为解决劳动者在达到国家规定的解除劳动义务的劳动年龄界限，或因年老丧失劳动能力退出劳动岗位后的基本生活而建立的一种社会保险制度。申领养老保险待遇条件：① 达到法定退休年龄（男 60，女 55）；② 缴纳养老保险累计 15 年。

养老企业补充保险即企业年金是指由企业根据自身经济实力，在国家规定的实施政策和实施条件下为本企业职工所建立的一种辅助性的养老保险。它居于多层次的养老保险体系中的第二层次，由国家宏观指导、企业内部决策执行。

（2）基本医疗保险　医疗保险就是当人们生病或受到伤害后，由国家或社会给予的一种物质帮助，即提供医疗服务或经济补偿的一种社会保障制度。参保员工连续购买医疗保险 6 个月以上，可享受医保报销。

大额医疗互助保险是解决参保人员因大病、重病产生的超过基本医疗保险统筹基金最高支付限额的医疗费用。

（3）工伤保险　工伤保险是社会保险制度中的重要组成部分，是指国家和社会为在生产、工作中遭受事故伤害和患职业性疾病的劳动者及亲属提供医疗救治、生活保障、经济补偿、医疗和职业康复等物质帮助的一种社会保障制度。

工伤认定是处理工伤的先决程序，只有认定为工伤，才能进一步解决工伤医疗的经济补偿。《工伤保险条例》第 15 条规定，劳动保障行政部门应当自受理工伤认定申请之日起 60 日内作出工伤认定决定。

（4）失业保险　失业保险是指国家通过立法强制实行的，由社会集中建立基金，对因失业而暂时中断生活来源的劳动者提供物质帮助的制度。

失业保险领取的前提是缴费义务满一年的；非本人意愿中断就业的；已办理失业登记，有求职要求的。

（5）生育保险　生育保险是国家通过立法，对怀孕、分娩女职工给予生活保障和物质帮助的一项社会政策。其宗旨在于通过向职业妇女提供生育津贴、医疗服务和产假，帮助她们恢复劳动能力，重返工作岗位。

职工享受生育保险待遇，应当同时具备下列条件：用人单位为职工累计缴费满一年以上，并且继续为其缴费；符合国家和本省区或直辖市人口与计划生育规定。

模块五 员工权益保障

➤ 查阅应用资料及课堂应用训练

作为人力资源管理者，必须了解社会保险的基本内容和缴费的相关情况。请在课前查阅相关资料，然后在课堂上结合查阅的资料相互讨论一下"社会保险的缴费基数、缴费比例和缴费的基本情况"，最后把主要结果写在下列的横线上（不够可附页）：

_____

_____

_____

接着，请几位学生代表谈谈自己的观点，然后由教师继续解析"技能应用及其延伸"的相关内容，各位同学要注意将你的观点与教师的解析进行对比。

➤ 技能应用

在实践中，国内每个城市社会保险的缴费基数都有所不同，缴费比例也不大一样，这里以广东省韶关市为例，制作社会保险缴费费率表和缴费情况表，以此来学习社会保险的相关实践知识。

1. 社会保险缴费费率表

广东省韶关市社会保险缴费费率表如表 5-3 所示。

表 5-3 广东省韶关市社会保险缴费费率表

社会保险险种及参保人群		缴费基数		缴费比例和征缴额				最低征缴额合计	
		下限 1153（元）	上限 7362（元）	单 位		个 人			
				比例(%)	征缴额（元）	比例(%)	征缴额（元）	比例(%)	征缴额（元）
养老保险	企业	若 1 153		19.5	224.84	8	92.24	27.5	317.08
	个体外来投资	若 1 153		12	138.36	8	92.24	20	230.6
	机关事业单位	若 1 153		—		8	92.24	8	92.24
医疗保险	基本险 普通	若 1 153		6.5	74.95	2	23.06	8.5	98.01
	基本险 失业	若 1 153		6.5	74.95	2	23.06	8.5	98.01
	基本险 退休	1 921		6.5	124.87			6.5	124.87
	个体险 个体	1 153		—		4.5	51.89	4.5	51.89
失业保险	普通	若 1 153		2	23.06	1	11.53	3	34.59
	农工	若 1 153		2	23.06	—		2	23.06
生育保险	企业	若 1 153		0.5	5.77			0.5	5.77
工伤保险	企业按行业分	若 1 153		0.5~3	5.77~34.59			0.5~3	5.77~34.59

社保费率说明如下:

(1) 不同的人群和参保险种,缴费的比例是不同的。单位部分最高缴费比例为 31.5%,个人为 11%,两项合计为 42.5%。

(2) 缴费基数:每年 6~9 月调整一次,以上年度在岗职工月平均工资为基准进行调整。

本市上年度在岗职工月平均工资的 60%≤缴费基数=税后工资总额≤全省上年度在岗职工月平均工资的 300%。

例如:广东省 2007 年度在岗职工月平均工资为 2 454 元,韶关市 2007 年度在岗职工月平均工资为 1 922 元,则韶关市 2008 年度(2008 年 7 月~2009 年 6 月)城镇企业职工社会保险缴费为

$$1\ 153 ≤ 韶关 2008 年度缴费基数 ≤ 7\ 362$$

(3) 医疗保险包括城镇职工基本医疗保险、城镇居民医疗保险、新农村合作医疗保险等。

城镇居民医疗保险费:未成年人的医疗保险费=投保月数×5 元;成年人的医疗保险费=投保月数×10 元。

新农村合作医疗保险费:每户每人 20 元/年。

(4) 医疗附加险:公务员住院补充险为 51 元/月;职工住院补充险为 250 元/年;大病互助险为 84 元/年;居民住院补充险中,未成年人 60 元/年、成年人 200 元/年。

(5) 工伤保险费率各行业划分如下:

一类行业(金融、教育类):缴费工资×0.5%。

二类行业(房地产、制造类等):缴费工资×1.0%。

二类行业(建筑、运输服务等):缴费工资×1.5%。

三类行业(石油加工、矿产开发等):缴费工资×2.0%。

2. 缴费情况表

广东省韶关市 2008 年度缴费情况如表 5-4 所示。

表 5-4 广东省韶关市 2008 年度缴费情况表

缴费基数	1 153 元/月(主管级以下)	1 921 元/月(主管级以上)
养老保险(基本)	单位:12%(138.36 元/月) 个人:8%(92.24 元/月)	单位:12%(230.52 元/月) 个人:8%(153.68 元/月)
医疗保险(基本)	单位:6.5%(74.95 元/月) 个人:2%(23.06 元/月)	单位:6.5%(124.87 元/月) 个人:2%(38.42 元/月)
工伤保险(基本)	单位:1%(11.53 元/月) 个人:无	单位:1%(19.21 元/月) 个人:无

（续）

缴费基数	1 153 元/月（主管级以下）	1 921 元/月（主管级以上）
失业保险	农业户籍：单位 2%（23.06 元/月） 个人无城镇户籍：单位 2%（23.06 元/月） 个人：1%（11.53 元/月）	农业户籍：单位 2%（38.42 元/月） 个人无城镇户籍：单位 2%（38.42 元/月） 个人：1%（19.21 元/月）
生育保险	单位：0.5%（5.77 元/月） 个人：无	单位：0.5%（9.61 元/月） 个人：无
个人缴费总计	农业户籍：115.30 元/月 城镇户籍：126.83 元/月	农业户籍：192.10 元/月 城镇户籍：211.31 元/月
单位缴费总计	253.67 元/月	422.63 元/月

注：1. 参保五险每人每年 84 元大额医疗保险，由公司承担。
　　2. 只参保工伤险的每人每月 11.53 元由公司承担。

▶ 技能应用延伸

有关社会保险的法律法规主要有如表 5-5 所示的 26 部，正在制定的《中华人民共和国社会保险法（草案）》目前在征求意见阶段，该法是一部与群众利益密切相关的重要法律，该法的制定对完善社会保险制度，明确参保人员的权利和义务，保障公民共享社会发展的成果，促进社会的和谐稳定，具有重要的意义。

表 5-5　社会保险法律法规一览表

序号	标　题	颁布日期	时效性
1	《劳动法》第 72、100 条	1994-07-05	有效
2	《劳动合同法》第 17、74 条	2007-06-29	有效
3	《关于非全日制用工若干问题的意见》第 10、11、12 条	2003-05-30	有效
4	社会保险法	正在制定	
5	社会保险费征缴暂行条例	1999-01-22	有效
6	社会保险登记管理暂行办法	1999-03-19	有效
7	社会保险费申报缴纳管理暂行办法	1999-03-19	有效
8	社会保险费征缴监督检查办法	1999-03-19	有效
9	中国人民解放军军人配偶随军未就业期间社会保险暂行办法	2003-12-25	有效
10	关于职工在机关事业单位与企业之间流动时社会保险关系处理意见的通知	2001-09-28	有效
11	关于取得国外永久性居民身份证回国工作人员在国内工作期间有关社会保险问题的复函	2001-09-10	有效
12	关于印发《现代企业制度试点企业劳动工资社会保险制度改革办法》的通知	1995-06-09	有效
13	国务院办公厅关于进一步做好国有企业下岗职工基本生活保障和企业离退休人员养老金发放工作有关问题的通知	1999-02-03	有效
14	因工死亡职工供养亲属范围规定	2003-09-18	有效
15	国务院关于建立统一的企业职工基本养老保险制度的决定	国发[1997]26 号	

（续）

序号	标题	颁布日期	时效性
16	国务院关于建立城镇职工基本医疗保险制度的决定	国发[1998]44号	
17	企业职工患病或非因工负伤医疗期规定	劳部发[1994]479号	
18	工伤保险条例	2003-04-16	有效
19	工伤认定办法	2003-09-18	有效
20	非法用工单位伤亡人员一次性赔偿办法	2003-09-18	有效
21	关于实施《工伤保险条例》若干问题的意见	2004-11-01	有效
22	失业保险条例	1999-01-22	有效
23	关于做好国有企业下岗职工基本生活保障失业保险和城市居民最低生活保障制度衔接工作的通知	1999-04-29	有效
24	失业保险金申领发放办法	2000-10-26	有效
25	劳动部关于女职工生育待遇若干问题的通知	1988-09	有效
26	企业职工生育保险试行办法	劳部发[1994]504号	

项目二 员工工作时间管理

案例实战解析五 员工工时和加班判定

案例知识指引

1. 工作时间的界定

（1）工作时间的定义 工作时间是指法律、法规规定的劳动者在一定时间内从事生产或者工作的时间。

（2）工作时间的主要构成 工作时间由生产（工作）准备时间、实际生产（工作）时间、人体自然需要的时间、女职工特殊需要的时间、工艺中断时间、下班前的整理交接时间、参加单位组织的活动的时间、参加法定或公益社会活动的时间等构成。

2. 休息时间的界定

（1）休息时间的定义 休息时间是指劳动者在工作时间以外的所有时间。

（2）休息时间的主要构成

① 为减少劳动者的疲劳和紧张状态，给予必要的休息和用餐时间且每次不少于30分钟的，为休息时间，不计入工作时间。

② 休息时间还包括工作日内的间隙时间、法定休假日、每周休息日、带薪年休假等。

3. 国家工时管理最新规定

（1）标准工时制度　1995 年国务院关于修改《国务院关于职工工作时间的规定》的决定第 3 条规定，职工每日工作 8 小时、每周工作 40 小时。第 7 条规定，国家机关、事业单位实行统一的工作时间，星期六和星期日为周休息日；企业和不能实行前款规定的统一工作时间的事业单位，可以根据实际情况灵活安排周休息日。

（2）法律允许的工时制度　根据"劳动部关于印发《＜国务院关于职工工作时间的规定＞问题解答》的通知（劳部发[1995]187 号）"和"《劳动法》第 38 条规定了用人单位应当保证劳动者每周至少休息 1 日"，保证职工每周工作时间不超过 40 小时，每周至少休息 1 天。

4. 加班时间的法律规定

（1）加班时间规定　《劳动法》第 41 条规定，用人单位由于生产经营需要，经与工会和劳动者协商后可以延长工作时间，一般每日不得超过 1 小时；因特殊原因需要延长工作时间的，在保障劳动者身体健康的条件下延长工作时间每日不得超过 3 小时，但是每月不得超过 36 小时。

《劳动法》第 42 条规定，有下列情形之一的，延长工作时间不受本法第 41 条规定的限制：①发生自然灾害、事故或者因其他原因，威胁劳动者生命健康和财产安全，需要紧急处理的；②生产设备、交通运输线路、公共设施发生故障，影响生产和公众利益，必须及时抢修的；③法律、行政法规规定的其他情形。

（2）对超时加班的处罚　国务院颁发的《劳动保障监察条例》第 25 条规定，用人单位违反劳动保障法律、法规或者规章延长劳动者工作时间的，由劳动保障行政部门给予警告，责令限期改正，并可以按照受侵害的劳动者每人 100 元以上 500 元以下的标准计算，处以罚款。

（3）加班工资计算　《劳动法》第 44 条规定，有下列情形之一的，用人单位应当按照下列标准支付高于劳动者正常工作时间工资的工资报酬：①安排劳动者延长工作时间的，支付不低于工资的 150% 的工资报酬；②休息日安排劳动者工作又不能安排补休的，支付不低于工资的 200% 的工资报酬；③法定休假日安排劳动者工作的，支付不低于工资的 300% 的工资报酬。

《工资支付暂行规定》第 13 条规定，实行计件工资的劳动者，在完成计件定额任务后，由用人单位安排延长工作时间的，应根据上述规定的原则，分别按照不低于其本人法定工作时间计件单价的 150%、200%、300% 支付其工资。

▶ 案例实战呈现

（1）小马是否应该算加班？

小马在一家公司上班，由于公司属于服务行业，所以规定每周周二至周日上班,每日工作时间根据业务情况 5~10 小时不等,但是每周工作总量不超过 40 小时,周一放假。因此,小马周六、周日也要上班,并且每周只休息 1 天,这样小马是否应该算加班?

(2) ××电子公司应给车间员工支付加班费吗?

××电子公司规定,车间员工每天的工作时间是上午 8:00~12:00,下午 13:00~18:00,星期六和星期日休息。请问该公司应给车间员工支付加班费吗?如果要支付,假定车间员工月薪 800 元,每天每个员工应该得到多少元的加班费?

➤ 案例小组讨论

请各位同学仔细阅读以上两个案例,然后以小组为单位结合有关工时和加班的法规条文,以"(1)小马是否应该算加班?(2)××电子公司应给车间员工支付加班费吗?"为讨论的主题进行讨论,并将讨论的结果写在下列的横线上(不够可附页):

_____
_____
_____

接着,请各小组派代表上台陈述本组观点,然后由教师解析"案例综合分析"和"案例知识延伸"的相关内容,各位同学要注意将你的观点与教师的解析进行对比。请记住,管理并没有标准答案,更不可能是唯一答案,我们能提供的只是一种思考的方式和观点的借鉴。

➤ 案例综合分析

参考答案见本教材教师教学参考。

➤ 案例知识延伸

参考答案见本教材教师教学参考。

▲ 应用　跳槽员工带薪年休假计算

➤ 预习应用知识

1. 我国的休假制度

目前我国的休假制度主要包括 4 项内容,即公休假日制度、法定节假日制度、探亲假制度、年休假制度。

2. 公休假日制度

公休假日制度又称为周休制度，是法律规定两个相邻的工作周之间应休息的时间。世界各国一般都规定每周至少有 1 天休息，相当一部分国家还规定每周 2 天的休假制度。我国目前实行每周 2 天的休假制度，国家机关、事业单位实行统一的工作时间，星期六和星期日为周休息日。企业和不能实行周末休息的事业单位，在保证职工每周工作时间不超过 40 小时的前提下，每周至少休息 1 天。

3. 法定节假日制度

1949 年 12 月 23 日政务院发布了《全国年节及纪念日放假办法》，1999 年 9 月 18 日进行了《国务院关于修改〈全国年节及纪念日放假办法〉的决定》第 1 次修订，2007 年 12 月 14 日进行了《国务院关于修改〈全国年节及纪念日放假办法〉的决定》第 2 次修订。目前有效的法定节假日制度，主要以 2007 年 12 月 14 日第 2 次修订的《全国年节及纪念日放假办法》为准，其内容如下：

（1）全体公民放假的节日

1）新年，放假 1 天（1 月 1 日）。
2）春节，放假 3 天（农历除夕、正月初一、初二）。
3）清明节，放假 1 天（农历清明当日）。
4）劳动节，放假 1 天（5 月 1 日）。
5）端午节，放假 1 天（农历端午当日）。
6）中秋节，放假 1 天（农历中秋当日）。
7）国庆节，放假 3 天（10 月 1 日、2 日、3 日）。

（2）部分公民放假的节日及纪念日

1）妇女节（3 月 8 日），妇女放假半天。
2）青年节（5 月 4 日），14 周岁以上的青年放假半天（部分员工适用）。
3）儿童节（6 月 1 日），不满 14 周岁的少年儿童放假 1 天（此条不适用于员工）。
4）中国人民解放军建军纪念日（8 月 1 日），现役军人放假半天。

（3）少数民族员工放假的节日　少数民族习惯的节日，由各少数民族聚居地区的地方人民政府，按照各民族习惯，规定放假日期。

（4）以下节日及纪念日均不放假　二七纪念日、五卅纪念日、七七抗战纪念日、九三抗战胜利纪念日、九一八纪念日、教师节、护士节、记者节、植树节等其他节日、纪念日，均不放假。

全体公民放假的假日，如果适逢星期六、星期日，应当在工作日补假；部分公民放假的假日，如果适逢星期六、星期日，则不补假。

4. 探亲假制度

探亲假制度是指按国家规定，给予与家属分居两地的职工在一定时期内与父母或配偶团聚假期的制度，探亲假待遇为假期+工资+补助。我国自1958年开始实行探亲假制度，1981年重新修订颁布了《关于职工探亲待遇的规定》，对享受探亲假的条件和待遇都作了详尽的规定。

凡在国家机关、人民团体和全民所有制企业、事业单位工作满1年的固定职工，与配偶不住在一起，又不能在公休假日团聚的，可以享受本规定探望配偶的待遇；与父亲、母亲都不住在一起，又不能在公休假日团聚的，可以享受本规定探望父母的待遇。但是，职工与父亲或与母亲一方能够在公休假日团聚的，不能享受本规定探望父母的待遇。

探亲假期是指职工与配偶、父、母团聚的时间。另外，根据实际需要给予路程假。以下职工探亲假期均包括公休假日和法定节日在内：

（1）职工探望配偶的，每年给予一方探亲假1次，假期为30天。

（2）未婚职工探望父母，原则上每年给假1次，假期为20天。如果因为工作需要，本单位当年不能给予假期，或者职工自愿2年探亲一次的，可以2年给假1次，假期为45天。

（3）已婚职工探望父母的，每4年给假1次，假期为20天。

凡实行休假制度的职工，应该在休假期间探亲；如果休假期较短，可由本单位适当安排，补足其探亲假的天数。

职工在规定的探亲假期和路程假期内，按照本人的标准工资发给工资。职工探望配偶和未婚职工探望父母的往返路费，由所在单位负担。已婚职工探望父母的往返路费，在本人月标准工资30%以内的，由本人自理，超过部分由所在单位负担。

5. 年休假制度

年休假制度是指职工每年享有保留工作和工资的连续休假制度。目前世界各国已广泛地实行年休假制度，假期一般规定为5～30天，工资照发。

《职工带薪年休假条例》自2008年1月1日施行后，时隔8个多月，人力资源和社会保障部以第1号令于2008年9月18日发布并实施了《企业职工带薪年休假实施办法》，这也是人力资源和社会保障部在国务院进行大部制改革后发布的第一个关于劳动用工方面的法规。

《职工带薪年休假条例》第2条规定，机关、团体、企业、事业单位、民办非企业单位、有雇工的个体工商户等单位的职工连续工作1年以上的，享受带薪年休假（以下简称年休假）；单位应当保证职工享受年休假；职工在年休假期间享受与正常工作期间相同的工资收入。第3条规定，职工累计工作已满1年不满10年的，年休假5天；已满10年不满20年的，年休假10天；已满20年的，年休假15天；国家法定休假日、休息日不计入年休假的假期。

↘ 查阅应用资料及课堂应用训练

年休假制度是一个广大员工都关注的话题。《职工带薪年休假条例》中有关年休假的享用与员工在企业的工作年限有关，但现实中人员流动十分频繁。请在课前查阅相关资料，然后在课堂上结合查阅的资料相互讨论一下"跳槽员工带薪年休假如何计算？"，最后把主要结果写在下列的横线上（不够可附页）：

_____
_____
_____

接着，请几位学生代表谈谈自己的观点，然后由教师继续解析"技能应用及其延伸"的相关内容，各位同学要注意将你的观点与教师的解析进行对比。

↘ 技能应用

《职工带薪年休假条例》第 3 条规定了可享受带薪年休假的员工工作年限，由于未涉及员工跳槽工作年限如何计算，因此现实中在"跳槽员工带薪年休假如何计算"问题上存在着一些争议。下面我们就"跳槽员工带薪年休假计算"这一问题进行解析。

1. 明确职工跳槽要累计工作时间

《企业职工带薪年休假实施办法》第 4 条明确规定，年休假天数根据职工累计工作时间确定；职工在同一或者不同用人单位工作期间，以及依照法律、行政法规或者国务院规定视同工作期间，应当计为累计工作时间。

例如，小李在 A 单位工作了 3 年，后又跳槽到 B 单位工作了 5 年，那么小李的累计工作时间应为 8 年，即小李在 B 单位年休假天数，按累计工作时间为 8 年计算。

2. 跳槽者当年年休假可折算

根据《企业职工带薪年休假实施办法》第 5 条规定，职工新进用人单位且工作已满 12 个月，当年度年休假天数，按照在本单位剩余日历天数折算确定，折算后不足 1 整天的部分不享受年休假。折算方法为：当年度在本单位剩余日历天数÷365×职工本人全年应当享受的年休假天数。

假如小张在 A 单位工作了 5 年，今年 9 月 1 日跳槽到 B 单位，那么小张今年在 B 单位剩余的"日历天数"为 122 天。按规定，他的年休假天数应为 5 天，那么，今年小张的年休假天数应为（122÷365）×5 天≈1.67 天。由于 0.67 天不足 1 整天，因此小张今年的年休假天数是 1 天。但是，从第二年起，小张在 B 单位的休假天数就按《企业职工带薪年休假实施办法》第 4 条的规定累计计算。

↘ 技能应用延伸

《企业职工带薪年休假实施办法》的颁布和实施，在企业实践中有较强的操作性，也能较大限度地保障员工的休假权益。其中规定了探亲假等不计入年休假、未休年休假工资按日工资收入的 300%支付、终止合同未休年假可折算工资等条款，弥补了在企业实践中出现的一些操作性漏洞和问题。

1. 探亲假等不计入年休假

根据《企业职工带薪年休假实施办法》第 6 条的规定，职工依法享受的探亲假、婚丧假、产假等国家规定的假期以及因工伤停工留薪期间不计入年休假假期。

当职工享受的寒暑假天数多于其年休假天数的，不享受当年的年休假。如果确实因为工作需要，职工享受的寒暑假天数少于其年休假天数的，用人单位应当安排补足年休假天数。

2. 未休年休假工资按日工资收入的 300%支付

根据《企业职工带薪年休假实施办法》第 10 条规定，用人单位经职工同意不安排年休假或者安排职工年休假天数少于应休年休假天数，应当在本年度内对职工应休而未休年休假天数，按照其日工资收入的 300%支付未休年休假工资报酬，其中包含用人单位支付职工正常工作期间的工资收入。

根据规定，如果用人单位安排职工休年休假，但是职工因本人原因且书面提出不休年休假的，用人单位可以只支付其正常工作期间的工资收入。

计算未休年休假工资报酬的日工资收入，按照职工本人的月工资除以月计薪天数（21.75 天）进行折算。而月工资是指职工在用人单位支付其未休年休假工资报酬前 12 个月剔除加班工资后的月平均工资。在用人单位工作时间不满 12 个月的，按实际月份计算月平均工资。月工资不包括加班工资，但是包括奖金、工资性津贴等。

3. 终止合同未休年假可折算工资

如果和单位解除或终止劳动合同，但是还没有享受到年休假，该怎么办？

根据《企业职工带薪年休假实施办法》第 12 条的规定，用人单位与职工解除或者终止劳动合同时，当年度未安排职工休满应休年休假的，应当按照职工当年已工作时间折算应休而未休年休假天数并支付未休年休假工资报酬，但折算后不足 1 整天的部分不支付未休年休假工资报酬。

未休年休假天数折算方法为：当年度在本单位已过日历天数÷365 天×职工本人全年应当享受的年休假天数－当年度已安排年休假天数。如果用人单位当年已安排职工年休假的，多于折算应休年休假的天数不再扣回。

"未休年休假工资报酬"是300%日工资。假如小陈在单位工作了3年，可以得到5天的年休假。今年他和单位解除了合同，解除合同时，小陈今年在单位工作了200天，但小陈只享受到1天的年休假，假如他的日工资是100元，那么小陈应得的未休假期间的报酬应为：（200÷365×5−1）×100元×300%，即300元（注：200÷365×5−1≈1.74天，0.74天不足1整天，不支付该报酬，故取1天）。

项目三 员工安全健康保护

A 应用 未成年工和女职工劳动保护

▶ 预习应用知识

1. 员工就业保护

（1）禁止歧视 《劳动法》第12条规定，劳动者就业，不因民族、种族、性别、宗教信仰不同而受歧视。

（2）禁止强迫劳动 《劳动合同法》第38条规定，用人单位以暴力、威胁或者非法限制人身自由的手段强迫劳动者劳动的，或者用人单位违章指挥、强令冒险作业危及劳动者人身安全的，劳动者可以立即解除劳动合同，不需事先告知用人单位。

《劳动合同法》第88条规定，用人单位有下列情形之一的，依法给予行政处罚；构成犯罪的，依法追究刑事责任；给劳动者造成损害的，应当承担赔偿责任：① 以暴力、威胁或者非法限制人身自由的手段强迫劳动的；② 违章指挥或者强令冒险作业危及劳动者人身安全的；③ 侮辱、体罚、殴打、非法搜查或者拘禁劳动者的；④ 劳动条件恶劣、环境污染严重，给劳动者身心健康造成严重损害的。

（3）就业促进工作总纲 2007年8月30日，全国人大常委会第二十九次会议通过了《就业促进法》，并于2008年1月1日起施行。该法是一部关系国计民生的重要法律，是我国就业领域的首部基本法；是基于中国国情、着力于解决中国当前和今后一个时期就业问题，规范和指导走有中国特色就业促进道路的工作总纲。

《就业促进法》的主要内容可用一串数字来概括，即116510，具体指"坚持1个方针、高举1面旗帜、明确6大责任、建立5项制度、实施10大政策"。

1）坚持1个方针：《就业促进法》第2条规定，国家把扩大就业放在经济社会发展的突出位置，实施积极的就业政策，坚持劳动者自主择业、市场调节就业、政府促进就业的方针，多渠道扩大就业。

2）高举1面旗帜：《就业促进法》第3条规定，劳动者依法享有平等就业和自主择业的权利；劳动者就业，不因民族、种族、性别、宗教信仰等不同而受歧视。

3）明确6大责任：《就业促进法》第4条、第11条明确规定发展经济和调整产业结构，增加就业岗位；第11～24条明确规定制定实施积极的就业政策；第32条、第38条明确规定规范人力资源市场；第32～43条明确规定完善就业服务；第44～51条明确规定加强职业教育和培训；第52～57条明确规定提供就业援助。

4）建立5项制度：即建立对就业工作组织领导的政府责任制度、建立对劳动者工作的公共就业服务和就业援助制度、建立对市场行为规范的人力资源市场管理制度、建立对人力资源素质提升的职业能力开发制度以及失业保险和预防制度。

5）实施10大政策：《就业促进法》第11～14条，要求实施有利于促进就业的经济发展政策；第15条，要求实施财政保证政策；第17～18条，要求实施税收优惠政策；第19条，要求实施金融支持政策；第20条，要求实施城乡统筹的就业政策；第21条，要求实施区域统筹的就业政策；第22条，要求实施群体统筹的就业政策；第23～24条，有利于灵活就业的劳动和社会保险政策；第52～56条，要求实施援助困难群体的就业政策；第16条，要求实施失业保险促进就业政策。

2．劳动安全保护

（1）劳动安全卫生管理　《劳动法》第52条规定，用人单位必须建立、健全劳动安全卫生制度，严格执行国家劳动安全卫生规程和标准，对劳动者进行劳动安全卫生教育，防止劳动过程中的事故，减少职业危害。

《安全生产法》第4条规定，生产经营单位必须遵守本法和其他有关安全生产的法律、法规，加强安全生产管理，建立、健全安全生产责任制度，完善安全生产条件，确保安全生产。

（2）劳动安全技术规程　《劳动法》第53条规定，劳动安全卫生设施必须符合国家规定的标准；新建、改建、扩建工程的劳动安全卫生设施必须与主体工程同时设计、同时施工、同时投入生产和使用。

《安全生产法》第24条规定，生产经营单位新建、改建、扩建工程项目（以下统称建设项目）的安全设施，必须与主体工程同时设计、同时施工、同时投入生产和使用；安全设施投资应当纳入建设项目概算。

（3）伤亡事故报告和处理制度　《劳动法》第57条规定，国家建立伤亡事故和职业病统计报告和处理制度；县级以上各级人民政府劳动行政部门、有关部门和用人单位应当依法对劳动者在劳动过程中发生的伤亡事故和劳动者的职业病状况，进行统计、报告和处理。

《安全生产法》第 13 条规定，国家实行生产安全事故责任追究制度，依照本法和有关法律、法规的规定，追究生产安全事故责任人员的法律责任。

（4）劳动者的权利和义务 《劳动法》第 56 条规定，劳动者在劳动过程中必须严格遵守安全操作规程；劳动者对用人单位管理人员违章指挥、强令冒险作业，有权拒绝执行；对危害生命安全和身体健康的行为，有权提出批评、检举和控告。

《劳动合同法》第 32 条规定，劳动者拒绝用人单位管理人员违章指挥、强令冒险作业的，不视为违反劳动合同；劳动者对危害生命安全和身体健康的劳动条件，有权对用人单位提出批评、检举和控告。

➤ 查阅应用资料及课堂应用训练

在劳动法规中，国家对未成年工和女职工实行特殊劳动保护。请在课前查阅相关资料，然后在课堂上结合查阅的资料相互讨论一下"针对未成年工和女职工，国家有哪些保护性的法律法规？"，最后把主要结果写在下列的横线上（不够可附页）：

_____

_____

_____

接着，请几位学生代表谈谈自己的观点，然后由教师继续解析"技能应用及其延伸"的相关内容，各位同学要注意将你的观点与教师的解析进行对比。

➤ 技能应用

在员工劳动保护中，未成年工和女职工是重点保护对象，国家对未成年工和女职工实行特殊的劳动保护。下面从应用的角度，谈谈国家法律法规对未成年工和女职工的劳动保护。

1. 未成年工劳动保护

（1）《劳动法》对使用未成年工的规定 《劳动法》第 15 条规定，禁止用人单位招用未满 16 周岁的未成年人。第 58 条规定，国家对女职工和未成年工实行特殊劳动保护；未成年工是指年满 16 周岁未满 18 周岁的劳动者。第 64 条规定，不得安排未成年工从事矿山井下、有毒有害、国家规定的第四级体力劳动强度的劳动和其他禁忌从事的劳动。第 65 条规定，用人单位应当对未成年工定期进行健康检查。

(2) 对未成年工的特殊保护规定　1994年12月9日，原劳动部发布《未成年工特殊保护规定》。对未成年工的特殊保护规定是指针对未成年工处于生长发育期的特点以及接受义务教育的需要而采取的特殊劳动保护措施。

1）第3条规定，用人单位不得安排未成年工从事较高级别或强度危险较大的17类劳动。

2）第4条规定，未成年工患有某种疾病或具有某些生理缺陷（非残疾型）时，用人单位不得安排其从事较低级别或强度危险较小的5类劳动。第5条则界定了患有某种疾病或具有某些生理缺陷（非残疾型）的具体情况。

3）第6条规定，用人单位应按下列要求对未成年工定期进行健康检查：安排工作岗位之前；工作满1年；年满18周岁，距前一次的体检时间已超过半年。

4）第8条规定，用人单位应根据未成年工的健康检查结果安排其从事适合的劳动，对不能胜任原劳动岗位的，应根据医务部门的证明，予以减轻劳动量或安排其他劳动。

5）第9条规定，用人单位招收使用未成年工，除符合一般用工要求外，还须向所在地的县级以上劳动行政部门办理登记；劳动行政部门根据《未成年工健康检查表》、《未成年工登记表》，核发《未成年工登记证》。

6）第10条规定，未成年工上岗前，用人单位应对其进行有关的职业安全卫生教育、培训；未成年工体检和登记，由用人单位统一办理和承担费用。

7）第11条规定，县级以上劳动行政部门对用人单位执行本规定的情况进行监督检查，对违反本规定的行为依照有关法规进行处罚；各级工会组织对本规定的执行情况进行监督。

(3) 禁止使用童工的规定　为保护未成年人的身心健康，2002年9月18日，国务院令第364号公布了《禁止使用童工规定》，禁止用人单位招用不满16周岁的未成年人。

1）包括国家机关、社会团体、企业事业单位、民办非企业单位、个体工商户在内的用人单位，均不得招用不满16周岁的未成年人，也就是童工；禁止任何单位或个人为不满16周岁的未成年人介绍就业；禁止不满16周岁的未成年人开业从事个体经营活动。

2）凡用人单位使用童工的，由劳动保障行政部门按照每使用一名童工每月处5 000元罚款的标准给予处罚；在使用有毒物品的作业场所使用童工的，从重处罚；用人单位在规定期限内仍不改正的，将按照每使用一名童工每月处1万元罚款的标准给予处罚，并吊销营业执照或撤销民办非企业单位登记。

3）单位或个人为不满16周岁的未成年人介绍就业的，按照每介绍一人处5 000元罚款的标准给予处罚。拐骗童工，强迫童工劳动，使用童工从事高空、井下、放射性、高毒、易燃易爆以及国家规定的第四级体力劳动强度的劳动，使用不满14周岁的童工，或造成童工死亡或严重伤残的，依法追究刑事责任。

4）劳动保障部门、公安机关、工商行政管理部门等国家行政机关的工作人员玩忽职守、滥用职权，构成犯罪的，也将依法追究其刑事责任。

（4）《未成年人保护法》 《中华人民共和国未成年人保护法》于1991年9月4日由第七届全国人民代表大会常务委员会第二十一次会议通过，2006年12月29日经第十届全国人民代表大会常务委员会第二十五次会议修订，自2007年6月1日起施行。本法所称未成年人是指未满18周岁的公民。

本法第38条规定，任何组织或者个人不得招用未满16周岁的未成年人，国家另有规定的除外；任何组织或者个人按照国家有关规定招用已满16周岁未满18周岁的未成年人的，应当执行国家在工种、劳动时间、劳动强度和保护措施等方面的规定，不得安排其从事过重、有毒、有害等危害未成年人身心健康的劳动或者危险作业。

2. 女职工劳动保护

（1）《劳动法》对女职工的就业保护 《劳动法》第59条规定，禁止安排女职工从事矿山井下、国家规定的第四级体力劳动强度的劳动和其他禁忌从事的劳动。第60条规定，不得安排女职工在经期从事高处、低温、冷水作业和国家规定的第三级体力劳动强度的劳动。第61条对女职工怀孕期间的保护作出了规定，第63条对女职工哺乳期间的保护作出了规定。

（2）《劳动合同法》对女职工的就业保护 《劳动合同法》第42条规定，女职工在孕期、产期、哺乳期的，用人单位不得依照本法第40条（劳动者非过错）、第41条（单位裁减人员）的规定解除劳动合同。

（3）《女职工劳动保护规定》 《女职工劳动保护规定》于1988年6月28日由国务院第十一次常务会议通过，自1988年9月1日起施行。本法为维护女职工的合法权益，减少和解决女职工在劳动和工作（以下统称劳动）中因生理特点造成的特殊困难，保护其健康作出了规定。

1）第3条规定，凡适合妇女从事劳动的单位，不得拒绝招收女职工。

2）第5条规定，禁止安排女职工从事矿山井下、国家规定的第四级体力劳动强度的劳动和其他女职工禁忌从事的劳动。

3）第4条规定，不得在女职工怀孕期、产期、哺乳期降低其基本工资，或者解除劳动合同。第8条规定，女职工产假为90天，其中产前休假15天。难产的，增加产假15天。多胞胎生育的，每多生育一个婴儿，增加产假15天。女职工怀孕流产的，其所在单位应当根据医务部门的证明，给予一定时间的产假。

4）第6条规定，女职工在月经期间，所在单位不得安排其从事高空、低温、冷水和国家规定的第三级体力劳动强度的劳动。

5）第7条规定，女职工在怀孕期间，所在单位不得安排其从事国家规定的第三级体力劳动强度的劳动和孕期禁忌从事的劳动。不得在正常劳动日以外延长劳动时间；对不能胜任原劳动的，应当根据医务部门的证明，予以减轻劳动量或者安排其他劳动。怀孕7个月以上（含7个月）的女职工，一般不得安排其从事夜班劳动；在劳动时间内应当安排一定的休息时间。怀孕的女职工，在劳动时间内进行产前检查，应当算作劳动时间。

6）第8条规定，有不满一周岁婴儿的女职工，其所在单位应当在每班劳动时间内给予其两次哺乳（含人工喂养）时间，每次30分钟；多胞胎生育的，每多哺乳一个婴儿，每次哺乳时间增加30分钟；女职工每班劳动时间内的两次哺乳时间，可以合并使用；哺乳时间和在本单位内哺乳往返途中的时间，算作劳动时间。第10条规定，女职工在哺乳期内，所在单位不得安排其从事国家规定的第三级体力劳动强度的劳动和哺乳期禁忌从事的劳动，不得延长其劳动时间，一般不得安排其从事夜班劳动。

7）第11条规定，女职工比较多的单位应当按照国家有关规定，以自办或者联办的形式，逐步建立女职工卫生室、孕妇休息室、哺乳室、托儿所、幼儿园等设施，并妥善解决女职工在生理卫生、哺乳、照料婴儿方面的困难。

8）第12条规定，女职工劳动保护的权益受到侵害时，有权向所在单位的主管部门或者当地劳动部门提出申诉。受理申诉的部门应当自收到申诉书之日起30日内作出处理决定；女职工对处理决定不服的，可以在收到处理决定书之日起15日内向人民法院起诉。

随着社会经济的发展，女职工劳动保护出现了新情况和新问题，国务院于1988年6月28日颁布的《女职工劳动保护规定》已不能适应当今经济形势的发展，医学界、法学界的专家、学者认为原有的规定亟待修订。国务院法制办正在组织对实施超过20年的《女职工劳动保护规定》进行修订，修订后，法规的名称为《女职工劳动保护条例》。

（4）对女职工禁忌劳动范围的规定　为保护女职工身心健康及其子女的正常发育和成长，劳动部根据《女职工劳动保护规定》第16条的要求，于1990年1月18日颁布了《女职工禁忌劳动范围的规定》（劳安字[1990]2号）。本规定主要规定了女职工禁忌从事的劳动范围，以及女职工在月经、已婚待孕、怀孕、哺乳等期间禁忌从事的劳动范围。

（5）对女职工保健工作的规定　为保护女职工的身心健康及其子女的健康发育和成长，提高民族素质，根据《中华人民共和国妇女权益保障法》和《女职工劳动保护规定》，卫生部、劳动部、人事部、全国总工会、全国妇联于1993年11月26日联合颁布了《女职工保健工作规定》。

1）第6条规定，各单位的医疗卫生部门应负责本单位女职工的保健工作。女职工人数在1000人以下的厂矿应设兼职妇女保健人员；女职工人数在1000人以上的厂矿，在职工医院的妇产科或妇幼保健站中应有专人负责女职工保健工作。

2）关于女职工保健措施，本法规定了月经期保健、婚前保健、孕前保健、孕期保健、产后保健、哺乳期保健、更年期保健等各项详细的保健措施。

（6）其他跟女职工权益相关的法规　1994年10月27日中华人民共和国主席令第33号公布了《母婴保健法》，自1995年6月1日起施行。1988年9月4日，劳动部发布了《关于女职工生育待遇若干问题的通知》。1992年3月20日，国家教育委员会发布了《关于女教师产假有关问题的复函》。1999年，全国总工会发布了《工会女职工委员会条例》（总工发[1999]9号）。

➤ 技能应用延伸

有关员工劳动安全健康的保护，不仅仅体现在各级政府和劳动人事部门的法律保障上。在劳动安全健康的执行上，行业的劳动安全健康标准和企事业单位的劳动安全健康意识起着不容忽视的作用。

1．SA8000标准（社会责任标准）

SA8000（Social Accountability 8000）标准即"社会责任标准"，是全球首个道德规范国际标准，其宗旨是确保供应商所供应的产品皆符合社会责任标准的要求。SA8000标准规定了企业必须承担的对社会和利益相关者的责任，对工作环境、员工健康与安全、员工培训、薪酬、工会权利等具体问题制定了最低要求，例如禁止雇佣童工和必须消除性别或种族歧视等。SA8000标准也有管理体系和持续改进的要求，有一套由第三方认证机构审核的国际标准，但SA8000标准只有一个国际统一认证机构：SAI（Social Accountability International）。

SA8000标准主要取自于国际劳工组织公约、世界人权宣言和联合国儿童权利公约，它是随着发源于20世纪末期的西方企业社会责任运动而发展起来的。2001年12月，SAI发布了第一个修订版的SA8000标准——《SA8000：2001》。目前，要加入跨国公司的全球产业链，大都要通过SA8000认证或者通过该企业根据SA8000进行的社会责任审核。

SA8000给企业带来了如下好处：

（1）企业意义　有利于满足客户要求、确保及改善与供货商的长期合作关系、提升员工向心力、强化企业竞争力、改善与工业及相关利益团体的关系、提升企业形象及声誉。

（2）社会意义　有利于改善全球作业环境和劳动条件、提供世界性标准、与世界各地人权及劳工组织同步、使企业与消费者达到双赢。

2．OHSAS18000体系（职业健康安全管理体系）

OHSAS18000（Occupational Health and Safety Assessment Series 18000）是一个国际性安全及卫生管理系统验证标准。OHSAS18000体系是20世纪80年代后

期在国际上兴起的现代安全生产管理模式,它与ISO9001和ISO14001等一样被称为后工业化时代的管理方法,其产生的一个主要原因是企业自身发展的要求。随着企业的发展壮大,企业必须采取更为现代化的管理模式,将包括质量管理、职业健康安全管理等在内的所有生产经营活动科学化、标准化和法律化。

国际上的一些著名的大企业在大力加强质量管理工作的同时,已经建立了自律性的和比较完善的职业健康安全管理体系,较好地提升了自身的社会形象,大大地控制和减少了职业伤害给企业带来的损失。OHSAS18000体系产生的另一个重要原因是国际一体化进程的加速进行,由于与生产过程密切相关的职业健康安全问题日益受到国际社会的关注和重视,因此,与此相关的立法更加严格,相关的经济政策和措施也不断出台和完善。在20世纪80年代,一些发达国家率先研究和实施OHSAS18000体系活动。其中,英国在1996年颁布了BS8800《职业安全卫生管理体系指南》,此后,美国、澳大利亚、日本、挪威的一些组织也制定了相关的指导性文件。1999年,英国标准协会、挪威船级社等13个组织提出了职业健康安全评价系列(OHSAS)标准,即OHSAS18001《职业健康安全管理体系-规范》。尽管国际标准组织(ISO)决定暂不颁布这类标准,但许多国家和国际组织继续进行相关的研究和实践,并使之成为继ISO9000、ISO14000之后又一个国际关注的标准。

建立OHSAS18000体系的好处有很多,如提升公司的企业形象、增强公司凝聚力、减少企业经营的职业安全卫生风险、进行内部管理改善、避免由职业安全卫生问题所造成的直接或间接损失、更好地履行企业的国际或社会责任、适应国际贸易的新潮流等。

模块六　员工义务管理

📖 **知识目标**

了解职业道德的定义、了解工作责任心的概念、了解纪律管理的概念、了解纪律管理的分类、了解申诉的种类、掌握职业道德的表现形式、掌握申诉的意义和作用、掌握奖励的种类、掌握惩罚的种类。

📁 **能力目标**

分析纪律管理的程序、分析管理者如何合情合法地处理违纪员工、分析奖惩事实依据、掌握订立保密协议和竞业限制协议的技巧、掌握责任心的5种体现方式、掌握纪律管理的技巧、掌握申诉的程序。

项目一　保密和竞业限制

ᴄ 案例实战解析六　员工保密与竞业义务指引

➥ **案例知识指引**

1. 用人单位与劳动者应当如何订立保密协议

商业秘密是指不为公众所知悉，能为权利人带来经济利益、具有实用性并经权利人采取保密措施的技术信息和经营信息。不为公众所知悉，是指该信息是不能从公开渠道直接获取的。能为权利人带来经济利益、具有实用性，是指该信息具有确定的可应用性，能为权利人带来现实的或者潜在的经济利益或者竞争优势。采取保密措施，包括订立保密协议、建立保密制度及采取其他合理的保密措施。技术信息和经营信息，包括设计、程序、产品配方、制作工艺、制作方法、管理诀窍、客户名单、货源情报、产销策略、招投标中的标底及标书内容等信息。

《劳动法》第22条规定，劳动合同当事人可以在劳动合同中约定保守用人单位商业秘密的有关事项。《劳动合同法》第23条规定，用人单位与劳动者可以在劳动合同中约定保守用人单位的商业秘密和与知识产权相关的保密事项。

订立保密协议可以在劳动合同中直接约定保密条款，可以与有关知识产权权利归属协议或竞业限制协议合订为一个合同，也可以单独签订保密协议。签订保密协议应当遵循公平、合理的原则。保密协议的主要内容一般包括保密的内容和范围、用人单位和劳动者双方的权利和义务、保密期限、侵犯商业秘密的赔偿责任等。保密协议可以在劳动者入职时签订，也可以在入职后协商签订。对拒不签订保密协议的劳动者，用人单位有权不予聘用。但是，保密协议不得违反法律、法规的规定，协议条款所确定的双方权利和义务不得显失公平。

注：【律师提示】用人单位与劳动者订立保密协议时，如未同时订立竞业限制协议，不能约定违约金，虽可主张损害赔偿，但举证难度大，不易于操作。因此，为了保护用人单位的合法权益，在与劳动者订立保密协议时，建议同时订立竞业限制协议，这样可以在协议中约定违约金。

2. 用人单位与劳动者应当如何订立竞业限制协议

所谓竞业限制（也称竞业禁止、竞业避止）是指用人单位与劳动者约定在解除或者终止劳动合同后一定期限内，劳动者不得到与本单位生产或者经营同类产品、从事同类业务的有竞争关系的其他用人单位任职，或者自己开业生产或者经营同类产品。竞业限制是基于诚实信用原则而产生的对劳动者的基本职业道德要求，也是世界各国在法律及实践中广泛采取的做法。

对负有保密义务的劳动者，用人单位可以在劳动合同或者保密协议中与劳动者约定竞业限制条款，一份完备的竞业限制协议一般应当包括如下内容：

（1）竞业限制的人员范围　限于用人单位的高级管理人员、高级技术人员和其他负有保密义务的人员。实际上限于知悉用人单位商业秘密和核心技术的人员，并不适用于每个劳动者。

（2）竞业限制的地域范围　竞业限制协议限制了劳动者的就业权，因此不能任意扩大竞业限制的地域范围。原则上，竞业限制的范围、地域，应当以能够与用人单位形成实际竞争关系的地域为限。

（3）竞业限制期限　根据《劳动合同法》的规定，竞业限制的期限不得超过2年。

（4）竞业限制补偿　竞业限制限制了劳动者的劳动权利，由于受到协议的限制，劳动者的就业范围大幅缩小，甚至于失业，因此对劳动者进行补偿很有必要。法律没有规定补偿的具体标准，实践中可由用人单位与劳动者协商确定。

（5）违约责任　竞业限制协议应约定劳动者违反该协议应当承担的违约责任。法律没有对违约金的标准作出规定，可由用人单位与劳动者协商确定。

注：【律师提示】法律没有规定竞业限制补偿金的标准和劳动者违反竞业限制的违约金标准，可由合同双方进行约定，这也是劳动合同法中少见的赋予用

人单位较高自由度的条款，用人单位可充分地把握和利用，但应当遵循公平原则。另外，法律也没有规定支付竞业限制补偿和履行竞业限制义务的先后顺序；竞业限制补偿金是月初支付还是月底支付，法律没有规定，这也应由双方约定。

➤ 案例实战呈现

竞业限制案例

李某于2007年8月入职某公司任市场部经理，该公司与李某签订了一份《保密和竞业限制协议》。协议约定李某应当保守该公司商业秘密，且在劳动合同解除后的2年内不得到与该公司有竞争关系的单位任职，否则承担违约金20 000元。该公司员工手册对工资构成作了如下规定：工资包括基本工资、保密工资、加班工资、绩效工资、各项津贴和补贴。根据李某的工资表，李某的月工资为：基本工资1500元、保密工资500元、加班工资800元和绩效工资2000元。2008年7月份，李某与该公司解除劳动合同。同月，李某入职一家与该公司经营同类业务的公司。该公司申请劳动仲裁，认为该公司每月支付了保密费500元，李某应当承担竞业限制义务，该公司要求李某支付违约金20 000元，并在2年内不得到与其有竞争关系的单位任职。

➤ 案例小组讨论

请各位同学仔细阅读"竞业限制案例"，然后以小组为单位，结合"劳动合同法及其实施条例"有关保密协议、竞业限制协议及其相关的内容进行讨论，讨论的主题是"竞业限制协议是否等同于保密协议？"，并将讨论的结果写在下列的横线上（不够可附页）：

_____
_____
_____

接着，请继续学习以下"案例综合分析"和"案例知识延伸"的相关内容，并将你的思考与其对比。请记住，管理并没有标准答案，更不可能是唯一答案，我们能提供的只是一种思考的方式和观点的借鉴。

➤ 案例综合分析

参考答案见本教材教师教学参考。

➤ 案例知识延伸

参考答案见本教材教师教学参考。

应用 职业道德管理与责任心的培育

预习应用知识

1. 职业道德的定义

职业道德是指从事一定职业劳动的人们,在特定的工作和劳动中,以其内心信念和特殊社会手段来维系的,以善恶进行评价的心理意识、行为原则和行为规范的总和,它是人们在从事职业的过程中形成的一种内在的、非强制性的约束机制。

2. 职业道德的表现形式

(1) 爱岗敬业　树立职业理想、强化职业责任、提高职业技能。
(2) 文明礼貌　仪表端庄、语言规范、举止得体、待人热情。
(3) 诚实守信　诚实劳动、关心企业发展、遵守合同契约、维护企业信誉、保守企业秘密。
(4) 办事公道　坚持真理、公私分明、公平公正、光明磊落。
(5) 勤劳节俭　勤奋工作、提高生产率、节约成本、循环利用资源。
(6) 遵纪守法　遵守劳动纪律、财经纪律、保密纪律、组织纪律、群众纪律。学法知法,增强法制意识;遵纪守法,做文明公民;以法护法,维护正当权益。
(7) 团结互助　待人平等、尊重他人、顾全大局、相互学习、加强协作。
(8) 开拓创新　强化创造意识、确立科学思维、具有坚定的信心和意志。

3. 工作责任心的概念

所谓工作责任心就是对本职工作的全身心投入,还有对他人工作的支持,包括对同事、客户和组织的工作的支持,以及对相关工作的积极态度。

一个人要做到对工作乃至国家有贡献,需要的不仅是责任,更重要的是要有一颗强烈的责任心,工作责任心是职业道德最核心的内容之一。我们对待工作,如果上至高层领导,下至一线职工,人人都能对各自岗位的工作有一颗强烈的工作责任心,就会更好地完成本职工作,从而使公司得到发展,个人也能有所建树。

查阅应用资料及课堂应用训练

工作责任心是职业道德最核心的内容之一,也是企业考核员工的重要指标之一。请在课前查阅相关资料,然后在课堂上结合查阅的资料相互讨论一下"责任心有什么体现方式",最后把你的主要观点写在下列的横线上(不够可附页):

接着，请几位学生代表谈谈自己的观点，然后由教师继续解析"技能应用及其延伸"的相关内容，各位同学要注意将你的观点与教师的解析进行对比。

➢ 技能应用

员工要做好自己的工作，责任心是必不可少的。一个员工是否具有责任心，通常表现在以下几方面：

1．敬业爱岗，注重信誉

坚信三百六十行，行行出状元。能够诚实劳动、关心企业发展、遵守合同契约、维护企业信誉、保守企业秘密；守纪、守法、守信、守时；强化职业责任，主动提升自我工作技能。

2．经常反思自己的工作

一个具有责任心的员工，经常会对自己的工作进行反思。这样的员工经常会问自己"我做得好不好"，"有没有更好的方式去做"；当面对得与失的考验时，会先付出然后才想到回报；时时以自己是公司的资产为荣，以自己是公司的负债为耻。

3．从"要我做"到"我要做"

"要我做"，是一种由主管或上司直接下达命令或分配任务后才见行动的工作态度；"我要做"，是一种即使主管或上司并未下达命令或任务，也积极主动地去干工作的工作态度。没有做不好的事，只有不负责任的人。责任是一种生存的法则，要提升自己的责任心，努力从"要我做"转为"我要做"。

➢ 技能应用延伸

企业中具有高度责任心的员工毕竟是少数，对于一般员工来讲，企业应该因势利导，激发其工作责任心。

1．企业的管理平台

作为企业，不能单方面地去要求员工树立强烈的工作责任心，而忽略了企业本身应该要做的事。

及时、正确地完成工作任务是最基本的工作责任心的体现，但是确保工作任务被及时、正确地完成，应该建立在良好的规章制度、组织结构、报告制度以及跟踪监督系统上，这不是单纯地依靠员工的工作责任心就可以轻易做到的。企业应该从自身做起，努力使自己具备优良的企业文化、科学的规章制度、合理的组织结构、完整的报告制度和完善的跟踪监督系统，为企业下达的工作任务能顺利地完成提供良好的平台。

2．企业高层的自律和示范

员工的责任心的形成需要一种氛围，企业中高层管理人员要先做到自律，再用以身作则的方式激发员工工作的责任心。

不论级别高低，企业中高级管理人员同样是公司的一员，同样应该遵守公司的规章制度。如果以各种理由开脱自己的违规责任，则必然导致员工丧失最基本的责任心，其负面影响不言而喻。企业的兴衰存亡是与每一个成员的表现分不开的，需要每一个员工从自身做起，明确工作目标和职责，自觉地、创造性地完成工作任务。

总之，企业和员工都应该先从自身寻找在责任心上存在的问题。只有企业和员工共同努力，才能最大限度地激发员工的工作责任心，才能保证公司及个人目标的实现。

项目二　员工纪律管理

▲ 应用一　如何进行劳动纪律管理

➥ 预习应用知识

常言道，"国有国法，家有家规"，任何一个组织都必须有自己的规章制度，才能规范其管理活动，约束员工行为，确保组织目标的实现。在企业生产经营活动中，每个员工都必须有组织、有领导、有纪律地进行活动，才能确保劳动过程有序进行。如果没有严格的劳动纪律，每个员工各行其是，自由行动，劳动过程必然发生混乱，甚至根本无法进行。

1．纪律管理的概念

什么是纪律？广义上说，纪律就是秩序。纪律是企业员工的自我控制及有秩序的行为，它显示了组织内部真诚的合作。纪律并不意味着遵守僵硬的规定和严格的信条，而是指正常而有秩序的活动。在组织中，良好的纪律能确保全体成员的利益，同时也不会侵犯他人的权利。

所谓纪律管理是指维持组织内部良好秩序的过程，即凭借奖励和惩罚措施来纠正、塑造以及强化员工行为的过程；或者说是将组织成员的行为纳入法律的环境，对守法者给予保障，对违法者予以适当惩罚的过程。

2. 纪律管理的分类

现代纪律管理强调"改变员工行为"的过程。根据其功能和作用，可以把它分为预防性纪律管理和矫正性纪律管理两类。

（1）预防性纪律管理　预防性纪律管理强调采用积极有效的激励方法，鼓励员工遵守劳动标准和规则，以预防违规行为的发生，其根本目的是鼓励员工自律，努力向上。

（2）矫正性纪律管理　矫正性纪律管理是指当出现违规行为时，为了阻止违规行为继续发生，使员工未来的行为符合标准规范而采取的管理措施。矫正性纪律管理较为偏重惩戒方面，典型的矫正性措施是采取某种形式的处罚，如警告、降职、罚款或暂停付薪等，其目的是为了改造违规者，防止类似行为的发生。

▶ 查阅应用资料及课堂应用训练

在组织中如何构建、维持良好的纪律已成为管理者的重要任务。请在课前查阅相关资料，然后在课堂上结合查阅的资料相互讨论一下"我们应该如何构建、维持良好的纪律管理体系？"，最后把你的主要观点写在下列的横线上（不够可附页）：

_____
_____
_____

接着，请几位学生代表谈谈自己的观点，然后由教师继续解析"技能应用及其延伸"的相关内容，各位同学要注意将你的观点与教师的解析进行对比。

▶ 技能应用

凡是共同劳动，只有在全体员工都遵守一定的工作秩序和劳动规则并听从指挥的条件下才能进行。在组织中，如何构建、维持良好的纪律管理体系已成为管理者的重要任务。

1. 纪律管理的程序

（1）制定纪律管理目标　制定纪律管理的目标，在于引导和规范员工工作行为，并使之井然有序，以提高企业生产力，实现组织目标。制定纪律管理目标的意义在于确保组织目标的实现，保障员工个人的合法权益。

（2）拟订工作和行为规范　凡是直接或间接影响企业生产力或企业目标实现的事项，都应当研拟成具体的纪律法规，以规范员工的工作行为。纪律法规应当公平合理、简单明确，避免模棱两可、含糊不清，以免造成执行中的困难，引发员工的反感和抗议。通常，纪律法规应当涵盖工作行为的各个层面，面向组织的各个单位或部门。

（3）沟通目标与规范　纪律法规要得到切实执行和遵守，必须使员工了解其目标和内容。因而制定纪律法规时最好能有员工参与，以确保员工能对法规给予支持并具有实践意愿。

（4）评估员工行为　可定期和不定期地记录员工平时的工作表现，并运用于绩效评价，对企业纪律政策及员工行为予以检讨和评估，作为管理决策的参考。

（5）修正员工行为　在绩效评估之后，应对员工不当的工作行为进行分析和批评，必要时实施适当的惩罚，同时必须辅导员工实施改善计划，以期修正员工行为。

2. 纪律管理的技巧

（1）即知即行　管理者一旦认定员工的行为确实违纪，即应迅速采取行动，不要迟疑否则会引起员工对管理者的能力与公正无私的态度的怀疑，更可能造成员工心存侥幸和投机的心理，以致再度犯同样的错误。

（2）令而后行　管理者应使员工事先知道什么是该做的，做错了会有什么后果，就如同触及炭火会被灼伤。

（3）公正无私　惩处应具有一致性、公平性。不管对谁，都应一视同仁，不带有个人的好恶、情感和私心。

（4）勿失控制　管理者在处理违纪事件时，应当保持稳定的情绪，切勿鲁莽行事，要做到对事不对人。

（5）以身作则　管理者应以身作则，自己切勿违纪，否则不但无法得到员工的支持，有些员工甚至还会效仿。

（6）规则明确　无论采取何种惩戒措施，管理者都应事先查明违纪事实，阐明所触犯的规则以及所作的裁决。

（7）人性关怀　法规无情，人要有情。一方面，作为执法者必须令行禁止、按规处理；另一方面，在处理手法上要尽量委婉、柔情一些，特别要顾及当事人的感受。例如，可以把"处罚单"三字改为"改进单"，还可以在单子上写上诸如"纠错是为了更好地改进"等字样。

↘ 技能应用延伸

构建、维持良好的纪律管理体系，不仅要制定好纪律管理的程序，掌握好纪律管理的技巧，还要建立员工申诉制度。

1. 申诉的定义

申诉是指组织成员以口头或书面等方式表示出来的对组织或企业有关事项的不满。

2. 申诉的意义和作用

（1）提供员工依照正式程序维护其合法权益的救济渠道。

（2）疏解员工情绪，改善工作气氛，为员工提供一种表达不满的渠道，使员工的不满通过既定渠道得到及时的处理。

（3）审视人力资源管理制度与规章的合理性。

（4）防止不同层次的管理权的不当使用，工人个人可以免受或者至少有条件使其免受管理方的专横或不公对待。

（5）与集体协议相结合，使之成为集体协议争议的救济方法和解决渠道之一。

（6）减轻高层管理者处理员工不满事件的负荷。

（7）提高企业内部自行解决问题的能力，避免外力的介入或干预使问题扩大或恶化。申诉可作为解决组织内部冲突及问题的政治手段。

3. 申诉的种类

（1）个人申诉　个人申诉的内容多是由于管理方对员工进行惩罚引起的纠纷，通常由个人或工会的代表提出。其内容涉及的范围从管理方的书面警告开始，到最终员工被解雇的整个过程中可能引发的任何争议。争议的焦点是违反了集体协议中规定的个人和团体的权利，如有关资历的规定、工作规则的违反、不合理的工作分类或工资水平等。

（2）集体申诉　集体申诉是为了集体利益而提起的政策性申诉，通常是工会针对管理方（在某些情况下，也可能是管理方针对工会）违反协议条款的行为提出的质疑。集体申诉虽不直接涉及个人权利，但却影响整个谈判单位的团体利益，通常由工会委员会的成员代表工会提出。例如，管理方把协议中规定的本应在企业内部安排的工作任务，外包给其他企业，这一做法可能并没有直接影响到某一个员工，但它却意味着在谈判单位内部，雇佣的员工会更少，工作岗位也会更少，因而工会可以以团体利益受损为由提出申诉。

4. 申诉的范围

员工申诉制度的主要作用在于处理员工工作过程中的不满，其范围一般限于与工作有关的问题。凡是与工作无关的问题，通常应排除在外，例如员工的私人问题、家庭问题，虽然可能间接影响其工作绩效，但并不是申诉制度所应该或所能够处理的问题。一般而言，员工在劳动关系中可能产生的不满，可以通过申诉制度处理的事项主要有：薪资福利、劳动条件、安全卫生、管理规章与措施、工作分配及调动、奖惩与考核、群体间的互动关系以及其他与工作相关的问题。

5. 申诉的程序

在无正式工会组织的企业，员工若有任何抱怨与不平，大多直接由申诉人与其主管直接协商，如果无法解决，则依序向上一级提出，直至由其最高主管来解决。在有工会组织的企业内部，员工申诉程序往往通过正式的流程来处理。处理员工申诉，不管企业内部是否有工会组织，其主要程序都可以归为以下4个阶段：

（1）受理员工申诉　申诉受理即由申诉者与监督者、管理者商谈。管理者在接受申诉的过程中，要心平气和地对待申诉人，用和善、关切的态度接待申诉人，并观察其态度，从其态度和谈话中探讨产生抱怨情绪的关键所在。

（2）查明事实　管理者要查明争议事实，不得有偏袒，如果事情涉及双方，则对双方都要进行调查、了解。调查和了解的内容主要包括员工是否确实违反了有关规定，员工是否确实了解这一规定等。查明事实的方法有：进行实地调查、广泛地与员工面谈；分析和检讨各项政策、规定和措施；检查员工资料；与有关人员研讨。

（3）解决问题　管理者在了解员工申诉的事实真相之后，应设法加以解决，并明白地告诉员工事实情况，免除员工的误解。一般而言，解决员工申诉的方法主要有：提供与抱怨发生有关的原因信息；对各项事实真相迅速地给予解释；在特殊情况下，对员工个人表示充分同情；向有误解的员工保证并说明事实绝非他所想象的那样恶劣；承认个人的人格尊严和价值；必要时给予员工有效的训练；协助员工勇于面对现实；帮助员工解决私人所遭遇的各种困难；利用工作轮换或者岗位调动，解决冲突；改变物质上的不利条件。

（4）申请仲裁　如果员工的不满不能在组织内部获得满意的解决，则双方都可以诉诸第三者或国家专门机构来仲裁。在我国，如果对内部申诉结果不满意，可以向劳动争议仲裁委员会提出仲裁；对仲裁结果不服的，可以在规定的期限内向人民法院提起诉讼。

在有工会的企业，通常集体协议都包含有仲裁条款，即在协议有效期内，当双方不能自行解决争端时，向第三方寻求裁决的规定。一般要求约定双方都认可的仲裁者或中立的第三方，通常为有资格从事仲裁活动的律师或大学教授；在某些情况下，也可以是一个由仲裁者、工会代表和雇主代表组成的三方委员会。但如果双方不能就仲裁员人选问题达成共识，那么任何一方都可以申请劳动部门任命一名仲裁员。

仲裁员一旦选定，接下来就是安排案件的审理时间，选定双方都满意的审理地点。在安排和审理案件过程中，仲裁员必须确保遵守法定的程序，为每一方提供充足的机会，以陈述案件的事实、理由和驳斥对方的陈述。案件的审理既要传唤、询问证人，又要参考以前的相似案件所作的裁决结果。因此，审理程序要严格地按照法律规定，通常双方都会聘请律师作为其委托代理人。

对于处罚或解雇案件的争议，主要由雇主承担举证责任。因为雇主不但必须拥有"合理的理由"才能处罚雇员，而且还必须证明他所作出的处罚是公平的，或与"自然公平"的原则相一致。仲裁员在作出裁决时，通常会考虑诸如雇员有无前科、为雇主服务的年限、所犯错误的严重性、有无减轻处罚的情形，以及雇员是否愿意承认并为其错误道歉等情况。

应用二 如何合情合法地处理违纪员工

预习应用知识

奖励和惩罚是纪律管理不可缺少的方法。奖励属于积极性的激励诱因,是对员工某项工作成果的肯定,旨在利用员工的向上心、荣誉感,促使其守法守纪,负责尽职,并发挥最高的潜能。奖励可以给员工带来高度的自尊、积极的情绪和满足感。惩罚则是消极的诱因,其目的是利用人的畏惧感,促使其循规蹈矩,不敢实施违法行为。惩罚会使人产生愤恨、恐惧或挫折感,除非十分必要,否则不要滥施惩罚。

1. 奖励的种类

(1) 嘉奖、记功、记大功　奖励通常分为3种,即嘉奖、记功、记大功。嘉奖3次相当于记功1次,记功3次相当于记大功1次。这些奖励措施通常可以作为绩效考核时加分或增发奖金的依据或者晋升参考。例如,获得嘉奖1次,在绩效考核中加1分;记功1次加3分,记大功1次加9分。记功的奖励也可以根据其程度分为一等功、二等功、三等功。

(2) 奖金　发放奖金即以金钱激励受奖者,奖金数目可以根据月薪的百分比发放,也可以另定数目。

(3) 奖状、奖牌、奖章　这类奖励方式可以使受奖者长期感受或显示荣耀。奖状、奖牌、奖章的设计样式、本身的价值以及颁奖人的身份地位,都会影响奖励的价值。

(4) 晋级加薪　晋级加薪是指调升受奖者的薪级,提高薪酬水平。

(5) 调升职务　调升职务是指提升受奖者的职务,如将技术员调升为工程师,或由职责较轻的工作调任职责较重的工作等。

(6) 培训深造　培训深造可优先选送受奖者进修、深造,或送其出国考察。

(7) 表扬　表扬是指利用开会等公开场合对受奖者给予夸奖、赞美、慰勉、嘉许,或者将其事迹公布或刊登在公司发行的刊物上等。

2. 惩罚的种类

(1) 申诫、记过、记大过　与嘉奖、记功、记大功的奖励措施相对应,惩罚措施可以分为申诫、记过、记大过。申诫3次相当于记过1次,记过3次相当于记大过1次。这些惩罚措施通常可以作为绩效考核时减分或减发、扣发奖金的依据,例如,申诫1次扣1分,记过1次扣3分,记大过1次扣9分。记过也可以分为一等过、二等过、三等过。同样,这种惩罚措施也可以作为减发奖金的依据。

(2) 降级　降级即降低受惩罚者的薪酬等级,降低薪酬水平。降级通常应有时间限制,如3个月、6个月,时间一到,即应恢复原来的薪酬等级。

(3) 降调职务　降调受惩罚者的职务,诸如将受惩罚者由主管降调为非主管,或由环境较好的地区调往环境较差的地区工作等都属于降调职务的惩罚。

（4）停职 停职即在一段时间中停止受惩罚者的任职,停职期间停发薪酬和津贴。

（5）免职 对严重违反劳动纪律者,可以依法解除劳动关系。

（6）追究刑事责任 对触犯刑律者,如侵占公款等,可以移送司法机关,追究其刑事责任。

▶ 查阅应用资料及课堂应用训练

惩罚制度是规范企业经营管理、约束员工行为的重要规范。请在课前查阅相关资料,然后在课堂上结合查阅的资料相互讨论一下"管理者如何合情合法地处理违纪员工？",最后把你的主要观点写在下列的横线上（不够可附页）：

_____
_____
_____

接着,请几位学生代表谈谈自己的观点,然后由教师继续解析"技能应用及其延伸"的相关内容,各位同学要注意将你的观点与教师的解析进行对比。

▶ 技能应用

惩罚制度是规范企业经营管理、约束员工行为的重要制度。大多数企业都根据自身需要出台了或繁或简的规章制度,那么,惩罚制度是否能够理所当然地约束员工行为？管理者应当如何合情合法地处理违纪员工呢？

1. 把握员工违纪处理的原则

（1）劳动纪律的建立应贯彻说服教育和纪律制裁相结合的思路,坚持"教育为主,惩罚为辅"的原则。

（2）坚持惩罚适当,即惩罚应当与违纪行为相适应。

（3）坚持一事已罚则不能再罚,过时不罚。

2. 员工违纪处理要有事实依据

应细致地进行全面、及时的调查,保留相关资料,履行认定程序,准确加以证实,为正确处理违纪员工及解决劳动争议做好准备工作。

3. 员工违纪处理要有法律依据

可依据《劳动合同法》第39条第2~6项规定,对严重违反用人单位的规章制度的；严重失职,营私舞弊,给用人单位的利益造成重大损害的；同时与其他用人单位建立劳动关系,对完成本单位的工作任务造成严重影响,或者经用人单位提出,拒不改正的；以欺诈、胁迫的手段或者乘人之危,使用人单位在违背真实意思的情况下订立劳动合同的；被依法追究刑事责任的员工作出惩罚。

4．慎重实施违纪处理工作

用人单位事前应让员工参与相关规章制度的制定和讨论，颁布后组织学习并让员工签字确认，同时还要将员工手册发给员工；事中处理应公平、宽容、把握程序和依据、惩处前后一致；事后应安抚情绪、照顾面子。

5．员工违纪处理程序应恰当

处理违纪员工的程序为：发现错误→查清事实→准确定性→会议讨论→（工会意见）→本人申诉→慎重决定→告知员工→本人申诉→耐心教育→申请仲裁→（法院诉讼）→报告备案。

6．正确运用处理方式

根据以上处理原则和依据，正确运用如下处理方式：申诫、记过、记大过、降级、降调职务、停职、免职、追究刑事责任。

➷ 技能应用延伸

奖惩事实依据是指员工的哪种情形能够受到奖惩，通常可以从员工工作、品德、考勤等方面进行考量。

1．奖励事实依据

（1）属于工作方面的奖励事实依据　工作上有重大变革，具有成效；领导有方，拓展业务富有成效；节省金钱、材料、物料卓有成效；在恶劣环境下顺利完成任务；对主管业务的策划、推行确有重大贡献；对交办的重大工作能够提前完成；冒着生命危险完成任务；研究改善生产设备有成效；有效预防了灾害发生或减少损害；对设备进行抢修，提早完成并因此增加生产；忠于职守，绩效特佳；主动协助他人工作，卓有成效。

（2）属于品德方面的奖励事实依据　品行端正，足以成为楷模；拒绝收受贿赂，不受利诱；拾金不昧；劝人改过自新并有成效。

（3）属于考勤方面的奖励事实依据　全年无请假、迟到、早退及旷工记录；提早上班、迟晚下班足以成为楷模。

（4）提案奖励依据　为鼓励员工出谋划策，积极提出工作建议，以提高效率，确保品质，降低成本，对于员工所提建议或研究报告，企业一经采用，视其贡献大小，发给奖金，以鼓励员工多提议案。

（5）其他方面的奖励事实依据　员工以单位为家，并足以成为楷模的；协助维护社会治安卓有成效的；热心公益事业，济助贫困并足以成为楷模的；调解纠纷，处置得当的；对员工舞弊能有效防患或察觉的，均应予以奖励。

2．惩罚事实依据

（1）属于工作方面的惩罚事实依据　擅离工作岗位；执行工作不力或懈怠

疏忽；执行工作畏难规避或推诿；不服从管理人员的指挥监督；故意浪费材料或毁损机器；在工作场所赌博；在工作时间酗酒；在工作场所打人或互殴；工作时间睡觉；在工作时间嬉戏影响工作；在禁止吸烟的场所吸烟；在工作场所制造私人物件；泄露职务上的机密；在外兼营与公司同类业务；煽动他人懈怠工作；工作时不遵守安全规定；疏于保养机器；对工作资料作不实记载或报告。

（2）属于品德方面的惩罚事实依据　制造事端，影响团结；言行粗暴，扰乱单位秩序；在外行为不检，影响本企业声誉；盗窃物品；辱骂、胁迫同事或管理人员；仿效主管签字或盗用印信；撕毁或涂改公司文件、记录；在工作场所出现有伤风化的行为；收受贿赂；侵占公款。

（3）属于考勤方面的惩罚事实依据　员工旷工、迟到、早退、工作缺勤；托人打卡或代人打卡；连续旷工或一个月内旷工多次；伪造出差事由；值勤时擅离岗位；伪造请假证明。

（4）属于其他方面的惩罚事实依据　对同事不法行为隐瞒不报，违反国家法律、法规的行为也应受到惩罚。此外，国家规定企业可以对员工实施惩处的情形还有性骚扰、种族歧视、工作绩效不能令人满意、拒绝接受工作安排、参加法律禁止的罢工、罢工期间的行为不恰当、怠工、使用毒品或麻醉剂、凌辱顾客等。

模块七　员工沟通政策与技能

📖 知识目标

了解沟通的含义、了解员工满意度的定义、了解员工满意度的外在表现、了解压力和情绪的定义、了解压力的来源、了解情绪的种类、了解员工帮助计划的起源、了解员工帮助计划在中国的发展、掌握非语言性信息的沟通渠道、掌握沟通方式的效果、掌握员工帮助计划的实施内容。

📂 能力目标

分析沟通的障碍、分析障碍的克服、分析实施员工帮助计划、掌握如何实现高效沟通、掌握工作满意度调查问卷设计、掌握缓解压力的方法和情绪管理的技巧。

项目一　员工沟通管理

🅰 应用一　掌握沟通的策略和方法

↳ 预习应用知识

1．沟通的含义

为了设定的目标，把信息、思想和情感在个人或群体间传递，并达成共同协议的过程。

2．沟通的种类

（1）语言沟通　口头沟通、书面沟通。

（2）非语言沟通　说话语气、肢体语言、身体动作。

3．非语言性信息沟通的渠道

（1）手势　柔和的手势表示友好、商量，强硬的手势则意味着"我是对的，你必须听我的"。

（2）脸部表情　微笑表示友善礼貌，皱眉表示怀疑和不满意。

（3）眼神　盯着对方看意味着不礼貌，但也可能表示感兴趣，或寻求对方支持。

(4) 姿态　双臂环抱表示防御,开会时独坐一隅意味着傲慢或不感兴趣。
(5) 声音　演说时抑扬顿挫表明热情,突然停顿是为了造成悬念,吸引注意力。

4．沟通方式的效果

假定信息沟通的最佳效果是100%,你通过口头方式沟通时,别人能够接收的信息只有 7%；如果你通过比较好的语气和比较适宜的方式进行语言沟通,别人能够接收的信息可以达到38%；如果充分运用身体语言进行语言沟通,别人能够接收的信息可以高达55%以上。

5．沟通的障碍

(1) 沟通的漏斗障碍

沟通的漏斗障碍主要有两种类型：信息转化型和信息过滤型,如图 7-1、7-2 所示。

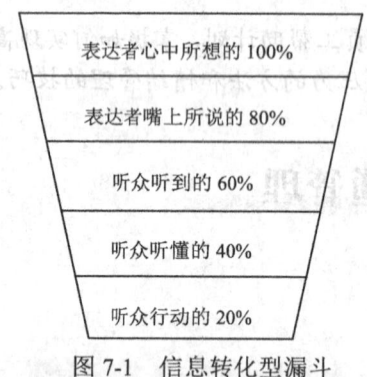

图 7-1　信息转化型漏斗

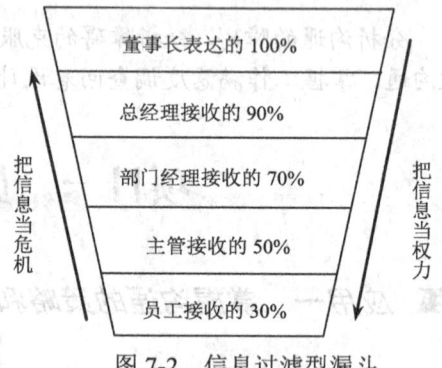

图 7-2　信息过滤型漏斗

信息转化漏斗型沟通障碍主要体现如下：表达者对自己所想的信息掌握程度达到 100%,但通过其口头表达出来的信息只能达到 80%,而听到其表达的听众由于种种原因只能听到 60%,听众能够听懂的只占 40%,听众付诸行动的只能占 20%。

以企业沟通为例,信息过滤漏斗型沟通障碍主要体现如下：企业董事长对所传达的信息掌握程度达到 100%,然后从董事长开始逐级向下传递该信息,由于种种原因,总经理、部门经理、主管和员工,接受到上级传递的信息量分别只能占到原信息量的 90%、70%、50%和 30%。

(2) 沟通的个人障碍

1) 地位的差异：沟通双方地位的差异,造成其对信息的理解差异。

2) 来源的信度：信息来源的信度好坏对有效地沟通产生影响。信度指的是信息表达在不同时间、不同空间、不同对象和不同环境下的一致性；在以上情况下,信息表达的一致性程度越高则信度就越好,信息传递的效果也就越好。

3) 认识偏误：信息接收者和信息传递者之间在信息的认识上存在偏差。

4）过往经验：信息接收者和信息传递者由于经验和经历的不同，也会造成理解上的差异。

5）情绪影响：信息接收者和信息传递者情绪的好坏也会对沟通造成影响。

（3）沟通的组织障碍

1）信息泛滥：组织内的信息十分繁杂，鱼目混珠，难以辨别新旧和真伪。

2）时间压力：组织内各级员工的工作时间紧凑，在较短的时间内高效沟通比较难。

3）组织压力：组织内各级员工的工作压力很大，沟通因此受到较多限制。

4）信息过滤：组织高层的信息逐级向下传递，由于各级领导出于理解能力或自身利益考虑或本部门利益考虑，造成信息向下传递逐渐失真。

5）缺乏反馈：组织内员工由于工作或态度原因，对于接收到的信息没能及时反馈。

6. 障碍的克服

（1）预备反馈　提前准备、过程记录、事后追踪反馈；事前问清楚，事后负责任。

（2）简化语言　信息传递要有重点和并及时总结，信息讲解要善用比喻和举例。

（3）主动倾听　信息传递时要认真听，信息不清时要勤于询问，复杂的信息要用心去分析与思考。

查阅应用资料及课堂应用训练

通过上面的学习，我们知道沟通中存在较多的现实障碍，但工作中我们又必须做到高效沟通。请在课前查阅相关资料，然后在课堂上结合查阅的资料相互讨论一下"如何实现高效沟通？"，最后把你的主要观点写在下列的横线上（不够可附页）：

_____

_____

_____

接着，请几位学生代表谈谈自己的观点，然后由教师继续解析"技能应用及其延伸"的相关内容，各位同学要注意将你的观点与教师的解析进行对比。

技能应用

面对日趋激烈的市场竞争，企业各级员工时间压力和工作压力都很大，尤其是员工之间的沟通存在较多的现实障碍，但工作中我们又必须要跨越障碍并且做到高效沟通。如何做到高效沟通呢？以下是笔者总结的高效沟通的步骤，供各位读者参考。

步骤一：事前准备

事先设定好沟通的目标和内容，如果有必要，还要提前告知对方沟通的主题，便于对方提前准备相关的材料；为了做好本次沟通，事先也要做好情绪和体力上的准备。

步骤二：确认需求

（1）有效提问　信息传递者必须针对沟通的内容，向信息接收者提问，以此引起信息接收者的注意以使其认真倾听，并引导他们正确地理解信息的内容。信息接收者必然针对信息的盲点、难点和疑点向信息传递者提问，以便获得正确和完整的信息。

（2）积极聆听　聆听者应尽快适应讲话者的风格、聆听全部相关信息后再作评论，不要打断对方的讲话，要做到少批评、控制自己的情绪、停止私下说话、集中精力聆听。聆听时，眼、耳、笔并用，可适当适时地提问题、鼓励他人表达自己的观点、并表现出有兴趣聆听等。

（3）及时确认　信息传递者应适时强调或重复讲话的重点和难点，并在结束讲话前做要点总结；信息接收者对于信息的盲点、难点和疑点，要及时向信息传递者确认。

步骤三：阐述观点

信息传递者用简单和通俗的语言描述符合既定需求的建议，并阐述建议的原因和实施方法。

步骤四：处理异议

可根据现实的状况来选择和使用处理不同意见的方法，包括忽视法、转化法、太极法和询问法。忽视法是针对不同意见采取求大同存小异的方法；转化法，相信每个人都是天使，人性本善，不要认为别人提意见是与你为难；太极法，对于难以回答的问题或陷入僵局时，应通过转换话题等方式，转移尴尬目标。询问法，对于重大难题或涉及面比较广的问题，可以征求相关人员的意见。

步骤五：达成共识

善于发现别人的支持，并表达感谢；愿和合作伙伴、同事讨论问题和分享工作成果；积极转达内外部的反馈意见，听取他人建议，最终就相关问题达成共识；对合作者的杰出表现给予赞美和回报；对于重大的合作成果，可进行相关庆祝活动。

步骤六：共同推行

对于达成共识的方案，应采取积极主动的合作态度来共同推行。在推行过程中，发生了变化要及时沟通并调整方案，如果产生了问题要按既定方针和原则及时处理。

▶ 技能应用延伸

有效沟通除了掌握适宜的沟通策略和方法，高效沟通的步骤，还要了解团队沟通和会议沟通的相关内容。

1．团队沟通

（1）团队沟通的定义　团队是按照一定的目的，由两个或两个以上的员工组成的工作小组，其内部发生的所有形式的沟通，都称为"团队沟通"。

（2）团队沟通的要素　包括团队成员的角色分担，团队内成文或默认的规范、惯例，团队领导者的个人风格。

（3）成功团队的特征　特征主要有：团队工作目标明确；全体成员全身心投入，有强烈的归属感和责任感；成员之间肝胆相照，荣辱与共，沟通畅顺；出现问题时，所有成员都献计献策，积极参与解决；民主化决策，欢迎不同意见；团队构成人员灵活，不断吸引新生力量；团队极其重视客户，重视未来。

2．会议沟通

（1）定义　会议是群体或组织中相互沟通和交流意见的一种形式，是一种常见的群体活动。会议沟通是一种成本较高的沟通方式，沟通的时间一般比较长，常用于解决较重大、较复杂的问题。

（2）会议的目的

1）交流信息：通过会议，管理者可以将有关政策和指示传达给下属或员工，同时管理者也可以从下属或员工那里及时得到反馈及获得有关信息。

2）给予指导：通过会议把员工组织起来进行培训，可以提高员工某方面技能，使其更好地适应工作环境。

3）解决问题：会议可以帮助澄清误会，处理各种冲突，并利用他人的知识和技巧来解决问题。

4）作出决策：会议可以帮助营造民主气氛，给管理者提供共同参与和共同讨论的机会，最终作出良好的决策。

（3）会议的高效组织

1）会前准备工作：明确会议的必要性，确定会议的目标，设计会议议程，准备会议文件，确定会议主持人，确定与会人员，预订会议场所等。

2）会议过程控制：宣布会议的主题和目的，根据会议议程顺序提出议题，给予每个人阐述观点的机会，控制讨论进程，遵守预定时间，讨论结束后概括观点，确定下次会议议题和时间。

3）会后工作：会议记录应该准确无误，下发会议记录或会议简报，决议要突出任务责任人姓名、时间及验收标准，表明下次会议的日期和时间，对执行工作进行监督和检查。

（4）有效会议的策略　不搞形式主义，明确会议目的，提前分发备忘录，选择合适的与会者，控制会议进程，分发会议简报等。

▲ 应用二　工作满意度调查问卷设计

▶ 预习应用知识

1. 员工满意度的定义

员工满意度（Employee Satisfaction，ES）指一个员工通过对企业可感知的效果与他的期望值相比较后所形成的感觉状态。ES一方面体现了员工满意的程度，另一方面也反映出企业在达成员工需求方面的实际结果。

2. 员工满意度的外在表现

（1）员工满意度低的表现　工作效率降低、员工的抗拒心理加重、人与人之间的正常交往减少、员工的配合度变差、员工流动率大、员工缺乏主动性而且责任心差、员工不停地抱怨企业和管理人员、员工的自私心态加重、员工公开质疑公司的规定、占公司的便宜等。

（2）员工满意度高的表现　工作效率高、有创造性、员工之间相互团结、员工的幸福指数高、员工对企业忠诚等。

3. 工作满意度调查问卷设计

（1）明尼苏达工作满意调查表的内容　在员工满意度调查中，采用的问卷大多是国际上通用的明尼苏达满意度调查问卷（Minnesota Satisfaction Questionnaire，MSQ）。明尼苏达满意度调查问卷由 Weiss、Dawis、England & Lofquist 编制而成，它对影响员工满意因素的测量采用的是 Likert 五点量表计分。例如，若要测量员工对工资收入是否感到满意，该调查问卷提供 5 个评分标准供选择：①5 分（非常满意）；②4 分（满意）；③3 分（不确定）；④2 分（不满意）；⑤1 分（非常不满意）。该调查问卷可测量工作人员对 20 个工作方面的满意度及一般满意度，20 个大项中每个项下有 5 个小项。

20 个大项包括：能够一直保持忙碌的状态、独立工作的机会、时不时地能有做一些不同事情的机会、在团体中成为重要角色的机会、我的老板对待他/她的下属的方式、我的上司作决策的能力、能够做一些不违背我良心的事情、我的工作的稳定性、能够为其他人做些事情的机会、告诉他人该做些什么的机会、能够充分发挥我能力的机会、公司政策实施的方式、我的收入与我的工作量、职位晋升的机会、能自己作出判断的自由、自主决定如何完成工作的机会、工作条件、同事之间相处的方式、工作表现出色时所获得的奖励、我能够从工作中获得的成就感。

5 个小项是指 5 个满意度等级，即非常满意、满意、不确定、不满意、非常不满意。

（2）工作满意度调查内容　影响员工满意度的因素构成了满意度调查的内容。早期的行为科学家如赫兹伯格（F. Herzberg）在对人的满意度因素研究的基础上，提出了有名的双因素（激励因素、保健因素）理论。洛克（Locke）认为，员工满意度的构成因素包括工作本身、报酬、提升、认可、工作条件、福利、自我、管理者、同事和组织外成员等 10 个因素。阿谟德（Arnold）和菲德曼（Feldman）则认为，影响员工满意度的因素包括工作本身、上司、经济报酬、升迁、工作环境和工作团体等 6 个因素。这些研究对员工满意度维度的科学划分有着十分重要的影响。一般来说，应根据调查目的选择调查内容，调查的内容大致可分为以下 5 方面：

1）对企业形象的满意度（管理制度、客户服务、质量管理、参与管理等）。

2）工作环境满意度（湿度、亮度、噪声、气味等方面；工作必需设施的完备和可取得的程度；工作作息时间和加班制度等）。

3）对工作回报的满意度（报酬、福利、培训与发展、工作环境、职业发展等）。

4）对工作群体的满意度（上级的尊重、信任、支持、指导，同事的相互了解和理解，以及下属领会意图、完成任务情况）。

5）对工作本身的满意度（工作胜任感、成就感、挑战性、安全感、工作的发展空间等）。

▶ 查阅应用资料及课堂应用训练

工作满意度调查问卷设计是企业管理者，尤其是人力资源管理者基本的工作技能。请根据以上明尼苏达工作满意调查表中的 20 个大项和 5 个小项，设计一份可以操作使用的《明尼苏达工作满意度调查问卷》，最后把你的主要观点写在下列的横线上（不够可附页）：

_____
_____
_____
_____

接着，请几位学生代表谈谈自己的观点，然后由教师继续解析"技能应用及其延伸"的相关内容，各位同学要注意将你的观点与教师的解析进行对比。

技能应用

实战文本范例 7-1

明尼苏达工作满意调查问卷

尊敬的员工：

您好！我们正在进行旨在提高公司管理水平、更好适应未来发展的研究项目。在此项目中需要了解公司的客观情况、员工的真实想法。您的见解和意见对于公司未来的发展至关重要，问卷匿名填写，公司将以严谨的职业态度和职业道德对您的状况严格保密，并送往咨询公司。问卷只在咨询顾问范围作统计和建议依据使用。请您认真填写问卷，感谢您的积极支持和参与。

请根据自己的实际想法进行回答，不必受他人影响。答案没有正确与错误之分。请在各问题右边的最能代表您看法的评分空格上画勾。如果您不了解某一个问题或觉得这个问题与自己无关，可以跳过此题（本问卷全部为单选，复选无效！）。

关于您（请在相应的答案上画勾）：

（1）您在公司的年资：未满一年，1～2年，2～4年，4年以上。

（2）您在公司担任的职位：工人、职员、班组长、销售代表、主管、经理、副总。

（3）您担任现职位多久？3个月以内，3个月以上至1年，1～2年，2年以上。

问您自己：我对自己工作的这些方面满意程度如何？

非常满意：表示我对工作中的这些方面非常满意。

满意：表示我对工作中的某一方面满意。

不确定：表示我不能决定满意还是不满意。

不满意：表示我对工作中的某一方面不满意。

非常不满意：表示我对工作中的这些方面非常不满意。

题号	对你现在的工作感觉如何？	非常满意（5）	满意（4）	不确定（3）	不满意（2）	非常不满意（1）
1	能够一直保持忙碌的状态					
2	独立工作的机会					
3	时常有做不同事情的机会					
4	成为团体中重要角色的机会					
5	上级对待职员的方式					
6	管理者的决策胜任力					
7	能够做不违背自己良心的事					
8	工作的稳定性					

（续）

题号	对你现在的工作感觉如何？	非常满意 （5）	满意 （4）	不确定 （3）	不满意 （2）	非常不满意 （1）
9	为别人做事的机会					
10	叫别人做事的机会					
11	充分发挥自己能力的工作机会					
12	公司政策付诸实践的方式					
13	我的报酬与我所做工作的量					
14	该工作的提升机会					
15	能自己判断的机会					
16	按自己的方式完成工作的机会					
17	工作条件					
18	同事间相处的方式					
19	做好工作时所得到的赞扬					
20	从工作中获得的成就感					

▶ 技能应用延伸

1. 员工满意度调查的目的

（1）诊断潜在问题　员工满意度调查是员工对企业各种管理问题是否满意的晴雨表。进行员工满意度调查可以对企业管理进行全面审核，及时发现企业潜在的管理危机和问题，保证企业工作效率和最佳经济效益，减少和纠正低生产率、高损耗率、高人员流动率等问题。例如，通过调查发现员工对薪酬满意度有下降趋势，就应及时检查薪酬政策，找出不满日益增加的原因并采取措施予以纠正。

（2）找出现存问题的症结　员工满意度调查有助于解释出现高缺勤率、高离职率等现象的原因，找出问题的症结。研究表明，满意度与缺勤率之间存在着一种稳定的消极关系，即员工满意度越低，缺勤率越高；满意度与流动率之间也存在负相关关系，且这种相关比满意度与缺勤率之间的相关程度更高。因而，提高员工满意度在一定程度上可以降低缺勤率，更能够降低流动率。相对而言，员工不满意在先，缺勤、离职在后，如果能够及时发现员工的不满，并采取有效措施，可以预防一些"人才流失"情况的发生，维护稳定和谐的员工关系。

（3）评估组织变化和企业政策对员工的影响　员工满意度调查能够有效地评价组织政策和规划中的各种变化，通过变化前后的对比，管理者可以了解管理决策和变化对员工满意度的影响。

（4）促进与员工间的沟通和交流　员工满意度调查是一种有效的群体沟通方式，它创造了沟通氛围，是管理者与员工之间重要的信息沟通和反馈渠道。通过满意度调查，员工能够畅所欲言，反映平时管理者听不到的声音，管理者也可以收集到员工对企业经营管理改善的要求和意见。同时，满意度调查又能激发员工参与企业管理，使管理者能够针对员工的主要需求，提升激励的有效性。

（5）培养员工对企业的认同感和归属感　管理者认真对待员工满意度调查，会使员工感受到企业的关怀和重视，有利于员工在民主管理的基础上树立以企业为中心的群体意识，不断增强企业的向心力和凝聚力。

2．如何提高员工满意度

（1）需要层次理论示意图　马斯洛认为，人类的需要是分层次的，由低到高依次为生理需要、安全需要、社交需要、尊重需要、自我实现需要，如图7-3所示。

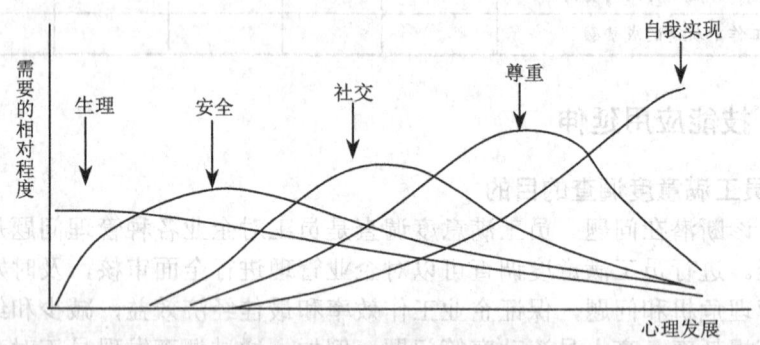

图7-3　需要层次理论示意图

在马斯洛看来，人类价值体系存在两类不同的需要：一类是较低层次的需要，包括生理需要和安全需要；另一类是较高层次的需要，包括社交需要、尊重需要和自我实现需要。两类需要的区别在于：较高层的需要通过内部（个体内在的内容）使人得到满足；较低层次的需要则主要通过外部使人得到满足，如薪酬福利等。

（2）需要层次理论与管理措施相关表　人的需要一般是由低级层向高层过渡的，员工对不同层次的需要都有其追求的目标，而组织为了满足员工的合理需要，应采取表7-1中的管理制度与措施给予保障。

表7-1　需要层次理论与管理措施相关表

需要的层次	诱因（追求的目标）	管理制度与措施
生理需要	薪水、健康的工作环境、各种福利	身体保健（医疗设备）、工作时间（休息）、住宅设施、福利设备
安全需要	职位的保障、意外的防止	雇佣保证、退休金制度、健康保险制度、意外保险制度

（续）

需要的层次	诱因（追求的目标）	管理制度与措施
社交需要	友谊（良好的人际关系）、群体的接纳性、与组织的一致性	协商制度、利润分配制度、群体活动制度、互助金制度、娱乐制度、教育训练制度
尊重需要	地位、名分、权力、责任、与他人报酬之相对高低	人事考核制度、晋升制度、表彰制度、奖金制度、选拔进修制度、委员会参与制度
自我实现需要	能发展个人特长的组织环境、具有挑战性的工作	决策参与制度、提案制度、研究发展计划、劳资会议

项目二 员工援助管理

应用一 压力和情绪管理

预习应用知识

近 10 年来，多位知名企业高管因为各种原因非正常死亡；2007 年 7 月到 2008 年 3 月，国内某知名公司发生了至少 5 起内部员工非正常死亡事件；2010 年初，4 个月的时间内，另一知名公司连续十几次遭遇严重的"跳楼门事件"，造成 9 死 2 伤……据这些死者的同事回忆，在出现不幸事件之前，他们都面临非常严重的职业压力和很低落的情绪。

1. 压力和情绪的定义

压力（stress），学术界译为应激，一般人称之为压力，有两层含义：①压力是使人感到紧张的事件或环境刺激；②压力是一种主观心理反应。

情绪是内心的感受经由身体表现出来的状态。

2. 压力的来源

（1）工作方面的压力　工作方面的压力主要来源于与上司关系不和；业绩任务过重，工作过度，时间紧张；缺乏沟通，或者同事之间常发生冲突和争斗；知识更新过快，担心被淘汰出局；不明确的角色规定或者角色矛盾；职位变迁导致心理失衡。

（2）个性方面的压力　个性方面的压力主要来源于个性自负或期望值过高、自我效能感低、缺乏冒险精神、过分关注自我形象及自我身份、喜欢自我谴责。

（3）家庭方面的压力　家庭方面的压力来源有：来自伴侣的压力，如性格不合、外遇等；来自孩子的压力，如疾病、学习、成长；来自家庭事务等方面压力，搬迁、亲朋事务；来自家庭环境压力，嘈杂的氛围、经济问题等。

3. 情绪的种类

人类的情绪有数百种，其间差异细微，主要可以分成几类：

（1）愤怒：生气、愤恨、发怒、不平、烦躁、敌意、暴力。
（2）恐惧：焦虑、惊恐、紧张、关切、慌乱、忧心、警觉、疑虑。
（3）快乐：如释重负、满足、幸福、愉悦、骄傲、兴奋、狂喜。
（4）爱：认可、友善、信赖、和善、亲密、挚爱、宠爱、痴恋。
（5）惊讶：震惊、惊讶、惊喜、叹为观止。
（6）厌恶：轻视、轻蔑、讥讽、排斥。
（7）羞耻：愧疚、尴尬、懊悔、耻辱。

➘ 查阅应用资料及课堂应用训练

面对现实工作环境和家庭生活，人们必须在潜在压力和复杂情绪交织的困扰下坚强地应对。请在课前查阅相关资料，然后在课堂上结合查阅的资料相互讨论一下"缓解压力的方法和情绪管理的技巧分别有哪些？"，最后把你的主要观点写在下列的横线上（不够可附页）：

_____
_____
_____
_____

接着，请几位学生代表谈谈自己的观点，然后由教师继续解析"技能应用及其延伸"的相关内容，各位同学要注意将你的观点与教师的解析进行对比。

➘ 技能应用

1. 缓解工作压力的方法

（1）把工作作为调适压力的良药　有了工作，就会获得一种安全感、成就感、自尊心和荣誉感。无所事事、游手好闲不仅耽误工作，还会造成心理压力，甚至经济压力和家庭压力。

（2）保持良好的工作状态　随时随地保持积极的工作状态，不打扰别人的正常工作，营造良好的工作氛围。

（3）给同事好印象　态度诚恳从容、礼貌周到；熟悉各种礼仪，进退有节、安分守礼；谈话应对要得体，灵活运用说话技巧、语调和表情。

（4）以合乎礼仪的称谓应对　用合乎礼仪的称呼与人应对，可较易地得到对方的尊重。在公司中，要称呼头衔，不要用太亲密的字眼称呼同事。

（5）言语表达的要诀　多赞美、少责怪，多激励、少嘲讽，语言表达要得体。

（6）宽容豁达，公平待人　从内心建立"尊重他人就是尊重自己"的观念，平等对待每一位同仁，才能广结善缘。

（7）注意劳逸结合　工作之余，通过各种娱乐活动，转移自己的注意力，可以达到放松生理和心理，恢复精力和体力的目的。

（8）消除常见的病态心理　压力出现很重要的原因就是心理状态不佳，这样会形成某些隔膜和屏障，在一定程度上阻碍了人们交朋结友和适应社会。

（9）注意心情调适，维持心理平衡　告诉自己事情原来并没有想象的那么糟糕，自己有自己的优势，自己并不比别人差；即使失败，也还有重新站起来的机会。

（10）让自己的工作环境变得舒适　美化办公室掌握"清爽、自然、品味"三原则，随手都可以把枯燥严肃的职场变成生机勃勃的工作空间。

（11）休息片刻，呼吸一下新鲜空气　每天多进行几次短暂的休息，做做深呼吸，可以放松大脑，防止压力情绪的形成。

（12）分散、转移并释放压力　面对危险的压力，高明的办法是远离它。如果不能彻底远离，另一种办法是分散、转移并释放它。例如做一做体育运动，或把烦恼写出来。

（13）正确地认识挫折和失败　脸皮厚实际上是优秀的心理素质的代名词，这要求我们正确地认识挫折和失败，有不折不挠的勇气。

（14）不要把工作当成一切　当你的大脑一天到晚都在想工作的时候，压力就形成了。成功就是过平衡式的生活：事业和生活、付出和获得，和谐并存。

（15）主动求乐　笑是最佳的精神松弛剂，应多与有幽默感的人接触，多看相声、小品、富有喜剧色彩的影视节目。

（16）倾诉　当一个人为心理负担压得透不过气来的时候，如果有人真诚而又耐心地来听他的倾诉，他就会有一种如释重负的感觉，所谓"一吐为快"正是这个道理。

（17）知足常乐　从容地承认问题的客观存在，做个快乐的人也许更利于问题的解决。正确地评价和要求自己，不要求自己做十全十美的人。

2. 自我情绪管理技巧

（1）多使用正面词语　"正面词语"帮助我们运用词语去改变思想，从而使自己在人生中有更积极和进取的态度，遇事时能更快地找出解决的办法，逃出困境。

（2）突破"思想框框"　很多人在今天的环境里感到事事不如意，内心充满疲倦、愤慨、内疚、无奈的感觉，其中的原因便是一些局限性的信念所控制的行为模式得不到效果。在今天充满挑战的环境中，最妨碍我们找到突破的个"思想框框"是"应该如此"、"命中注定"和"没有办法"。

（3）意义换框法　同一件事情里总有不止一个意义包含于其中。找出其中最能给自己帮助的意义，便可以改变事情的价值，使事情由绊脚石变为踏脚石，使自己因而有所提升。例如，把"因为上司挑剔，所以我工作不开心"转变为"上司挑剔，所以我工作积极，因为……"，要求至少有 6 个不同的版本，再找出其中自己最能够接受的一种。

（4）环境换框法　同样的一件东西或一种情况，在不同的环境中包含的价值会有所不同。找出有利的环境，便能改变这件东西或这种情况的价值，因而改变有关的信念。

（5）价值定位法　因为做或不做任何事，都是由我们的价值观所控制的，所以，找出意识与潜意识的价值排位，我们便能认识到内心的推动力。再加上对某些价值做创造、增大、转移的工作，我们便可以使自己的意识和潜意识更为合拍了。

（6）用语言摆脱困境法　一个人的内心状态可从其谈话中得知。改变说话的方式可以改变内心状态。很多人内心的困境，其实是他自己的一些错误信念造成的。

（7）五步脱困法：如何从消极被动到积极主动，可以试一试下面的五步脱困法。

① 困境：我做不到。
② 改写：到现在为止，我尚未做到。
③ 因果：过去我一直没有采取某某行动，所以到现在为止，还未学会。
④ 假设：当我采取某某行动时，我就可以做到。
⑤ 未来：我要去采取某某行动，我一定能够做到。

▶ 技能应用延伸

面对现实工作环境和家庭生活，人们必须在潜在压力和复杂情绪交织的困扰下坚强地应对。如何缓解压力，如何调整情绪，必须从自我管理开始。下面介绍自我管理的十步应对技巧。

步骤一：自我管理从塑造积极的心态开始

有什么样的态度就会有什么样的行为，有什么样的行为就会养成什么样的习惯，有什么样的习惯就会有什么样的性格，而性格将决定命运。因此，态度才是决定一切的根源。我们要学会改变自己的态度，塑造积极的心态，重视自我管理！

步骤二：自律是自我管理成功的关键

中华民族有着悠久的历史和灿烂的文明，祖祖辈辈为我们留下了许多优良的传统和美德，特别注重个人的修养和自律。早在两千年前，我们的祖先就把它看作是培养个人良好品质的关键。进行自我管理，必须增强自律的自觉性，提高自律能力，使自己优秀起来。

步骤三：为自己设定奋斗目标

一定要有奋斗目标，只有这样做了，自我管理的成功将只是个时间问题和大小问题。大量事实证明，没有目标就不能成功地进行自我管理。

步骤四：不怕困难

爱迪生之所以能成为一位伟大的发明家并不因为他一生下来就是天才，而是因为他不怕困难，勇于面对困难。爱迪生的一生中遇到了不计其数的困难，他都一一解决了。自我管理肯定会遭遇很多困难，如果树立不怕困难的精神并勇于与困难做斗争，那么我们就能跨越困难，缔造自我管理的成功！

步骤五：永远保持信心

信心是自我管理成功的基石。有信心的人善于自我发掘，正确认识自己的强项和弱点，并且能够利用优势面对环境。信心，就是要为自己鼓掌；信心，就是勇敢地面对失败，百折不挠；信心，就是要发挥自己的长处，在人生的旅途中不断闪光；信心，就是信任自己，对自身发展充满希望。

步骤六：保持好习惯

个人成功与否，就在于能否驾驭好自己，养成好习惯。所有成功人士都有一个共性，那就是，基于良好习惯构造的日常行为规律。正是这些好习惯，帮助他们成功地进行自我管理。

步骤七：管理好自己的时间

时间管理的目标是掌握工作的重点，其本质是管理个人，它是自我的一种管理。最早的时间管理是利用便条、备忘录和记事本等记下工作的重点。第二代时间管理方法更注重计划性，人们利用安排表、效率手册乃至商务通等电子手段来安排工作事项。在时间管理的第三个阶段，人们设立近期、中期和长期工作目标，根据不同的目标来分配各自的工作重点，安排工作时间。

步骤八：行有不得，反求诸己

孟子曰："行有不得，反求诸己。"任何行为得不到预期效果，都应反观自省，在自己身上寻找失败的原因。切不可恃才傲物，或怨天尤人，或自暴自弃，以至于萎靡不振而迷失自我。应该静下心来，审视自己，端正自己，去寻找解决方案。

步骤九：懂得快乐工作

现实中，较多的员工把工作仅仅看作是生存的手段，因为谋生本身就是一个沉重的话题，这样工作的快乐自然就越来越少。如果把工作作为自我实现的途径，作为事业的一种追求，不断坚定自己的信念，在工作中汲取营养，并适时地作出调整，这样就能体会到"快乐工作"的境界。其实，成功的人都懂得在工作中保持快乐，懂得快乐地对待工作。

步骤十：勇于改变自己

21世纪，传统的思想观念已无法引导人们成功面对激烈的竞争，世界变化得如此迅速，让人目不暇接，一加一不再总是等于二，常规的应对方法有时并不能很好地解决问题。只有勇于改变自己，才能正确地进行自我管理。

▲ 应用二 员工帮助计划

➤ 预习应用知识

国内外调查显示，职业压力和心理健康问题越来越严重，并呈现出大范围蔓延的趋势。这不但损害员工个体的身心健康，而且深刻地影响着企业的士气，进而影响企业的长远发展。一项名叫员工帮助计划（Employee Assistance Program，EAP）的服务，正在进入并将深刻地影响国内的企业。

1．员工帮助计划的起源

20世纪40年代，美国的一些企业发现员工的酗酒、吸毒和药物滥用问题影响到员工和企业的绩效，于是有的企业便请心理专家帮助员工解决这些个人问题，EAP应运而生。到了60年代，社会变动加剧，失业、工作压力、家庭暴力、离婚、法律纠纷等其他问题也越来越多地影响到员工的情绪和工作表现，EAP项目的内容也日渐增多。EAP是组织为员工设置的一套系统的、长期的援助与福利项目，通过专业人员对组织的诊断、建议和对员工及其直系亲属提供的专业指导、培训、咨询，帮助解决员工及其家庭成员的各种心理和行为问题，提高员工的个人绩效和组织的整体效能。发达国家的多年实践证明，EAP是解决职业心理健康问题的最优方案。目前，全球财富500强企业中都建立了完备的机构来实施员工帮助计划。

2．员工帮助计划在中国的发展

在我国，EAP引进得较晚，因为许多企业还没有意识到EAP的具体作用和它的存在会给企业带来什么样的收益，并且在我国企业中存在较深的物质情结，企业对员工心理的关注意识还比较淡薄。庆幸的是这种状况已有好转，国内竞争比较激烈的IT业已引入了EAP服务。例如：2001年，联想公司在心理专家的帮助下，率先实施了EAP项目。另外，国内也出现了专门的EAP机构，与此相关的各种心理咨询中心、诊所等亦如雨后春笋般地涌现出来。毋庸置疑，在中国，也会有越来越多的员工受益于EAP服务。2005年10月28日，在"2005第三届中国EAP年会"上，中国科学院心理研究所研究员时勘指出："企业组织也应像人体一样健康，具备健康正常的组织文化。其中，员工是否有良好的心理状态至关重要，因此人力资源部门有必要实施 EAP。"

3. 员工帮助计划的实施内容

EAP 包括职业压力和心理健康问题评估、职业心理健康宣传教育、工作环境再设计与改善、员工和管理者培训及其心理咨询等内容。

EAP 具体可以划分为三个部分：①针对造成心理问题的压力源进行处理，以减小或消除不适当的管理和环境因素；②处理压力过大导致的反应，以缓解和疏导情绪、行为及生理等症状；③改变个体自身的弱点，即改变不合理的信念、行为模式和生活方式等。

如今，EAP 已经发展成一种综合性的服务，其内容包括通过提供压力管理、职业心理健康、裁员心理危机、灾难事件创伤、职业生涯设计、健康生活方式、法律纠纷、不良行为习惯矫正等方面的帮助，减轻员工的身心压力、维护其心理健康等各个方面，以全面帮助员工解决个人问题。解决这些问题的核心目的在于使员工在纷繁复杂的个人问题中得到解脱，减轻员工的压力，维护其心理健康。

➥ 查阅应用资料及课堂应用训练

员工的职业压力与心理健康以及因此对企业造成的影响越来越多地受到关注，压力与情绪已成为 21 世纪企业管理最为迫切的研究课题之一，而 EAP 服务也应运而生，正在进入国内企业。请在课前查阅相关资料，然后在课堂上结合查阅的资料相互讨论一下"如何实施员工帮助计划？"，最后把你的主要观点写在下列的横线上（不够可附页）：

_____
_____
_____

接着，请几位学生代表谈谈自己的观点，然后由教师继续解析"技能应用及其延伸"的相关内容，各位同学要注意将你的观点与教师的解析进行对比。

➥ 技能应用

员工帮助计划项目说起来可以头头是道，但是把其项目内容付诸实施，找到一个可以执行并且被员工接受的 EAP 运作方法，并不是一件容易的事情。以下是一些 EAP 运作方法。

1. 心理辅导 EAP 运作方法

2001 年，广州某三资企业曾连续发生几起严重怠工事件和大批员工离职事件，于是该公司成立"怠工离职事件调查小组"，调查员工怠工和离职的真正原因。为了确保调查的真实性，保护员工不因此事受到伤害，在与员工沟通期间，全体干部被隔离进行培训，在规定时间不得离开培训室。经过一个月的深入调查发现，除了少数员工因为自身的弱点和认识偏差外，大部分员工怠工和离职的原因都是由于来自上司强大而不合理的压力。后来该公司在人力资源部下设员工心理辅导室，推行"员工帮助计划"，取得了比较好的成效。

在企业没有专职心理咨询师和专业咨询机构的情况下，人力资源部可以建立员工心态分析体系，展开多种形式的心理辅导活动，达到稳定职工队伍、提升员工士气、挖掘员工潜能、使其更好地为公司服务的目的。心理辅导师以新进、离职、在职员工访谈3种形式运作为主，书信、电邮、电话和联谊为辅。

（1）企业内部心理辅导师培养模式　心理辅导师向公司各部门发布心理辅导师选拔通知和下发申请表，人力资源部对各部门心理辅导师候选人进行面试和选拔；成立心理辅导师培训班，聘请资深心理专业顾问和专家教授对录用后的心理辅导师储备人员进行培训；由心理学培训导师命题，对心理辅导师储备人员进行考核；对于考核合格的人员，由公司总经理和培训机构共同签核"企业内部心理辅导师证书"。

（2）企业内部心理辅导师工作模式

1）新进员工访谈：每月月底，心理辅导室提前3天通知新进人员进行访谈，解除新进人员的疑惑、澄清员工的模糊认识、解决新进员工的实际困难，并于每季度撰写新进人员心态分析报告。

2）离职员工访谈：人力资源部发放离职申请书后，通知企业内部心理辅导师查阅离职人员的相关资料，侧面向各部门了解离职人员的相关情况；心理辅导师签核离职人员申请书时，应邀请离职人员座谈，了解对方离职的真正原因、发现和弥补公司管理制度的漏洞、提高干部的管理水平，并做好离职访谈记录；如果离职人员因受不公正待遇或被他人胁迫而离职，人力资源部有权力和义务向相关领导汇报并作妥善处理；每季度撰写离职人员心态分析报告。

3）在职员工访谈：通过广告、E-mail或其他形式征集广大在职员工预约访谈；提前向预约被访者提供访谈话题并向他们作出保密承诺；创造一种轻松、和谐的环境，与被访者促膝交谈，以释放员工心理压力、设计员工职业生涯规划、组织员工"鹊桥会"，并做好在职员工访谈记录；可根据需要，对被访者作出长期跟踪式的心理辅导；每季度撰写在职员工心态分析报告。

2. 台积电EAP方法

台湾积体电路制造股份有限公司（简称台积电）制定的EAP目标是追求物质和心灵并重，努力营造工作与生活相融合的舒适环境。

（1）台积电员工帮助计划工具和主要内容　员工服务中心、健康中心、员工休闲活动中心、福委会；员工交通车与厂区专车、员工休息室、特约厂商驻厂服务；全天候供应美食街、咖啡吧；便利商店、网上商城、百货公司特惠礼券；驻厂洗衣服务、阳光艺廊、家庭日、员工宿舍与保全服务；书店、员工季刊；电影院与文艺节目、各类员工社团活动、游园活动、体能活力营；健康检查、健康促进活动、办公室健康操、健康讲座、门诊服务、健康促进网站；妇女保健教室、哺乳室、托儿所、员工子女夏令营；急难救助、心理咨询服务（法律、婚姻、家庭）。

（2）台积电员工帮助计划主要内容说明

1）时间是员工最宝贵的资源之一，公司为了节省员工去医院排队看病的时间，引进了健康门诊，员工可以在这里经过网络预约挂号后，按约定的时间看病而无需排队等候。

2）在公司举办的年终晚会上，曾请来最受员工欢迎的明星，如张惠妹、周华健等进行现场表演，员工只需凭员工证就可入场欣赏演出，不必像外面的演唱会花很长时间排队买票。

3）台积电公司女性比例为52%，为了照顾女性的需要，公司特意设置了哺乳室，这里还成了妈妈们交流照顾孩子心得的新的生活空间。

4）台积电在新竹、台北和台南地区找了专业律师事务所，向员工提供法律咨询服务。首先由公司法律部门确认他们的专业水平，然后再介绍给员工，这样员工就省去了验证这些律师事务所是否具备专业资质的麻烦。公司员工可以通过电话进行免费咨询，如果需要进一步的法律服务则可按员工优惠价格付费。

3. 联想电脑 EAP 方法

2000年12月～2001年7月，北京师范大学心理系接受联想电脑公司客服部委托，为联想客服部门员工提供 EAP 服务。其内容涉及员工心理状况问卷调查、客服各级员工工作访谈、管理层心理培训、员工心理健康培训、心理咨询等多个层面。实施方案包括：

（1）初级预防——宣传（小册子、电子邮件） 目的是减少或消除任何导致职业心理健康问题的因素，更重要的是设法建立一个积极的、支持性的和健康的工作环境。为此，项目小组专门印制了精美的 EAP 宣传小册子发放给员工，同时也定期向全国客服员工发送特定的电子邮件。除了宣传本次活动，项目组也对一些基本的心理学知识和技巧进行了介绍。

（2）二级预防——培训（管理层、一级员工） 2001年2月，项目组对联想各大区督导以及中层管理员工进行了"心理健康和交互作用"和"心理健康与人才发展"的专题培训；2001年3月，项目组对联想客户服务部本部中层管理人员进行了"心理健康与人才发展"的专题培训；2001年3月，项目组两次对联想客户服务部本部员工进行了"作为咨询式的管理者——亲情的专业化"专题培训。

（3）三级预防——咨询（电话、个别、团体） 2001年4月，通过团体咨询，参与者在充分沟通的基础上，解决了工作中的压力、冲突和自我效能感的丧失等问题；2001年4月～6月，项目组为联想客服部所有员工开通了电话咨询热线，聘请国内心理专家担任热线咨询师；2001年6月～7月，项目组为联想客服部北京地区的10名员工提供了20多人次的个别咨询服务。

▶ 技能应用延伸

通过多年的员工帮助计划的实施，我们总结出了EAP的作用和意义，突出表现在以下3个方面：

（1）稳定军心 企业运用员工帮助计划，以对员工个人的知识承诺为中心，提出"成长是我们的最大收获"，塑造员工"职业安全"概念。

（2）精神按摩 英国专家的研究显示：每年由于压力造成的健康问题，通过直接的医疗费用和间接的工作缺勤等形式造成的损失竟达整个GDP的10%！而员工帮助计划则被视为压力问题的最佳解决方案。这种心理管理技术类似于"精神按摩"，通过长期的疏导和调控，可以使企业员工获得一种强大的心理承受力，以应付随时随地的变革。

（3）财务外收益 就像上面的数据提到的那样，通过帮助员工缓解工作压力、改善工作情绪、增强自信心、有效处理同事与客户关系、克服不良嗜好等，可以使员工人力资源得到更充分的利用，从而使企业在下述方面获得很大收益：节省招聘费用和培训开支；减少错误解聘和赔偿费用；降低缺勤（病假）率和管理人员的负担；提高组织的公众形象，改善组织气氛。

模块八 裁员与离职管理

📖 知识目标

了解裁员及终止或解除劳动关系的相关法律规定，了解开除、除名及辞退的原始含义，了解离职率的现状，掌握裁员的必要技巧。

📂 能力目标

分析离职的原因、分析裁员的替代方案、分析迫使员工主动离职的方法、分析离职员工的心理特征与行为表现、分析心理契约对人力资源管理的影响及对策、分析心理契约违背与员工离职、分析员工被动辞职时人力资源部门要做到的事情、分析员工主动辞职时人力资源部门要做到的事情、掌握裁员的通常做法、掌握办理裁员的法定程序、掌握如何编写裁员的主要申报材料、掌握员工离职面谈的技巧、掌握降低员工流失的措施。

项目一 企业裁员管理

C 案例实战解析七 裁员的替代方案

➡ 案例知识指引

1. 裁员的基本意义

在经济不景气时期，裁员常成为企业降低人工成本，提高劳动生产率和企业竞争力的重要手段。今天，裁员已不是"绩差"、"破产"企业的专用名词，许多业绩好的企业也从组织长远发展的角度或从更新血液的目的进行广义裁员，本教材所指的裁员就是广义裁员。在企业管理中，裁员已成为一种现代组织的标准做法，一种组织管理的规范和组织惯例；裁员是一种非自动性离职，是企业促进新陈代谢的正常行为。

2. 裁员及终止或解除劳动关系的相关法律规定

（1）《劳动法》的规定 《劳动法》第 24 条规定，经劳动合同当事人协商一致，劳动合同可以解除，但是用人单位需要负担经济补偿。

《劳动法》第 25 条规定，员工在试用期间被证明不符合录用条件的；严重违反劳动纪律或者用人单位规章制度的；严重失职，营私舞弊，对用人单位利益造成重大损害的；被依法追究刑事责任的，以上情况下，用人单位可以解除劳动合同，不必负担经济补偿和违约责任。

《劳动法》第 26 条规定，劳动者患病或者非因工负伤，医疗期满后，不能从事原工作也不能从事由用人单位另行安排的工作的；劳动者不能胜任工作，经过培训或者调整工作岗位，仍不能胜任工作的；劳动合同订立时所依据的客观情况发生重大变化，致使原劳动合同无法履行，经当事人协商不能就变更劳动合同达成协议的，用人单位可以解除劳动合同，但是应当提前 30 日以书面形式通知劳动者本人，需要负担经济补偿和违约责任。

《劳动法》第 27 条规定，用人单位濒临破产进行法定整顿期间或生产经营状况发生严重困难，确需裁减人员的，应当提前 30 日向工会或者全体职工说明情况，听取工会或者职工的意见，经向劳动行政部门报告后，可以裁减人员。这种情况下，用人单位不负担违约责任，但是必须负担经济补偿。这种裁员属于经济裁员，由于它的条件过于严格，企业如果达不到标准，为了不和法律冲突，一般避免使用裁员的字眼。

《劳动法》第 29 条规定："劳动者有下列情形之一的，用人单位不得依据本法第 26 条、第 27 条的规定解除劳动合同：患职业病或者因工负伤并被确认丧失或部分丧失劳动能力的；患病或负伤，在规定的医疗期内的；女职工在孕期、产期、哺乳期内的；法律、行政法规规定的其他情形。"如在上述情况下，企业与员工解除劳动合同，一旦员工提出劳动仲裁，企业必将处于败诉境地。

（2）《劳动合同法》的规定　用人单位提出并与劳动者协商一致解除劳动合同则需支付经济补偿，劳动合同期满、单位破产或关闭导致终止劳动合同则应向劳动者支付经济补偿，单位裁减人员导致劳动合同解除则用人单位需支付经济补偿，劳动者非过错性被解除劳动合同则用人单位需支付经济补偿，劳动者过错性被解除劳动合同则用人单位无需支付经济补偿。以上规定的具体内容和分析，详见本教材模块三/项目一/任务一/技能应用中的"2. 用人单位提出解除劳动合同的情形"。

限制用人单位解除劳动合同的情形有两大类：①试用期 8 种情形下限制解除劳动合同，6 类法定情形下，禁止用人单位根据《劳动合同法》第 40 条、第 41 条的规定单方解除劳动合同；②具体内容及分析，详见本教材模块三/项目一/应用一/技能应用延伸中的"1. 限制解除劳动合同的情形"。

3. 裁员的通常做法

（1）大多数企业的裁员做法　在现实中，大多数企业都采取协商解除劳动合同的方法，也就是通过一定的经济补偿金诱导劳动者同意终止劳动合同。这是一种较为现实的做法，只要企业依法办事，兼顾人情，裁员的成功率是相当高的。

（2）裁员的3大导向　在确定裁员对象的过程中，决策者要秉承3个原则：①工作表现趋向；②公平原则；③人情与关爱原则。这3个原则必须按照前后顺序来执行。当企业经营者考量裁减一名员工时，首先应该从工作表现入手，然后再去考虑公平与人情。

▶ 案例实战呈现

日本松下公司如何面对裁员？

经过大规模重组后的松下公司，遭遇到了困境：销量一天天减少，库存一天天增加。当时，公司高层井植和武久下决心裁员，大家都认为不这样做，公司就会因为周转不灵而陷入破产。然而，松下幸之助先生在静静地听完汇报后，却忽地从椅子上坐起来："不，员工一个都不能裁！"他说，"作为高层，这个时候就应该与全体员工同舟共济，共度难关！人心难买，懂吗？"松下幸之助作了几点批示，按此批示，全体员工齐心协力开始工作，不到两个月时间，公司恢复了全天运转，再现欣欣向荣的景象。

▶ 案例小组讨论

请各位同学仔细阅读"日本松下公司如何面对裁员？"，然后以小组为单位结合裁员替代方案及其相关内容进行讨论，讨论的主题是："企业遭遇困境时只能选择裁员吗？如果不裁员，有什么合适的替代方案？"并将讨论的结果写在下列的横线上（不够请附页）：

_____
_____
_____

接着，请继续学习以下"案例综合分析"和"案例知识延伸"的相关内容，并将你的思考与其对比。请记住，管理并没有标准答案，更不可能是唯一答案，我们能提供的只是一种思考的方式和观点的借鉴。

▶ 案例综合分析

参考答案见本教材教师教学参考。

▶ 案例知识延伸

参考答案见本教材教师教学参考。

▲ 应用 申报裁员的程序及材料编写

↳ 预习应用知识

1. 开除、除名、辞退的原始含义

（1）开除 是对犯错误职工作出的一种最严厉的行政处分形式，它适用于严重违法乱纪的职工（国发[1982]59《企业职工奖惩条例》）。此法适用于国有企业和城镇集体企业。

《企业职工奖惩条例》第12条规定，对职工的行政处分分为：警告，记过，记大过，降级，撤职，留用察看，开除。在给予上述行政处分的同时，可以给予一次性罚款。第13条规定，对职工给予开除处分，须经厂长（经理）提出，由职工代表大会或职工大会讨论决定，并报告企业主管部门和企业所在地的劳动或者人事部门备案。

（2）除名 除名是由用人单位提出与无正当理由旷工的职工终止劳动关系的一种行政处理方式。它不属于行政处分，是指职工无正当理由旷工超过一定期间，单位依法从职工名册中除掉其姓名（国发[1982]59《企业职工奖惩条例》）。此法适用于国有企业和城镇集体企业。

《企业职工奖惩条例》第18条规定，职工无正当理由经常旷工，经批评教育无效，连续旷工时间超过15天，或者一年以内累计旷工时间超过30天的，企业有权予以除名。

（3）辞退 分两种情况，一是违纪辞退，二是正常辞退。

违纪辞退一般是指用人单位对严重违反劳动纪律或犯有严重错误，但不够开除、除名条件，经教育或行政处分仍然无效的职工，决定解除其工作从而终止劳动关系的制度。辞退不是行政处分，是一种行政处理。正常辞退是指用人单位根据生产经营状况和富余职工的情况，按照有关规定与职工结束劳动关系的一种行为（国发[1986]77号《国营企业辞退违纪职工暂行规定》）。只适用于国营企业及其所属的医院、学校、科研等事业单位，不适用于国家机关、人民团体和事业单位。

《国营企业辞退违纪职工暂行规定》第2条列举了6大类违纪行为，经过教育或行政处分仍然无效的职工，可以辞退。

2. 开除、除名、辞退的法律时效

《企业职工奖惩条例》已被2008年1月15日发布和实施的《国务院关于废止部分行政法规的决定》废止，原因是《企业职工奖惩条例》已被1994年7月5日中华人民共和国主席令第28号公布的《中华人民共和国劳动法》、2007年6月29日中华人民共和国主席令第65号公布的《中华人民共和国劳动合

同法》代替。

《国营企业辞退违纪职工暂行规定》已被 2001 年 10 月 6 日发布和实施的《国务院关于废止 2000 年底以前发布的部分行政法规的决定》废止,原因是《国营企业辞退违纪职工暂行规定》已被 1994 年 7 月 5 日全国人大常委会通过并公布的《中华人民共和国劳动法》、1999 年 1 月 22 日国务院发布的《失业保险条例》代替。

综上所述,开除、除名、辞退等手段和说法已经成为历史,企业对违纪职工不能作开除、除名、辞退处理,代之以劳动合同的终止和解除等手段和说法。

3. 裁员的必要技巧

(1) 裁员前的准备工作

1) 人力资源经理需与部门召开裁员沟通协调会议,达成裁员共识和统一口径。

2) 准备与裁员、经济补偿、劳动仲裁等相关法律文件。

3) 了解被裁员工的岗位、主要工作内容、入职时间、工资、其他收入、没有休完的假期等,便于工资和补偿结算,以及岗位接替工作。

4) 安排专人全权负责接替工作、物品交接工作。

5) 向财务部等部门了解被裁减人员需结清的资产、对外业务、财务等方面的情况。

6) 相关手续(档案、户口、养老保险、住房公积金的转移等)的办理方法。

7) 了解被裁减人员是否掌握公司的核心机密,以及准备处置办法预案。

8) 针对被裁减人员可能问到的问题,做出备选答案。

(2) 裁员要顾及人情

1) 裁员是一个无情的行为,企业应尽可能照顾到人情。

2) 要寻求反馈信息,充分与员工交换意见,不能一意孤行。

3) 注意语气,谨慎措辞,保持一种诚恳、同情的语气,但同时也要坚定。

4) 创造友好的气氛,对员工未来职业的发展给予鼓励。

(3) 裁员面谈实施中的注意事项

1) 裁员面谈应选择正确的时间,一般在一天或一周的开始较好,最糟的时间是在周末和假期开始之前。

2) 在谈话时要表达清楚,言简意赅,拖长时间往往会给员工以讨价还价的错觉。

3) 面谈中注意"察言观色",尽量照顾到被裁减人员的感受;充分肯定其工作中的成绩和对公司的贡献。

4) 语调尽量平缓,保持低调。

5) 清楚地告诉对方其享有的各项补偿。

6) 注意倾听,尽量让被裁减人员宣泄积压在心理的情绪。

（4）应该为"幸存者"提供支持服务

1）裁员通常伴随着企业组织结构、人员配置的调整。留用人员必须要适应这些新的变化，这常常通过对留用人员进行再培训而实现。有条件的公司最好安排几名心理医生，在一段时间内提供心理咨询，以减轻"裁员幸存者焦虑症"。

2）美国管理协会1997年做过一次大规模的调查，证实了紧随裁员之后的培训活动对组织的产出有重大的影响。他们发现，与裁员后不增加培训的公司相比，增加了培训的公司在实行裁员后一年左右，75%的公司在员工提高的生产力上获利。

（5）抱怨给企业带来的反思　企业实践中，被解雇的员工对公司及其直接领导有颇多抱怨，其主要内容不仅仅是埋怨公司解雇自己的动机，还会质疑公司两大问题：公司为什么不提前帮助员工改正缺点，而是以此为借口解雇员工；为什么被解雇的往往是表现相对较好的员工。

（6）后续思考

1）裁员的过程其实最能体现一个公司的企业文化，有人也说，"裁员比招聘更能体现出一个企业的文化。"

2）一个企业在裁员过程中所受到的阻力大小与企业文化建设的好坏成反比。

3）裁员应与绩效考核相挂钩，公司考核制度的完善可以避免不公平的事件发生。

➡ 查阅应用资料及课堂应用训练

企业在裁员时，应遵守相关法律法规，并按法定的程序办理相关手续。请在课前查阅相关资料，然后在课堂上结合查阅的资料相互讨论一下"办理裁员有哪些法定程序？需要哪些申报材料？并编写主要申报材料。"最后把你的主要观点写在下列的横线上（不够可附页）：

_____
_____
_____

接着，请几位学生代表谈谈自己的观点，然后由教师继续解析"技能应用及其延伸"的相关内容，各位同学要注意将你的观点与教师的解析进行对比。

➡ 技能应用

企业在裁员时，所产生的社会观感和员工的反抗情绪，与企业裁员是否按法定的程序办理有很大关系。一般来讲，企业裁员越合乎法定程序，社会的负面评价越少，员工的反抗情绪也越小。下面从实战的角度，谈一谈裁员的法律法规及政策依据、裁员办理的法定程序和申报材料内容，并附上主要申报材料的实战文件范例。

1. 裁员的法律法规及政策依据

主要依据《劳动法》第 27 条,《劳动合同法》第 41 条,劳动部关于印发《企业经济性裁减人员规定》的通知(劳部发[1994]447 号)。

2. 裁员办理的法定程序

(1)裁员初审　申报单位持相关材料按照工商营业执照登记所在地区(市)县属地备案与管理的原则,向各区(市)县劳动和社会保障行政部门提出申请,由承办人员进行初审,对单位申报材料齐全、符合规定的,予以受理,对不符合规定的应当立即告知申报单位补正相关资料。

(2)裁员报告　申报单位向劳动保障行政部门报告裁减人员备案的全部资料,并听取劳动保障行政部门意见。

(3)裁员审核、公布及实施　确定申请单位申报的裁员材料齐全并符合规定,裁员方案经劳动保障行政部门审核通过后,由申报单位正式公布裁减人员方案,并实施裁员。

(4)裁员备案　由申请单位将裁员的相关资料报劳动保障行政部门备案。

3. 裁员办理的法定申报材料

(1)企业经济性裁员的相关证明资料

1)依照破产法规定由债务人或债权人向人民法院申请进行破产重整的,应提交人民法院裁定债务人破产重整的裁定书。

2)企业生产经营发生严重困难的,应提交会计师事务所的审计报告。

3)企业转产、进行重大技术革新或者经营方式调整的,应提交相关变更劳动合同后,仍需裁减人员的相关资料。

4)其他因劳动合同订立时所依据的客观经济情况发生重大变化,致使劳动合同无法履行的,应据实提交相关资料。

(2)企业向劳动保障行政部门提交经济性裁员的书面报告。

(3)经济性裁员企业有上级主管部门或单位的,提交主管部门或单位的批复。

(4)经济性裁员企业的职工经济补偿方案。

(5)经济性裁员企业提前 30 日书面向工会或职工说明情况的相关资料。

(6)企业工会对裁员的书面意见;没有工会的企业,应提交被裁员职工签名的书面意见。

(7)企业解除劳动合同职工花名册。

(8)申报材料部分附件

① 经济性裁员的书面报告;

② 经济性裁员职工经济补偿方案;

③ 经济性裁员工会书面意见。

4. 裁员办理的承办部门

地方各级劳动和社会保障局劳动工资处。

5. 裁员办理的收费标准

不收费。

6. 申报材料部分附件

实战文本范例 8-1

××生物科技股份有限公司
裁员书面报告

×××劳动保障局劳动处：

　　我企业现向贵处提出进行经济性裁减人员的书面申请，并将本企业主要情况反映如下：

　　一、2008 年，国内的狂犬疫苗市场在原市场已基本饱和的情况下新增加了两家狂犬疫苗生产厂家，加剧了产品市场竞争，导致产品销售停滞，产品价格不断下滑，严重影响了我公司的主营收入及利润的实现。预计 2009 年，狂犬疫苗的市场也无法实现好转（据市场实际情况调查：2009 年市场狂犬疫苗消化能力在 1400 万人份左右，而目前市场上积压的产品已达到 1000 万）。

　　二、针对此市场状况，我公司拟降低 2009 年的狂犬疫苗产量，并缓建冻干狂犬疫苗车间，由此产生的直接生产人员冗余近 150 人；间接支撑人员近 20 人（包括质量检测、采购、销售内勤等）。

　　三、我公司的新厂区（位于北园区）建设也受到了严重的影响，原先计划的冻干狂犬疫苗车间已经推迟缓建，目前在建的和已经建好的为甲肝车间（在建）及中试车间（已建）。

　　四、我公司明年的转型项目之一——甲肝，2009 年主要的工作为试生产及报国家审批，能够分流使用的公司人员为 37 人左右。

　　上述冗员达 170 人，扣除分流使用的 37 人，合计裁员 133 人。

　　请审核批复为感！

××生物科技股份有限公司
2008 年 11 月 30 日

实战文本范例 8-2

××生物科技股份有限公司
裁员经济补偿方案

×××劳动保障局劳动处：

　　我公司近期裁员及经济补偿方案如下：

　　一、裁员方案

　　（1）狂犬疫苗车间因客观经济情况发生重大变化（狂犬疫苗产量降低），

到2009年1月底将裁员90人。

（2）流感车间因经营方式调整（因市场原因导致生产周期拉长、单位时间内工作量降低），到2008年12月底将裁员3人。

（3）分包装车间因客观经济情况发生重大变化（狂犬疫苗产量降低、自动化技术的提高及工艺改进），到2008年12月底将裁员20人。

（4）行政管理部门因产量降低导致相应质量检测、采购、内勤工作量的降低，到2009年1月底将裁员20人。

上述合计裁员133人。

二、裁员经济补偿方案

根据《劳动合同法》第四十条、第四十一条、第四十六条的规定，我公司对于辞退的员工，按照下列办法进行经济补偿：

（1）按劳动者在本单位工作的年限，每满一年支付一个月工资的标准向劳动者支付。

（2）六个月以上不满一年的，按一年计算；不满六个月的，向劳动者支付半个月工资的经济补偿。

（3）向劳动者支付经济补偿的年限最高不超过十二年。

××生物科技股份有限公司
2008年12月30日

实战文本范例8-3

××生物科技股份有限公司
裁员工会意见

×××劳动保障局劳动处：

我工会已于11月1日收到本企业提出的裁减人员情况说明，对于其中提到的以下几点情况表示认可：

1. 狂犬疫苗市场现状及2009年狂犬疫苗市场的预期。
2. 2009年企业对于狂犬疫苗生产进行的调整。
3. 企业目前所进行的新厂区的建设情况。
4. 企业目前所进行的新产品——甲肝疫苗的分析。

我工会对本企业提出的裁减人员的方案予以同意，请劳动部门给予审核。

××生物科技股份有限公司工会
2008年11月30日

技能应用延伸

面对持续残酷的市场竞争和此起彼伏的经济动荡，较多企业采取变相裁员的办法，避免通过法定程序实施裁员，以此降低劳动力成本和避免经济补偿，从而化解或减缓竞争和危机压力。然而，当今员工法律意识逐渐增强，加上面对严峻的就业形势，企业一般很难让员工主动辞职；于是企业挖空心思，想出如下办法迫使员工主动离职：

1. 不安排工作法（闲死法）

企业把员工调到独立的无任务的部门中，不分配任何任务，并从组织上进行冷落，从而使员工主动离职的常见方法。

2. 加大工作负荷法（累死法）

在某一时间内，交给员工一个根本完成不了的任务，一是考查该员工的真正实力，二是为企业辞退该员工找到借口。

3. 频繁调岗法

频繁给员工换岗位，让员工无法适应新的人际关系与工作任务，造成该员工情绪低落，从而离开的方法。

4. 陌生事业法

交给员工一个根本不熟悉的项目，让他在一定时间内完成，从而迫使员工离职的方法。

5. 更改项目法

采用项目制，约定如达不到目的或完不成任务，则整个项目组成员离职的方法。

6. 注销公司法

大型公司管理一般会采用分公司制，如果分公司业绩达不到公司要求，则分公司集体分解注销的方法。

7. 降级法

对3次以上完不成任务的员工，一般采用降级法，降至员工的心理底线以下的职位，导致员工离职的方法。

8. 内退法

达到一定工龄，但还没达到法定退休年龄的员工，可采取一次性补偿员工费用，然后让其离职的方法。

9. 家族理论法

引入现代企业管理理念，从而让有家族背景的员工离职的方法。

10. 政府调控法

通过行政干涉手法，让不符合要求的员工离开的办法。

11. 示弱劝退法

通过展示公司发展的难度，让员工感到工作艰苦而离职的办法。

12. 网站公布法

把法律认可的错误公布在网上，让犯错误的员工主动提出离职的方法。

以上 12 种迫使员工主动离职的办法，属于变相裁员的办法。我们认为，企业变相裁员总体上弊大于利，应当慎用。短期内，企业会成本下降和支出减少，但长久来说，变相裁员会导致员工队伍人心涣散，患得患失，谨小慎微，不敢再主动汇报问题、承担工作责任和分担风险，进而影响未来长期的个人和组织绩效，甚至为未来埋下隐患。而且，变相裁员比较突然，沟通不够透彻，会使员工有惶恐情绪，影响企业的正常运作和发展。

项目二　员工离职管理

应用一　离职员工的心理与行为分析

预习应用知识

1. 离职的定义

离职是指员工根据个人意愿，并经用人单位同意或达到劳动法规规定的时限，与单位解除劳动关系的行为。

2. 离职率的探讨

适当的员工离职率对于企业发展和保持活力是有益的，过于频繁的离职可能会影响到企业的稳定发展，反映出企业人力资源管理在员工管理和沟通等方面存在的问题。虽然企业越来越强调员工忠诚度的塑造，重视通过各种手段留住核心员工，但是在现实工作中，离职率过高的现象在企业中越来越严重。从人力资源管理方面考虑，人才流失管理在人力资源管理中具有非常重要的地位，是使企业高层管理者能够对较高离职率的原因作出准确判断的关键。

一份调查数据显示，2006 年中国合资或外资企业中，33.3%的企业的员工流失率在 1%～10%之间，27.3%的企业的员工流失率在 10%～20%之间，平均流失率为 17.9%。对于理想的流失率，有 45%接受调查的企业选择了 5%～10%，33%的企业选择了 5%，22%的企业则选择了 10%～15%，而没有企业选择 5%以下和 15%以上的流失率。这表明，流失率过高固然给企业带来了严重的经济损失，但是流失率过低也并非好事。

3. 离职的原因分析

（1）离职的直接原因　员工往往因为两个并存的原因而辞职：一个是"推

力",即在本组织工作不顺心;另一个是来自另一家公司的"拉力",即"这山望着那山高"。

(2)离职原因的综合分析表 根据笔者10年来的企业人力资源管理经验,结合不同企业员工的离职书面调查、网络调查、离职访谈等形式,我们归纳了员工离职的原因,如表8-1所示。

表8-1 离职原因的综合分析表

序号	离职的个人原因	离职的企业原因
1	人际关系不协调,不满直接领导	企业所从事产业的前景不被看好
2	超负荷、超时工作及强大的工作压力	企业无力提供相当水平的薪酬福利待遇
3	同工不同酬,分配不公	企业在人员配备方面不合理
4	无个人发展的空间,升职无望	企业沟通不畅,问题不被解决、意见不被采纳
5	工资收入低,福利差	企业面对强大的竞争对手
6	本人绩效得不到肯定	企业发展战略出现根本性的失误
7	不受尊重、没有民主和人性化管理	企业自身业务发展停滞不前
8	学到了想学的东西就该走了	企业内部环境和管理体制混乱
9	不喜欢企业的运作方式和固有体制,升职论资排辈	企业领导不具备创业、守业和继续发展企业的素质
10	缺乏领导重视和成才的人文环境	岗位设计、工作职责设计不合理
11	无法得到更富于挑战性的工作	企业主待人刻薄、要求苛刻、脾气败坏

➤ 查阅应用资料及课堂应用训练

员工离职前一般都有一些反常心理和行为,管理者要善于捕捉相关信息,降低员工离职给公司造成的危害。请在课前查阅相关资料,然后在课堂上结合查阅的资料相互讨论一下"离职员工的心理特征与行为表现分别有哪些?",最后把你的主要观点写在下列的横线上(不够可附页):

_____
_____
_____

接着,请几位学生代表谈谈自己的观点,然后由教师继续解析"技能应用及其延伸"的相关内容,各位同学要注意将你的观点与教师的解析进行对比。

➤ 技能应用

员工离职前都有一些异常的心理活动和行为表现,如果管理者能够及时发现和妥善引导,不仅能预防各种管理问题的出现,还能留住公司的有用人才。下面是我们在实践中总结出来的离职员工的心理特征与行为表现,供各位参考。

1. 企业裁员情境下的员工心理特征与行为表现

（1）企业裁员的主要原因　企业往往根据自己的经营需要或企业规章制度的有关依据，决定是否与员工续签劳动合同或通过是否胜任的考核制度来决定是否辞退员工，其他原因参见上文中"离职原因的综合分析表"。

（2）企业裁员的主要类型

1）合同到期不再续签。

2）不胜任工作单方解除合同。

3）企业主动提出，双方协商解除。

4）严重违反规章制度的单方解除。

5）试用期内不符合录用条件的解除。

（3）被裁员工的心理类型

1）员工自我感觉良好，认为自己表现不错，应该不会被辞退或应该会续签合同。

2）个人没有社会竞争能力，习惯了在本企业工作，不舍得离开或对自己的未来就业机会没有信心。

3）个人家庭原因或经济困难，迫切需要稳定的工作，担心找不到相等待遇的工作，担心没了生活来源。

（4）被裁员工的心理特征　不安、焦虑、恐惧、担心、悲观、失望、冲动、不满、无所适从、早有思想准备、有自知之明等。

（5）被裁员工的行为表现　茫然、失望、六神无主、找人说情、消极、怠工、不满、冲动、急躁等。

2. 员工辞职情境下的员工心理特征与行为表现

（1）员工辞职的主要原因　个人因为找到更好的工作，或不满意企业的管理制度，或因与直接上司关系处理不好，或薪酬待遇等达不到个人要求，提出离职的意愿，其他原因参见上文中"离职原因的综合分析表"。

（2）员工辞职的主要类型

1）合同期满个人不愿意续签。

2）找到新工作个人提出辞职。

3）不满企业管理提出辞职。

4）因个人原因不愿继续工作。

（3）员工辞职的心理类型

1）感觉无聊：员工感觉自己没有施展才华的空间，如果留在公司只能虚度年华，今后在职场上自己很难有竞争力。

2）感觉委屈：员工感觉自己的工作成绩得不到公司肯定，上司利用权势占用自己的劳动成果和工作资源，经常受到上司的排挤和压制。如果留在公司只能为他人作嫁衣裳，只能工作在上级的阴影下。

3）感觉生气：员工感觉自己承担本部门大部分工作，超负荷工作，而其他员工整天无所事事。如果自己留在公司工作只能严重损害身心健康，没有时间学习新的知识和技术，今后可能遭受淘汰的厄运。

（4）员工辞职的心理特征　无聊、空虚、失落、担心、无奈、委屈、不满、压抑、伤感、生气、身心疲惫、心理不平衡等。

（5）员工辞职的行为表现　茫然、失望、消极、敷衍了事、怠工、不满、冲动、吵闹、冲突、请病假、迟到、早退、旷工等。

➤ 技能应用延伸

传统上，员工努力工作和忠诚就能换来长期工作的保障和职业发展的稳定，但现代企业与员工之间的关系已不再是一种终身合同关系。组织要在竞争中保持持续的竞争力，就必须谨慎地与员工达成并维持一种动态平衡的"心理契约"。在员工与组织的相互关系中，除正式劳动合同规定的内容外，还存在着隐含的、非正式的、未公开说明的相互期望，包括个体水平的期望和组织水平的期望，及员工与组织对相互责任的期望，这是对心理契约的广义界定。狭义上讲，心理契约是指在组织与员工互动关系的情境中，员工个体对于双方隐含的非正式的相互责任与义务的一种主观心理约定。

1. 心理契约对人力资源管理的影响及对策

心理契约作为人力资源管理的一剂良方和联系员工与组织的心理纽带，对人力资源管理有着较大的影响。如果员工对组织的期望能够得以满足，心理契约得到兑现，那么就会提高员工对组织的忠诚度和满足感，促使员工自愿为组织作出更大的贡献——超出组织期望的投入。同时，员工流动率的降低、工作效率的提高以及劳资纠纷的减少，都能有效地提高组织的绩效，使组织获得高于所花费成本的回报。

（1）心理契约理论对招聘的影响及对策　在招聘环节，影响有效的心理契约的因素主要来源于招聘方承诺不符、夸大、美化以及双方的理解不一致。许多组织在招聘时为了吸引到更多的人才，往往夸大薪酬福利、职业培训和发展的机会，从而使应聘者怀着美好的愿望与组织达成心理契约。

真实地向应聘者提供有关信息是构建牢固心理契约的基础。组织要吸引优秀人才，最好的办法就是"职位预知"，即在招聘过程中应为应聘者真实地介绍组织现在的结构、劳务合同的主要内容、新员工的工作项目、职责以及工作的具体要求等，让员工对公司有一个相对真实的总体印象。

（2）心理契约理论对培训的影响及对策　员工选择组织的一个重要尺度是看这个组织是否提供或提供什么类别的培训，组织也将培训作为激励和培养员工的重要举措。但很多时候，培训并不能取得预期效果。许多员工都表示他们经常被通知去参与某个培训,没有人事先告诉他们为什么培训,更别说商量。这样,员工即以一种消极的态度对待此类培训,培训自然达不到效果。作为组织来说,培训达不到预想的效果,将会减少培训。因此,员工缺乏有效的培训,必将导致组织与员工心理契约的进一步恶化。

如果能让个体在培训中主动学习、愿意学习,那么培训才可能取得效果。要如何做到这一点,就需要我们在培训开始前,与员工进行讨论和协商,了解双方各自的期望是什么,为什么要接受,如何开展这种培训,以此获得双方认识上的一致性。这种讨论其实就是为了确定培训组织者和受训者之间的一种契约,即心理契约。只有真正地形成了这种心理上的契约,培训才会取得事半功倍的效果。

(3) 心理契约理论对激励的影响及对策　从各类激励理论来看,员工激励与心理契约密切相关。员工通过签订劳动合同并付出劳动可以获得金钱,以满足物质的需要。然而,在劳动合同这类正式契约中,却很少涉及较高层次(精神)需求的内容。从赫茨伯格的双因素理论来看,消除了让员工不满意的因素不能影响员工对工作的满意程度,即只能让员工没有不满意,却并不能带来满意。研究表明,对于员工来说,他们能否有效地工作,是否会对组织及其经营目标萌生出责任感、忠诚感和热情,以及他们能否从自己的工作中得到更高层次的精神满足感,在很大程度上取决于组织与员工之间心理契约的实现程度。

有效的激励,能充分地调动员工工作的积极性,促使组织目标的顺利实现。而要真正地调动起员工的工作积极性,使激励确实有效,首先要了解员工的需求,了解员工希望从工作或职业生涯中获得些什么。因为个人需求和动机有差异性,即使同一个人在不同时期的需求也不一样。有些人希望获得更高的薪酬或别人的尊重,有些人则满足于工作的愉快和挑战性。无论是物质的满足,还是精神的满足,都构成了心理契约最重要的部分。因此,必须建立高效的激励机制:①凭业绩付酬,建立与业绩挂钩的弹性工资制;②提高待遇,挣钱不仅仅是为了生存,也是一种身份的象征;③晋升及培训,有利于良好心理契约的进一步稳固。

(4) 心理契约对绩效考评的影响及对策　绩效考评中的晕轮效应、近期效应、从众心理、相似性错误等会破坏组织与员工的关系。在绩效考评过程中的一些过分依赖考评分数或只依赖平时印象等做法必然会对员工造成不良的心理影响,甚至造成员工之间或员工与组织之间的对立情绪,影响员工对组织的满意感和忠诚度,增加不满意度和离职率。

以心理契约来指导绩效考评,一是组织应向员工明确表明绩效考核的目的,发出契约条款,让员工了解组织的期望和要求。二是推行"员工参与"制度,从绩效考核标准的设立到绩效信息的收集和最终结果的评价,都让员工积极参与,以体现考评的公开性、公平性、民主性和科学性。员工的这种参与过程也就是心理契约的形成过程。三是深刻认识"沟通"的重要性，组织在绩效管理的各个阶段都要注意和重视与员工的沟通，否则可能引起不必要的矛盾，从而影响良好心理契约的维护。

2．心理契约违背与员工离职

（1）心理契约违背的产生　当员工个体察觉到组织无法履行义务或责任时，心理契约就会被违背，而心理契约的违背对员工的态度及行为会产生负面的影响。

（2）心理契约违背对员工行为的影响　按照 Turnley 和 Feldman（1999）的观点，在心理契约违背发生后，员工的行为反应大致可以概括为4类：①降低职务内绩效（员工完成其正式工作职责的情况）；②降低职务外绩效（主要是组织公民行为，包括承担更多的责任、加班、帮助同事等）；③出现反社会行为（包括打击报复、破坏、偷窃、攻击等）；④离职。可见，离职是心理契约违背后员工的一种极端行为表现。

（3）心理契约违背的影响因素　无论企业的性质如何，也无论何种职级的员工，员工在企业中都会发生不同程度的心理契约违背。心理契约的违背程度受员工在企业的任职时间的影响最大，不同工龄员工的心理契约违背程度又存在较大的差异，在企业任职时间越长其心理契约违背程度可能性越小。而员工的性别、工作的企业性质、工作级别、年龄和学历的个体属性差异对心理契约违背程度并无显著影响。心理契约违背是导致员工离职的重要原因，其中，企业的薪酬、晋升、培训和招聘时的承诺不能与员工期望的价值相匹配所产生的心理契约违背是导致员工离职的主要因素。

▲ 应用二　员工离职面谈技巧应用

↳ 预习应用知识

企业的发展都是长远的规划和建设，因此人才队伍建设同样是需要时间的。对于员工的频繁离职，作为HR部门不能一味地去计算违约金和办理手续工作，应更多地考虑员工离职原因究竟何在，离开的人是否应该离开，离开前如何做好相关工作等。

1．员工被动辞职，HR部门要做到的事情

（1）因为违反公司规章制度和劳动纪律被辞退的情况　因为该原因离职的员工数量较多，反映了公司员工具有较低的职业素质和职业道德，公司缺乏足够的能力维持组织的正常运转。作为HR部门，应督促行政部门加强规章制度和劳动纪律的检查工作，必要时，应选择标杆岗位进行宣传、树立典型，统一员工的思想认识。

(2) 因为不适应本职工作而被辞退的情况　上述原因还包括工作技能达不到工作岗位的要求的；不认同公司企业文化的；不能正确处理人际关系或工作关系而导致离职的。作为 HR 部门，应加强新（老）员工培训的工作，重点培训岗位技能、企业文化、人际关系管理、团队建设等内容，不断提高员工的技能和任职资格，强化员工对企业的认同感。同时，注意观察工作岗位标准是否设定过高、工作流程是否不太通畅，当某个岗位、工作流程出现人员频繁变动时，应由 HR 部门、企管部牵头考虑工作岗位标准、流程标准的适宜性，并及时梳理、修订。

(3) 因为公司战略、经营环境恶劣、利润大幅度下滑而辞职员工的情况　管理者或 HR 部门应与员工做好面对面的沟通工作，应对员工真实地表明企业的现状。作为员工个人可以提前选择更好的企业进行规划。例如，有家企业要裁员，每个部门要求裁员 1~2 人，人力资源部经理于是与被裁的员工一起谈心：首先把企业面临的困境如实告知员工，然后说明在本企业该员工几乎没有发展的机会和加薪的可能，不如到其他企业试试，发展空间可能更大、机会可能更多，最后还承诺给该员工一定的时间去其他企业求职，甚至还尽量帮助他寻找新的工作岗位。

2. 员工主动辞职，HR 部门要做到的事情

员工主动辞职时，管理者或 HR 部门应和离职者进行有效的面谈，并了解员工辞职的真实原因：是因为个人的发展原因还是公司的调派或调整岗位不太合适的原因。管理者或 HR 部门应了解到的员工辞职的原因，应包括且不局限于以下几个方面：

(1) 公司方面的离职原因　员工认为公司提供的条件不能达到个人对工作、收入的预期而离开公司；或者认为公司的内部选拔力度太小，在公司内部晋升机会很少，去其他公司寻求个人发展；或者出于自身职业生涯发展的考虑，不想长期在一个公司工作，希望通过换公司寻求新的发展。为此，HR 部门应不断地规范和完善员工最关心的薪酬福利体系和培训考核体系。HR 部门应对薪酬体系、福利体系和培训选拔体系进行重大调整，以便得到员工的认可；应适当地加强内部选拔机制，避免一味的外部招聘选拔；应开展员工职业生涯规划工作。

(2) 个人方面的离职原因　员工希望进一步加强自身的专业知识而准备参加研究生考试，或因继续攻读学位但公司不能提供此类条件造成了这些员工的离职。若是有条件的公司，可以为员工提供部分学费，但要求员工毕业后在公司工作若干年以上；没有条件的公司，可以试一试邀请员工学习完毕后，再回到原公司工作。

▶ 查阅应用资料及课堂应用训练

员工离职前，通常会比较冲动，如果不加以正确引导和化解，往往会给公

司造成一定的损失。请在课前查阅相关资料，然后在课堂上结合查阅的资料相互讨论一下"员工离职前，如何做好离职面谈，才能较好地化解企业隐患、帮助企业发现潜在的问题？"，最后把主要结果写在下列的横线上（不够可附页）：

_____
_____
_____

接着，请几位学生代表谈谈自己的观点，然后由教师继续解析"技能应用及其延伸"的相关内容，各位同学要注意将你的观点与教师的解析进行对比。

➡ 技能应用

员工离职前，往往会有较大的情绪波动，这样对企业存在较大隐患。同时，员工离职时，也往往会反映出一些潜伏在企业内部的重大问题。员工离职前如何做好离职面谈，才能较好地化解企业隐患、帮助企业发现潜在问题呢？下面我们谈一谈员工离职面谈的技巧应用。

1. 离职面谈的目的

通过离职面谈可以对员工离职的原因有更深入的了解，并能揭示出公司人力资源管理系统存在的问题。只有了解了问题，才能采取行动加以纠正。

2. 离职面谈的内容

对公司的总体印象、对公司薪酬福利的看法、对目前工作及发展空间的看法、对自己上司的评价、离开公司的主要原因、公司目前存在的管理问题、公司存在的管理问题如何解决等等。

实战文本范例 8-4

离职面谈记录表

注：离职面谈是为了更好地做好相关的人力资源工作，请各位参加面谈者能客观真实地反馈面谈的内容；谢谢合作！

部门：_____ 工号：_____ 姓名：_____ 级别：_____ 岗位：_____

年　份				是否为关键岗位	
绩效等级				□ 是　　□ 否	
面谈项目	面谈记录（注：此栏由主持面谈人员填写）				
对公司的总体印象	□ 很好	□ 较好	□ 一般	□ 差	□ 其他看法（请补充解释）：

（续）

对公司薪酬福利的看法	□ 认同且接受　□ 一般　□ 不认同　□ 其他看法（请补充解释）：
对目前工作及发展空间的看法	1. 工作挑战性：　□ 很大　□ 较大　□ 一般　□ 无 2. 发展空间：　　□ 很大　□ 较大　□ 一般　□ 无 3. 其他看法（请补充解释）：
对自己上司的评价	1. 上司的管理模式及风格：　□ 认同　□ 基本认同　□ 不认同 2. 其他看法（请补充解释）：
离开公司的主要原因	□ 另有他就　□ 工作环境太差　□ 工资太低　□ 对部门管理不认同 □ 无发展空间　□ 解雇　□ 其他（请补充解释）：
其他面谈内容	
本人长期有效的联系方式：	
本人签字确认	面谈主持人签字确认

3. 辞职初期的处理技巧

当员工提出辞职时，要做到快速反应和保密。

（1）快速反应　一是尽快为该员工解决困难，以利于把他争取回来；二是准备安排相应的员工弥补空缺，以免影响工作。

（2）保密　一是避免造成既定事实，二是避免引起连锁反应。

4. 离职面谈过程

（1）离职面谈的准备　了解辞职者的资料，选择轻松明亮的房间面谈，谈话时间20～40分钟。

（2）面谈中的技巧　营造轻松的气氛，注意倾听，当员工有抵触情绪时要及时关心对方的感受，不要唐突介入和评价。

（3）面谈后的作业　分析员工离职的真正原因，消除不满情绪。

5. 离职面谈注意事项

理解对方的想法或情绪，提出试探性的问题求解，给予支持性的温暖语言，询问对方的深层次需求，确认双方发生的实际情况，共同讨论解决冲突的方法，说明自己的立场以及方法，注意了解沟通对象的性格特点、精神状态、价值观念和交往习惯，互相尊重、促进合作，注意沟通的语言、符号等，借助专家、相关团体实现沟通。

6. 离职面谈重要提示

（1）应互相尊重，就事论事，方可达成目的　在面谈时，只针对问题；不要在生气时面谈，因为这时容易语无伦次；在沟通严重问题时，不要有第三者在场，因为人都爱面子；讲话内容要简明扼要，不要重复；不要用命令的语气沟通，以免引起对方反感。

（2）谈话时要沉着冷静，不要自我防卫　当对方批评你时，勿过分自我防卫、勿有过分的情绪反应；能虚心接受，除非对方有严重误解，否则不须急着辩解；不要因对方攻击，就立刻加以还击；不要用封闭式的问答沟通，即只能让对方回答"是"还是"不是"；也不要用提示性的问题提问，如"是不是塞车使你迟到呢"。

（3）不要压抑对方的情绪　沟通时，要能倾听别人的意见，不要流于训话方式；要尊重对方，多站在对方的立场考虑；多说些赞美的话和关心的话。

↘ 技能应用延伸

一个稳定的团队是企业取得不断前进的重要保障。如果员工尤其是核心员工大量流失，不仅可能造成客户资源流失，人心浮动，而且还可能造成企业核心机密的流失，给企业带来惨重的损失。因此对于企业来讲，除了需要淘汰部分员工外，企业还要确保绝大部分员工的相对稳定，采取一定措施降低企业员工的流失。那么，企业应该采取什么措施来降低员工的流失呢？

1．明确用人标准

企业在招聘员工时，一定要结合企业的用人需求，不可盲目地提高用人标准，也不能降低用人标准。因为企业招聘相应岗位，只会给予这些岗位相应的待遇和级别，而这些人进入企业后，如果发现实际情况不是自己想象的，就会感到上当受骗，从而一走了之。

2．强化招聘管理

在人员选拔时，要从企业战略上考虑到员工在企业的可持续发展。某些企业的人才流失原因，主要是人才不认可企业的文化和价值追求。成功的员工选聘应当关注人才对企业文化、价值追求的认可程度。那些与企业文化不能融合的人，即便是很有才能，对企业的发展也会有不利之处。在进行人才选拔时，应让求职者充分了解公司的工作环境和企业文化。

另外，在选拔人才的过程中，除了关注员工个体的素质外，还应认真分析拟任团队的结构特点，如团队成员的学历、性别、年龄、观念、价值取向等，尽量减少不必要的人才团队磨合成本，增加人才与团队的融合度。

3．分析并尽可能满足员工需求

作为一个社会人，就会有各种各样的需求。作为企业来讲，一定要经常对员工的需求进行分析，只要员工的需求没有违法违纪、没有违背企业宗旨和原则就尽可能地去满足。企业只要能够满足员工的基本需求，员工就很少会考虑离职。例如，企业有许多员工到了谈婚论嫁的年龄，自然就会产生要找"另一半"的需求，这时企业就可以经常与其他机构举办一些文体活动等，增加员工与异性接触的机会，如果有合适的人选，企业领导甚至可以出面撮合。

4. 待遇留人

对于现代企业的员工来讲，待遇是一种很现实的需要，企业幻想既要让员工努力干活，又不想付出合理的薪酬待遇，恐怕是难以实现的。不过企业也不能为了留住员工，向员工付出高于行业太多的待遇。因此，企业在制定员工的薪酬福利时，一定要结合行业的情况，如果自己的薪酬福利没有竞争力，就会出现有能力的员工向其他企业流失的情况。

5. 感情留人

在对员工的感情投入上，企业要创造一种让员工有家的感觉的环境，这样往往会收到事半功倍的效果。

例如，员工家里出现困难时，企业伸出援手；老板和企业高层主动找员工谈心沟通，会让员工有受到重视的感觉；员工结婚或家里出现老人病重、去世的情况时，老板或企业高层亲自到场祝贺或哀悼；员工的家属没有工作时，企业帮助员工给家属安排力所能及的工作等。这些都会让员工感动，而企业实际上并没有多付出什么，却收获了员工的忠诚。

6. 加强员工的培训工作

较多企业，尤其是中小企业的培训工作做得不够全面，覆盖率低，员工在企业很长时间也得不到相应的培养，因此加大了员工的流失率。为此，企业应加强培训，提高员工的培训覆盖率，在员工的不同阶段，对员工进行相应的培训，如在进入时期，对员工进行公司业务基础知识、业务技能、业务流程等培训；在发展中期，对员工进行技能提升、技能完善等培训。完善的培训体系旨在提高员工技能，满足员工自我实现的需要，最终实现员工与企业的双赢。

7. 不要在企业亏损时拿员工待遇"说事儿"

企业在经营时难免会遇到经营不善的局面，企业一旦出现亏损，压缩成本、降低费用是无可厚非的。但许多企业在亏损时，首先考虑降低员工待遇，以此来节省费用，结果还没等到企业开始盈利，员工也流失得差不多了。

8. 进行职业生涯指导

企业应在进入时期、早期、中期和后期分别对员工进行相关的职业生涯指导。进入时期，需多与员工沟通，进行相关的引导和跟踪，让员工尽快融入公司；职业早期则要善于发现员工的特点，发挥员工的潜能，使员工与岗位相结合；在职业中期，则要对员工进行职位的晋升及综合能力的提升，丰富工作内容，强调工作的多样化，增加员工的内部需要及自我满足感。通过横向和纵向的职业发展体系，充分满足员工的职业需求，挖掘员工的工作潜力，发挥员工的力量，产生以一当十的巨大人才效应。

9. 建立员工流失预警机制

企业内员工和个别核心员工的出现一定的流失是非常正常的，但如果出现大量流失则会给企业带来沉重打击。这就需要企业的人力资源部门设立员工流失预警机制，设定员工流失的安全系数。企业的人力资源部门平时就要对企业的人力资源状况进行动态分析和管理，一旦发现员工流失出现超过安全系数、可能或出现员工大量流失的迹象，要马上通报企业高层并及时采取应对之策。

10．建立公平竞争的用人机制

许多员工的离职原因往往是对企业的用人机制和环境不满，自己有能力但是得不到晋升，庸者身居高位但无人能动，帮派主义、小团队主义盛行。如果这种问题不解决，将很难使有能力的员工安心工作，他们的流失也就只是时间问题。所以企业如何建立公平竞争，能者上、庸者下的用人机制和环境，对于稳定有能力、有抱负的员工来讲是至关重要的。

总之，企业要想稳定企业的员工队伍，降低人员流失，就要明白员工流失的责任并非全在员工本身，而企业也要多方位反思，并根据企业自身的情况采取有效措施以降低员工的非正常流失。㊀

㊀ 邓世发《十四招：有效降低员工的流失》。

模块九　劳动争议的预防和处理

知识目标

了解工会的职能、了解工会的法律保护、了解集体谈判的定义、了解集体谈判的代表、了解集体合同的含义、了解集体谈判和集体合同的法律保障、了解工会的代表性和独立性问题、了解劳动争议的认定条件、了解劳动争议协商的法律依据、了解劳动争议调解的原则、了解劳动争议调解的组织、了解劳动争议调解的法律依据、了解劳动争议3大调解机构、了解仲裁适用法律、了解劳动监察与劳动仲裁的区别、了解劳动争议诉讼适用法律、掌握裁员的必要技巧、掌握集体谈判的内容。

能力目标

分析企业操纵工会的不当行为及救济措施、分析我国集体谈判制度面临的问题及对策、分析处理劳动争议的途径、分析劳动争议诉讼当事人、掌握裁员的通常做法、掌握签订集体合同的法定程序、掌握集体合同审查材料的编写技巧、掌握劳动争议调解的法定程序、掌握劳动争议调解的文本材料、掌握劳动争议仲裁的法定程序、掌握劳动争议仲裁材料和文本的编写、掌握劳动争议诉讼的受理程序。

项目一　集体谈判

应用一　企业操纵工会的行为风险及应对措施

预习应用知识

1. 工会的含义

在对工会进行的科学研究中，最经典、最经常被引用的工会定义，是西德尼·韦布与比阿特丽斯·韦布在《英国工会史》一书中指出的：工会是由工人组成的旨在维护并改善其工作条件的连续性组织。

从工会的性质、组织目标及其实现方式可以看出，工会是由员工组成的组织，它主要通过集体谈判的方式代表员工在工作场所及整个社会中的利益，工会的首要任务是通过团结工人，争取改善员工的工作条件。因为员工作为个体，通常没有力量与雇主进行交涉，其工资、工作条件一般都由雇主按市场规律单方面决定。

2．工会的职能

市场经济条件下，劳动关系的基本特点是主体双方存在着事实上的不平等，管理方处于主导地位。正如美国学者米尔斯所认为的，劳资关系天生、内在就是不平等的，劳资关系的运行就是利用法律、工会、资方的自我约束等等来限制这不平等的过程[⊖]。工会在劳动关系中的职能主要体现在以下5个方面：

（1）维护职能　工会是代表和维护劳动者权益的组织，它以维护劳动者的经济利益和经济活动为基础，各国劳动法律一般都明确地规定了工会的这一基本职能。

（2）教育职能　工会组织职工参与企业、事业单位的民主决策、民主管理、民主监督，具有提高职工科学技术、文化、思想道德水平的重要作用。

（3）监督职能　工会享有监督权利，要对企业落实职工民主管理权利和依法经营管理的状况进行监督。

（4）协调职能　"劳资关系"双方是矛盾的对立统一体，按照收益最大化原则，资方追求利润的最大化，而劳方追求收入的最大化，劳资双方的利益追求存在着对立性，因此劳资纠纷难以避免。工会作为劳动力供给方的利益代表，承担着与管理方进行沟通和协调的职能，在调解劳动纠纷、协调劳资关系方面发挥着不可替代的作用。

（5）制衡职能　工会作为一个独立的利益主体，它的制衡作用不仅体现在某一企业或行业的工资、福利、保险待遇的集体谈判中，而且在国家有关劳动立法方面，政府也要与最有代表性的工会组织和雇主组织进行协商。

3．工会的法律保护

我国制定了专门的《工会法》。2001年《工会法》明确规定了工会的性质、活动准则，工会的权利和义务，经费和财产等内容，为工会开展活动以及企业处理与工会的关系提供了法律准则。

（1）工会组建的法定条件　工会是职工自愿结合的工人阶级的群众组织。企业、事业单位有会员25人以上的，应当建立基层工会委员会；不足25人的，可以单独建立基层工会委员会，也可以由两个或两个以上单位的会员联合建立基层工会委员会。针对新建企业工会组建率和职工入会率低、一些经营者阻挠和限制劳动者参加和组织工会，以及国有企业改制中出现的非法撤销、合并工会等现象，《工会法》特别规定"任何组织和个人都不得阻挠和限制职工依法参加和组织工会"、"上级工会可以派员帮助和指导企业职工组建工会，任何单

⊖ 徐小洪"《工会法》价值取向：确立劳动者法律主体地位"。

位和个人不得阻挠"。

（2）工会工作人员的规定　职工在200人以上的企业、事业单位的工会，可以设专职工会主席。工会专职工作人员的人数由工会与企业、事业单位协商确定。工会主席、副主席任期未满时，不得随意调动其工作。罢免工会主席、副主席必须召开会员大会或者会员代表大会讨论，非经会员大会或者会员代表大会全体代表过半数通过的，不得罢免。

（3）工会工作人员的福利待遇　基层工会委员会召开会议或者组织职工活动，应当在生产或者工作时间以外进行，需要占用生产或者工作时间的，应当事先征得企业、事业单位的同意。基层工会非专职委员占用生产或者工作时间参加会议或者从事工会工作，每月不超过三个工作日，其工资照发，其他待遇不受影响。专职工作人员的工资、奖励、补贴，由所在单位支付。社会保险和其他福利待遇等，享受本单位职工同等待遇。

（4）工会的民事主体资格及权利　工会组织一旦成立，即取得民事主体资格，享受相应的权利。工会取得民事主体资格，享有独立的财产权及其他权益，工会组织的财产、经费和国家拨给工会使用的不动产归其所有或使用，工会投资建立的企业的财产与权益也归其所有。2003年7月9日施行的《最高人民法院关于在民事审判工作中适用〈中华人民共和国工会法〉若干问题的解释》规定，人民法院在审理涉及工会组织的民事案件时，要将工会组织及其投资设立的企业的财产权益与建立工会的企业、事业单位或者机关团体的财产权益区别开，作为不同的独立财产权益来对待和保护。人民法院不得裁判工会组织承担建立工会组织的企业、事业单位、机关的债务，也不得为清偿建立工会组织的企业、事业或者机关的债务而对工会组织财产采取划拨、扣押、冻结等强制执行措施，侵害工会组织的合法权益，妨碍工会组织的正常工作。

➢ 查阅应用资料及课堂应用训练

从以上内容的学习，我们知道工会是维护并改善员工福利待遇和工作条件的组织。但在工会活动中，中小私营企业常有侵害工会权益的事情发生。请在课前查阅相关资料，然后在课堂上结合查阅的资料相互讨论一下"企业有哪些常见的操纵或压制工会活动的不当行为？国家有哪些法律条款保护工会的合法权益？"，最后把主要结果写在下列的横线上（不够可附页）：

_____
_____
_____

接着，请几位学生代表谈谈自己的观点，然后由教师继续解析"技能应用及其延伸"的相关内容，各位同学要注意将你的观点与教师的解析进行对比。

↘ 技能应用

在企业实践中,特别是中小私营企业,常出现利用其强势地位和管理便利操纵或压制工会合法运动,打击和报复工会成员的不合法行为。现行法律对用人单位一方的不当行为进行了明确的列举和限制,并规定了相应的法律责任和风险。2001年我国对《工会法》进行了修订,保障劳动者享有建立、参加和从事工会活动的权利。法律明确地规定了对企业操纵工会的如下不当行为予以限制,并提出了相应的纠正措施。

1. 企业对工会成员实行不公正待遇

用人单位不得因为劳动者组织、参加工会活动,而采取包括解雇、调动、减薪、降职、不公正对待等方式进行阻挠和限制。

法律还特别规定,不得随意调动工会主席、副主席的工作,不得解除和终止集体协商谈判代表的劳动合同。基层工会专职或非专职主席、副主席、委员是工会会员大会或者会员代表大会依法选举产生的工会工作人员,肩负着协调劳动关系,维护职工合法权益的法定职责。工会主席、副主席任期未满时,不得随意调动其工作。因工作需要调动时,应当征得本级工会委员会和上一级工会的同意。罢免工会主席、副主席必须召开会员大会或者会员代表大会讨论,非经会员大会全体或者会员代表大会全体代表过半数通过,不得罢免。

2. 企业利用劳动合同期限压制工会运动

部分企业利用劳动合同期限压制工会运动,当工会主席、副主席和委员劳动合同期限到期时,通过不续约的方式来压制工会运动。《工会法》规定,基层工会专职主席、副主席或者委员自任职之日起,其劳动合同期限自动延长,延长期限相当于其任职期限;非专职工会主席、副主席或者委员自任职之日起,其尚未履行的劳动合同期限短于任期的,劳动合同期限自动延长至任期期满。但是,任职期间个人严重过失或者达到法定退休年龄的除外,即企业可以根据《劳动法》和《劳动合同法》,对任职期间个人严重过失或者达到法定退休年龄的工会主席、副主席或者委员,可以终止或解除其劳动合同,并不因劳动者担任了工会职务而受影响。2004年《集体合同规定》进一步明确,企业内部的协商代表参加集体协商视为提供了正常劳动。职工一方协商代表在其履行协商代表职责期间劳动合同期满的,劳动合同期限自动延长至完成履行协商代表职责之时,除出现法定可以解除合同的情形,用人单位不得与其解除劳动合同。同时规定,职工一方协商代表履行协商代表职责期间,用人单位无正当理由不得调整其工作岗位。

劳动合同期限自动延长制度可以保障工会干部完成其任期内的工作。因为依据《工会法》第15条的规定,基层工会委员会每届任期3年或者5年。如果工会干部劳动合同的期限与其工会职务任期不一致,尤其是当劳动合同的期限短于其工会职务的任期,而又不能自动延长其劳动合同期限时,该工会干部就处于一种矛盾尴尬的境地。

3. 企业拒绝集体谈判

《工会法》第53条规定,无正当理由拒绝平等协商的,由县级以上人民政府责令改正,依法处理。这一规定实质上确立了企业和工会的集体谈判义务,以及无正当理由拒绝履行集体谈判义务时的法律责任。所谓"正当理由"是指不可避免、且足以妨碍集体谈判正常进行的或者勉强进行集体谈判会妨碍更大利益实现的情形。构成"正当理由"的情形消灭之后,不得再拒绝进行集体谈判。《工会法》将"集体协商"规定为用人单位的义务,是一种强制性条款,改变了《劳动法》把集体协商作为选择性条款的规定。而且具体规定了用人单位如果无正当理由拒绝平等协商所应承担的法律责任。[①]

4. 企业控制干涉工会

任何个人和组织不得控制或干涉工会组织的成立,不得妨碍工会的活动,控制干涉工会是雇主的不当劳动行为之一。《工会法》规定,不得阻挠和限制工人依法参加和组织工会的权利;不得随意撤销、合并工会组织。《北京市实施〈中华人民共和国工会法〉办法》进一步规定,工会主席、副主席不得由本企业的法定代表人兼任,也不宜由分管劳动、工资、人事的企业负责人兼任;企业主要负责人的近亲属不得作为本企业基层工会委员会的成员。但雇主控制干涉工会的行为,特别在非公有制企业是比较普遍存在的问题。在一些已经建立工会的非公有制的企业中,工会主席有相当部分是由企业行政负责人如副厂长、人事部长、行政处长,或雇主的亲戚、亲信乃至老板娘充任。[②]

▶ 技能应用延伸

前面谈到了企业操纵工会的不当行为,并从法律角度提出了相应的纠正措施。对于企业操纵工会的不当行为,特别是严重的不当行为,仅仅纠正还是不够的,还必须让企业承担相应的法律责任和风险。在企业操纵工会不当行为的救济方面,我国《工会法》规定了相应的法律责任,以保护工会的合法权益,主要表现在以下几个方面:

1. 关于妨碍职工行使结社权和阻挠工会建会工作的法律责任

针对一些企业限制、阻挠甚至禁止职工依法组织和参加工会,或以精简机构为名撤并工会的现象,2001年《工会法》新增了对侵害参加和组织工会权利的行为的制裁措施,规定"阻挠职工依法参加和组织工会或者阻挠上级工会帮

[①] 程延园:《员工关系管理》,上海:复旦大学出版社,2008年。
[②] 常凯,"论不当劳动行为立法",《经济法学、劳动法学》,2001年第1期。

助、指导职工筹建工会的,由劳动行政部门责令其改正;拒不改正的,由劳动行政部门提请县级以上人民政府处理;以暴力、威胁等手段阻挠造成严重后果,构成犯罪的,依法追究刑事责任。"

2. 关于对工会工作人员打击报复、侮辱诽谤或人身伤害的法律责任

针对工会干部在履行职责中,因维护职工合法权益而遭到打击报复,有的被调离,有的被撤职,有的被扣发工资,有的被解除劳动合同,而原法律的保护范围、保护力度又不够的情况,《工会法》对打击报复工会工作人员、无正当理由调动其工作岗位的情况,规定了两种处罚方式:①由劳动行政部门责令改正、恢复原工作;②造成损失的,给予赔偿。

针对侮辱、诽谤或者人身伤害工会工作人员的情况,规定了两种处罚方式:①追究刑事责任;②依照治安管理处罚条例的规定处罚。

3. 关于解除参加工会和从事工会工作的人员的劳动关系应当承担的法律责任

实施这两种违法行为引起的处罚方式有两种:①由劳动行政部门责令恢复其工作,并补发被解除劳动合同期间应得的报酬,包括工资、奖金、津贴、补贴等;②由劳动行政部门责令恢复其工作,并责令给予本人年收入2倍的赔偿。

最高人民法院《关于在民事审判工作中适用〈中华人民共和国工会法〉若干问题的解释》规定,人民法院审理职工和工会工作人员因参加工会活动或者履行法定的职责而被解除劳动合同的劳动争议案件,根据当事人的请求,可以采用两种方式给予救济:裁判用人单位恢复其工作,并补发被解除劳动合同期间应得的报酬,或者裁判用人单位给予本人年收入2倍的赔偿,并支付经济补偿金。职工或者工会工作人员因参加或从事工会活动而被解除劳动合同后,如果已经找到其他工作或者认为已经无法继续在该单位工作,本人不要求恢复劳动关系的,请求用人单位支付其本人年收入2倍的赔偿金,同时要求支付解除劳动合同的经济补偿金的,人民法院应当予支持。经济补偿金应当参照《违反和解除劳动合同的经济补偿办法》第8条规定的标准计算。

《工会法》第52条规定的用人单位非法解除劳动合同时支付的劳动者本人年收入的2倍赔偿是过错赔偿责任,是用人单位因过错承担的违约责任。而《劳动法》和《劳动合同法》规定的解除劳动合同时的经济补偿金是补偿性质的,与双方当事人的过错无关。两种责任形式的功能和目的不同,可以并用。如《劳动法》第91条也规定支付经济补偿与支付赔偿金可以并用。《劳动法》第98条规定的用人单位对劳动者造成损害的,应当承担赔偿责任,与经济补偿也是区别开的。同时,赔偿金具有一定的惩罚性,《工会法》第52条规定的年收入2倍的赔偿金,不以劳动者实际上遭受了损失为前提,也不要求与劳动者的实际损失一致,因而具有一定的惩罚性,但这并不影响它的合理价值。

4. 关于阻挠工会依法行使职权的法律责任

《工会法》明确规定，对于妨碍工会组织职工通过职工代表大会和其他形式依法行使民主权利的；对于非法撤销、合并工会组织的；对于妨碍工会参加职工因工伤亡事故以及其他侵犯职工合法权益问题的调查处理的；对于无正当理由拒绝进行平等协商的，由县级以上人民政府责令改正，依法处理。法律规定的"依法处理"有多种情况，对于给职工和工会造成损失的，应当依照法律规定进行民事赔偿；对拒不改正的，或给予行政处罚，或给予违法行为直接责任人行政处分；对情节严重，构成犯罪的，应当交司法机关依法追究其刑事责任。

5. 关于保障工会经费收缴的规定

目前，工会经费收缴难已成为一个普遍问题，一些企业因经济效益不佳而拖欠工会经费，甚至拒缴工会经费，有的省、市工会经费收缴率只有50%左右，有的甚至仅有30%，严重地影响了工会工作的顺利开展。为此，《工会法》第43条规定，企业、事业单位无正当理由拖延或者拒不拨缴工会经费，基层工会或者上级工会可以向当地人民法院申请支付令；拒不执行支付令的，工会可以依法申请人民法院强制执行。这一规定为催缴工会经费提供了法律保障。

2003年7月8日施行的《最高人民法院关于在民事审判工作中适用〈中华人民共和国工会法〉若干问题的解释》对工会组织要求企业、事业单位、机关团体支付拖欠的工会经费如何适用支付令程序问题作了明确规定：①规定了申请支付拖欠的工会经费支付令案件，由被申请人所在地的基层人民法院受理，明确了受理此类支付令案件的法院的地域管辖问题；②规定了人民法院适用支付令程序审理案件的有效快捷方式。在受理工会组织要求支付拖欠工会经费的支付令案件后，人民法院可以先行向被申请人询问是否对该支付令存有异议，如果被申请人对债权债务关系没有异议，仅对应拨缴工会经费数额有异议，人民法院可以就无异议的数额部分发出支付令，保证支付令不仅能够及时发出，而且确保其得到执行。这是对支付令程序的重要完善，可以有效避免在支付令发出后，仅因被申请人对支付工会经费数额的一部分有争议，对债务存在没有异议而导致整个支付令失效，案件进入诉讼程序，从而使工会组织利益得到及时有效地维护。○

关于保障工会经费收缴的规定，还不能从根本上改变拖欠工会经费的现状，所以现在总工会和地税部门合作，由地税部门代收企业的工会经费，不管企业是否建立工会组织，都要按工资总额的2%向地税部门交纳工会经费，这是2006

○ 程延园：《员工关系管理》，上海：复旦大学出版社，2008年。

年开始施行的新规定。

应用二 集体谈判及签订集体合同的全程辅导训练

预习应用知识

1. 集体谈判的基本知识

（1）集体谈判的起源 集体谈判（Collective Bargaining）术语由英国学者西德尼·韦布（Sidney Web）和比阿特丽斯·韦布（Beatrice Web）于19世纪末首先提出并开始使用。他们是第一次尝试对工会进行分析和科学研究的代表人物。后来，集体谈判是市场经济国家处理劳资关系的主要手段和方式。西方国家将集体谈判作为调整和解决劳资关系冲突和争议的机制，并从立法上对集体谈判进行规范。

（2）集体谈判的定义 在我国现行法规文件中，通常将"集体谈判"表述为"集体协商"、"平等协商"。"集体谈判"区别于雇员个人为自己的利益与雇主进行的个别谈判，它是工会与雇主或雇主协会（我国法律称为用人单位）之间针对工作报酬、工作时间及其他雇佣条件，在适当时间，以坦诚的态度所进行的协商和交涉。集体谈判是劳动关系重要的调节机制，也称为劳动关系的制衡器，应作为一项劳动法律制度加以规范。

（3）集体谈判的内容

集体谈判的内容如图9-1所示。

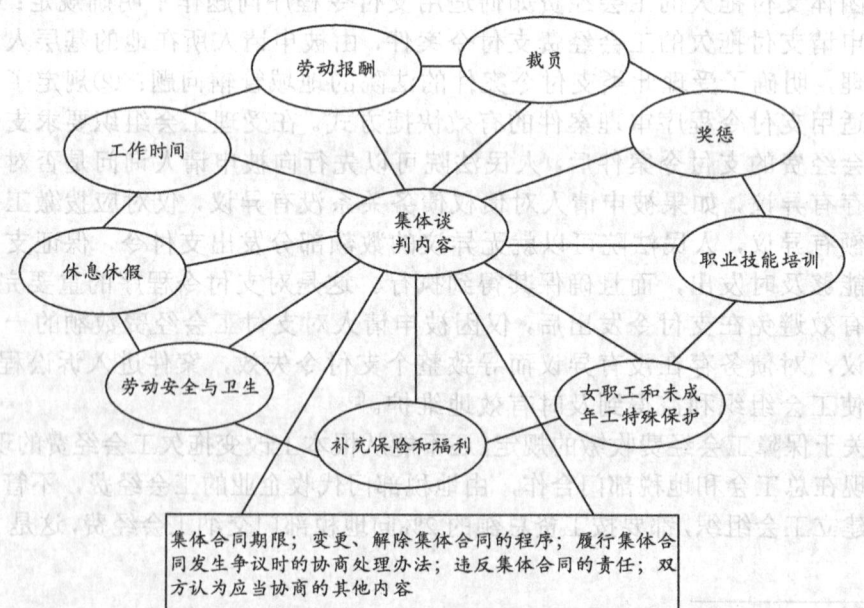

图9-1 集体谈判的内容示意图

（4）集体谈判的代表　根据《集体合同规定》，集体协商双方的代表人数应当对等，每方至少3人，并各确定1名首席代表。

① 职工一方的代表。职工一方的协商代表由本单位工会选派。未建立工会的，由本单位职工民主推荐，并经本单位半数以上职工同意。职工一方的首席代表由本单位工会主席担任，工会主席可以书面委托其他协商代表代理首席代表。工会主席空缺的，首席代表由工会主要负责人担任或委托。未建立工会的，职工一方的首席代表从协商代表中民主推举产生。

② 用人单位一方的代表。用人单位一方的协商代表由用人单位法定代表人指派，首席代表由单位法定代表人担任或由其书面委托的其他管理人员担任。

③ 外部代表的限定。集体协商双方首席代表可以书面委托本单位以外的专业人员作为本方协商代表。委托人数不得超过本方代表的1/3。首席代表不得由非本单位人员代理。用人单位协商代表与职工协商代表不得相互兼任。

2．集体合同的基本概念

（1）集体合同的含义　集体合同是指用人单位与本单位职工（或者工会代表职工与企业代表组织之间）根据法律、法规、规章的规定，就劳动报酬、工作时间、休息休假、劳动安全卫生、职业培训、保险福利等事项，通过平等协商签订的书面协议。

集体劳动合同的具体内容包括：总则、用工管理、劳动报酬、工作时间、休息休假、劳动保护和安全卫生、保险福利、合同期限、权利和义务、争议处理约定、变更、解除、终止、续订集体合同的协商程序。

（2）专项集体合同　专项集体合同是指用人单位与本单位职工（或者工会代表职工与企业代表组织之间）根据法律、法规、规章的规定，就平等协商的某项内容签订的专项书面协议。

企业工资集体协议是专项集体合同的一种，是指职工代表与企业代表依法就企业内部工资分配制度、工资分配形式、工资收入水平等事项进行平等协商，在协商一致的基础上签订的工资协议。

3．集体谈判和集体合同的法律保障

目前，我国已初步建立起了一整套法律法规制度系统，为开展集体谈判工作供给了必要的法律支持。

（1）在国家立法方面　《工会法》第6条规定，工会通过平等协商和集体合同制度，协调劳动关系，维护企业职工劳动权益。第20条规定，工会代表职工与企业以及实施企业化办理的事业单位进行平等协商，签订集体合同。集体合同草案应当提交处理职工代表大会或者全体职工会商通过。《劳动法》第33条规定，企业职工一方与企业可以就劳动报酬、工作时间、休息休假、劳动安全卫生、保险福利等事项，签订集体合同。《劳动合同法》中设立专章规定集体合同制度,《劳动合同法》第52条规定,企业职工一方与用人单位可以订立劳动安全卫生、女职工权益保护、工资调整机制等专项集体合同。

（2）在部门立法方面 1994年12月《工资支付暂行规定》（劳部发[1994]489号）、1997年2月《外商投资企业工资集体协商的几点意见》（劳办发[1997]19号）、2000年10月《工资集体协商试行办法》（劳社部令第9号）、2003年12月《最低工资规定》（劳社部令第21号）、2003年12月原劳动部颁布的《集体合同规定》（劳社部令第22号）、2005年5月《关于进一步推进工资集体协商工作的报信》（劳社部发[2005]5号）、2006年8月《关于开展区域性行业性集体协商工作的意见》（劳社部发[2006]32号）、2008年1月《关于职工整年月平均工作时间和工资折算问题的报信》（劳社部发[2008]3号）等规章和相关政策文件,明确规定了平等协商和签订集体合同的内容、程序、履约监视和违约责任、发生劳动争议时的调解处理,以及较高等级工会应当代表、引导和帮助基层工会与企业平等协商和签订集体合同等内容。

▶ 查阅应用资料及课堂应用训练

集体谈判知识方面,主要让学生掌握集体谈判的步骤,以及如何编写集体合同审查资料。请在课前查阅相关资料,然后在课堂上结合查阅的资料相互讨论一下"集体谈判的过程中有哪些必要的步骤？集体合同审查材料应如何编写？",最后把主要结果写在下列的横线上（不够可附页）:

_____

_____

_____

接着,请几位学生代表谈谈自己的观点,然后由教师继续解析"技能应用及其延伸"的相关内容,各位同学要注意将你的观点与教师的解析进行对比。

▶ 技能应用

集体谈判的主要目的是签订集体合同或集体协议,规范双方的权利义务关系,解决工作场所共同关注的问题。集体谈判需要掌握必要的步骤,集体合同审查前需要准备和编写一些材料。下面从应用的角度谈一谈集体谈判的过程要求,以及签订集体合同的法定程序、应用材料和样本。

1. 集体谈判的邀请

《集体合同规定》第32条规定,集体协商任何一方均可就签订集体合同或专项集体合同以及相关事宜,以书面形式向对方提出进行集体协商的要求。"集体谈判"又称"集体协商"或"平等协商",一般由工会代表员工向企业提出集体谈判的邀请,未建工会的由员工代表提出集体谈判的邀请,集体谈判的邀请详见《企业工会开展工资集体协商要约书》。一方提出进行集体协商要求的，另一方应当在收到集体协商要求之日起 20 日内以书面形式给予回应，无正当理由不得拒绝进行集体协商。

实战文本范例 9-1

企业工会开展工资集体协商要约书

　　＿＿＿＿＿＿＿＿（董事长、总经理）：

　　为构建企业和谐的劳动关系，维护职工合法权益，促进企业健康发展，根据《劳动法》、《劳动合同法》、《工会法》、《集体合同规定》、《工资集体协商试行办法》等法律、法规及有关规定的精神，结合本单位劳动关系的实际情况，需要双方就（工资水平、工资调整幅度＿＿＿＿＿＿）等问题进行集体协商。具体内容如下：

　　一、协商的主要内容：

＿＿＿＿＿＿＿＿＿＿＿＿＿＿＿＿＿＿＿＿＿＿＿＿＿＿＿＿＿＿＿＿＿＿＿＿＿＿
＿＿＿＿＿＿＿＿＿＿＿＿＿＿＿＿＿＿＿＿＿＿＿＿＿＿＿＿＿＿＿＿＿＿＿＿＿＿

　　二、协商的时间、地点：

　　建议定于＿＿＿＿年＿＿月＿＿日，在＿＿＿＿＿＿＿＿（注：属公用会议室）进行首轮协商会议，并视协商的具体情况再商定其他轮次的协商时间、地点，最后一轮协商时间不宜超过＿＿＿＿年＿＿月＿＿日。

　　三、确定双方协商代表：

　　按照《工资集体协商试行办法》规定，建议双方各选派＿＿＿＿名协商代表。职工方协商代表：工会主席＿＿＿＿＿＿先生（女士）为首席代表，其他代表为：＿＿＿＿＿＿＿＿＿＿＿＿＿＿＿＿＿＿＿＿＿＿＿＿＿＿＿＿＿＿＿＿＿＿＿。

　　请企业方也尽快提出协商代表名单，以便工作沟通和做好协商的准备工作。

　　四、为有利于协商工作，请提供以下资料：

　　1. 销售收入情况。
　　2. 利润情况。
　　3. 资产负债表。
　　4. 资产损益表。
　　5. 本单位上年度职工工资总额和职工平均工资。
　　6. 其他有关资料。

　　以上资料请企业行政方在协商会议开始五日前，提供给职工方协商首席代表，所涉及的商业秘密，本方代表将严格遵守保密规定。

　　五、请收到本要约书起二十日内予以书面答复。

企业工会（盖章）

年　月　日

实战文本范例 9-2

关于对企业工会开展工资集体协商的复函

_____工会：

你会于_____年____月____日发出的《开展工资集体协商要约书》已收悉，现就要约书中有关的内容作如下答复：

1. 同意要约书中提出的建议协商的内容。
2. 同意要约书中提出的具体协商时间和地点。
3. 企业方协商代表确定为：_____为首席代表，其他代表是：_____。
4. 企业方已将有关资料准备齐全，届时按规定提交。

以上答复如有异议，请及时沟通。

此复

企业（盖章）
企业法人（签字）
年　　月　　日

2. 集体谈判的过程

集体谈判过程的流程图如图 9-2 所示。

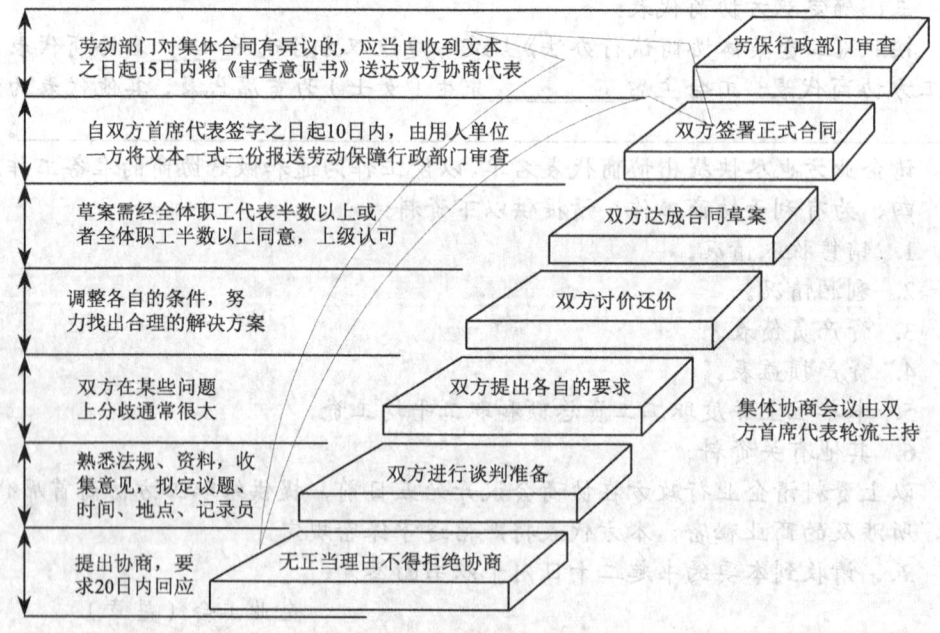

图 9-2　集体谈判过程的流程图

3. 双方达成合同草案

《集体合同规定》第 36 条规定，经双方协商代表协商一致的集体合同草案或专项集体合同草案应当提交职工代表大会或者全体职工讨论。职工代表大会或者全体职工讨论集体合同草案或专项集体合同草案，应当有 2/3 以上职工代表或者职工出席，且须经全体职工代表半数以上或者全体职工半数以上同意，集体合同草案或专项集体合同草案方获通过。

实战文本范例 9-3

**企业职代会（职工大会）关于
通过《工资集体协议》草案的决议**

　　企业职工代表大会（职工大会）于____年____月____日在____召开。参加会议的应到职工代表____人，实到代表____人，超过全体代表的三分之二。____列席了会议。全体与会人员认真听取了《工资集体协议》草案以及集体协商过程的说明。一致认为：《工资集体协议》草案符合企业的实际，体现了企业认真维护职工的合法权益。_____
_____。

　　经大会无记名投票表决，____票同意，____票不同意，____票弃权，同意人数超过应到会代表半数以上，本《工资集体协议》草案获得通过。

企业工会（盖章）
　　　年　月　日

4. 双方签署正式合同

《集体合同规定》第 37 条规定，集体合同草案或专项集体合同草案经职工代表大会或者职工大会通过后，由集体协商双方首席代表在正式集体合同或专项集体合同上签字。第 38 条规定，集体合同或专项集体合同期限一般为 1～3 年，期满或双方约定的终止条件出现，即行终止；集体合同或专项集体合同期满前 3 个月内，任何一方均可向对方提出重新签订或续订的要求。第 39 条规定，双方协商代表协商一致，可以变更或解除集体合同或专项集体合同。

《集体合同》和《专项集体合同》应用样本，详见本教材教师教学参考。

5. 集体谈判的结果

在集体谈判过程中，如果双方经讨价还价，达不成共识，双方就会形成僵持局面。僵持通常是由于一方的要求大大超过对方的底线造成的。僵局出现后，需要第三方的介入，进行调解、仲裁、诉讼，也可能发生罢工或关闭工厂的情况。如果集体谈判达成共识，或者调解、仲裁、诉讼结果要求双方签订集体合同或专项集体合同，则进入集体合同审查环节。

6. 集体合同审查

《集体合同规定》第 42 条规定，集体合同或专项集体合同签订或变更后，应当自双方首席代表签字之日起 10 日内，由用人单位一方将文本一式三份报送劳动保障行政部门审查。劳动保障行政部门应当对报送的集体合同或专项集体合同办理登记手续。集体合同审查时，需要向劳动保障行政部门提交的资料如下：

（1）集体合同签订情况说明材料　为了方便劳动保障行政部门登记和审查，企业在递交审查材料时应首先递交"集体合同签订情况说明材料"，说明集体合同或专项集体合同的集体谈判邀请、集体谈判过程、双方达成合同草案、双方签署正式合同等相关情况。说明材料的样本如下：

实战文本范例 9-4

企业工资集体协议签订情况说明

_____人力资源及社会保障局：

为了建立企业和谐的劳动关系，维护职工的合法权益，促进企业的发展。根据《劳动法》、《工会法》、《劳动合同法》、《集体合同条例》、《工资集体协商试行办法》及有关劳动法律、法规，结合本企业的劳动关系实际情况，工会于_____年____月____日向企业发出了就签订《工资集体协议》开展工资集体协商的要约书。

工会征求了职工的意见，与企业管理层进行了多次必要的沟通，企业有关部门作了相关的调查和分析。工会收集了劳动保障行政部门等薪酬资料，结合政府颁布的年度工资指导线、物价指数和本企业的经济效益、职工的薪酬现状进行了分析，为开展工资集体协商做好了充分准备。_____年____月____日，职工方代表与企业方代表在_____进行了集体协商。双方一致认为：_____。最终，对工资集体协议达成了一致的意见，形成了文本草案。

_____年____月____日，企业工会召开职工代表大会（职工大会），与会代表认真讨论并审议通过了《工资集体协议》草案，作出了决议。

_____年____月____日，职工方代表与企业方代表对工资集体协议确认无异议后，双方首席代表签字盖章。

企业（盖章）
年　月　日

（2）集体合同送审表

实战文本范例 9-5

集体合同送审表

送审日期：　　年　月　日　　　　　登记编号：（　　　　　）
企业（盖章）　　　　　　　　　　　工会（盖章）
企业名称：_____　　　　　　　企业工会名称：_____
企业性质：_____　　　　　　　员工总数：_____
法定代表人：_____　　　　　　协商首席代表：_____
协商首席代表：_____　　　　　首席代表职务：_____
企业地址：_____　　　　　　　协商代表人数：_____
联系电话：_____　　　　　　　代表产生方式：_____
邮　编：_____　　　　　　　　联系电话：_____

回　　执

现收到_____于___月___日送审的集体合同文本，登记编号为（　　　　）。

根据有关规定，劳动行政部门自收到集体合同文本之日起十五日内制作《集体合同审查意见书》，如无异议，集体合同即行生效。生效后请以适当形式向全体员工公布。

××人力资源及社会保障局
年　月　日

（3）企业法人营业执照（略）。
（4）企业签订集体合同名录（略）。
（5）会议记录

实战文本范例 9-6

企业工资集体协商会议纪要

协商时间：
协商地点：
协商会议出席人员：
企业方（甲方）协商代表：
职工方（乙方）协商代表：

记录情况如下：

_____
_____
_____
_____

   企业方首席代表   职工方首席代表
    （签字盖章）   （签字盖章）
   年 月 日   年 月 日

（6）集体合同书（样本见本教材教师教学参考）
（7）专项集体合同书（样本见本教材教师教学参考）
（8）集体合同审查意见书

实战文本范例 9-7

集体合同审查意见书

新劳集审字（ ）号

企业名称：   工会名称：
企业性质：   地 址：
企业总人数：   代表人：
其中，
合同制人数：   身份证号码：
临时工人数：   联系电话：
法定代表人：   送件人：
身份证号码：
一、集体合同签订时间：
二、送达劳动部门时间：
三、劳动部门审查意见：

_____
_____
_____

四、通知时间：
审查机关：××人力资源及社会保障局
收件人：   审查人：
收件时间： 年 月 日   审查时间： 年 月 日

➥ 技能应用延伸

我国在计划经济体制时期通过计划配置劳动力，因此不存在集体谈判制度。在向市场经济过渡中，劳动力通过市场进行配置，劳动就业制度产生了根本改变，以劳动合同为基础的"雇主—雇员"关系取代了终生雇佣关系。

1. 我国集体谈判制度的发展

20世纪90年代初，我国开始引入集体协商制度。1994年颁布的《劳动法》对集体协商和集体合同制度作了原则性规定，1996年正式建立劳动争议仲裁的三方机制，同时，重点建立平等协商和集体合同制度，2001年新通过的《工会法（修正案）》也对工会参与集体协商提供了法律保障。2003年12月30日，经劳动和社会保障部第7次部务会议通过《集体合同规定》，对用人单位与本单位职工之间进行集体谈判、签订集体合同作了最全面的规定。2008年1月1日实施的《劳动合同法》中设立专章规定集体谈判和集体合同制度。

集体谈判在实践中也得到了很好的推进，全国各省市自治区和直辖市建立了省级劳动关系三方协调机制。我国集体合同制度也不断健全，集体合同覆盖面不断扩大，到2009年，覆盖职工近2亿。同时，通过集体谈判，建立了企业职工工资正常增长保障机制。2010年5月，由人力资源和社会保障部、全国总工会、中国企业联合会/中国企业家协会组成的国家协调劳动关系三方，联合下发通知，要求各地全面实施"彩虹计划"，以工资集体协商为重点，从2010年~2012年，力争用3年时间基本在各类已建工会的企业实行集体合同制度，对未建工会的小企业，则通过签订区域性、行业性集体合同努力提高覆盖比例。

但是总体上讲，集体谈判制度在我国还处于初级阶段，集体谈判的机制还没有真正形成。集体谈判制度在协调劳资矛盾、规范劳动力市场秩序方面还没发挥更大的作用。近年来，劳动争议的数量仍然呈不断上升的趋势，2001年全国各级劳动争议仲裁委员会共受理劳动争议案件15.5万件，涉及劳动者46.7万人，其中集体争议案件9 847件，涉及劳动者28.7万人。2002年，全国共受理劳动争议案件18.4万，涉及劳动者61万人，其中集体劳动争议案件1.1万件。2003年，全国共受理劳动争议案件22.6万件，其中集体争议案件1.2万件。2008年全国劳动争议案件涉及劳动者121.4万人，是2007年的1.9倍，超过之前两年涉及劳动者人数之和。2008年各级仲裁机构共立案受理集体劳动争议案件2.2万件，比2007年增长71%，涉及劳动者人数占案件涉及总人数的41.4%。

劳动争议的不断增加，说明了我国的协调机制并没有发挥必要的作用。集体谈判制度在我国的推行和发展仍面临着诸多问题与困难。

2．我国集体谈判制度面临的问题及对策

（1）工会的代表性和独立性问题　集体谈判机制有效运行的前提是谈判双方具有独立性和代表性。工会是劳动者利益的"代表者"，是为了维护劳动者利益而同雇主进行交涉的"谈判者"，处于同雇主相对独立的地位。这样，工会才能同雇主进行平等协商，签订符合雇员利益的劳动合同，保护劳动者利益。但是，在我国工会活动的实践中，一些企业的工会在改制中被撤并；一些企业虽然设置有工会，但是仍然是延续计划时期的政治职能和福利功能，其职能没有随着市场经济的深化而进行相应的变革。在管理体制上，工会组织隶属于企业，许多工会领导人员都是兼职。在这种制度安排下，当企业目标和职工目标发生冲突时，工会组织当然更加偏向企业的目标。同时，在工会倾向于通过内部协调雇员与管理方的利益分歧，而不是代表雇员与管理方进行谈判的情况下，工会不能真正代表雇员的利益，在集体谈判中也就没有讨价还价的动因，即使最终通过协商签订了集体协议，也大多流于形式。

要解决以上问题，首先要转换工会的职能。工会是代表雇员的组织，维护雇员利益是根本职能。工会要具有同雇主谈判的能力，也就是必须保持独立性和代表性。目前，工会领导成员存在大量兼职现象，这样就很难保持其独立性，代表性也大打折扣。尽量减少工会领导成员的兼职，是确保独立性的一项重要举措。工会组织独立于公司的管理机制之外，必然会产生另外一个问题，就是工会的经费问题。经费的一个重要取得途径是会员的会费，同时也可以由财政给予一定的补贴。

（2）企业层次上集体谈判的雇主角色不明、身份不清　雇主组织原则上是谈判的主体，代表雇主利益与工会进行谈判。中国企业联合会是国际劳工组织和中国政府承认的中国雇主的代表性组织。但是与工会相比，中国企业联合会在其代表性和会员数量方面都很弱。与工会从上到下的组织体系不同，雇主的代表暨中国企业联合会在许多区县一级并没有相应的分支机构，因而在开展区域性、行业性集体谈判和集体协议制度中，企业方主体缺位显得更为突出。

目前，我们主要面临的是在国有企业谁是雇主的问题，另外一个就是管理者的工会会员身份问题。根据国际惯例，对工资的设定、利润的分成、劳动用工等这些重要的事情拥有决定权的人，就是法定的雇主。按照这一惯例，国有企业的厂长、经理就属于法定的雇主，而不是劳动者。而在现实中，国有企业的厂长、经理往往把自己看作劳动者，而不是雇主。随着国资委的设立，国有资产的管理逐渐明朗，厂长、经理以及高级管理人员成为对资本负责的一个群体，而不是劳动者。关于管理者的工会会员身份问题，我国根据《工会法》，在一个企业、事业、机关中的会员，不管是工人、技术人员还是管理人员，都

共在一个工会组织中。就是说我国的工会是一元制的,这样就出现了厂长、经理等雇主代表与雇员同属于一个工会会员的情况,按照《工会法》,工会也要维护经理、厂长的利益。这样,工会一方面要与管理者谈判,另一方面又要代表管理者的利益。角色不清,不仅使工会难以发挥其作用,同时也对管理者产生不利影响。

对于管理人员的工会会员资格问题,由于目前我国实行的是一元制的工会,所以可以尝试让他们加入上一级工会,以减少他们对于企业工会的影响。最好的解决方式,是让管理人员加入相应的雇主组织,例如加入中国企业联合会区县一级的分支机构,同时还可以解决集体谈判中雇主组织一方缺位的问题。

(3) 集体协议制度发展不平衡且集体协议内容雷同,缺少针对性和可操作性 在我国,签订集体协议的国有企业、集体企业的比例较大,合资企业较少,私营企业更少。据 2001 年中国企业联合会对全国 6 省市 100 家企业的调查结果显示,国有企业签订集体协议的比例为 73%,合资企业签订集体协议的比例是 38.1%,私营企业签订集体协议的比例仅为 15.4%。在业已签订的集体协议中,合同条款大多是照抄现行的法律法规规定,原则性条款多,具体规定少;照抄法律条文的多,结合企业实际的少,很多条款缺乏细节性的补充,往往很模糊。

在制定合同条款时,应在统一范本的基础上,针对工会会员的要求,结合本企业实际,对合同条款进行具体量化和细化,使合同具有较强的可操作性。

(4) 谈判环节缺位,协商谈判机制尚未充分发挥作用 集体谈判是签订集体协议的前提和必经阶段,集体协议只是谈判的最终结果。集体谈判的过程就是雇主和雇员双方经过多次的讨价还价,不断妥协,最终达成一致,消除分歧的过程。没有实际的谈判过程,集体谈判无法发挥应有的功效。我国重集体协议的签约,轻集体协商的现象普遍存在,没有建立相应的谈判机制;甚至把集体合同当成一项达标任务,只追求合同的数量;签订的合同大多没有经过协商,流于形式;协议合同也仅仅停留在纸面上,没有发挥必要的作用。集体谈判的核心是形成谈判协商机制,形成雇主和雇员相互沟通达成共识的制度。但目前我们欠缺的是这种形成谈判的机制,并且使这种机制发挥应有的作用,去解决问题,规范劳动力市场秩序,协调劳资矛盾。

我国对于集体谈判的法律规范很少,《劳动法》和《劳动合同法》的相关规定是粗线条的、原则性的,可操作性很差,只是为进一步的专门立法提供框架和依据。目前的集体合同主要是依据劳动部发布的《集体合同规定》。随着集体合同制度的推行,《集体合同规定》越来越显示出它的局限性。由于《集体合同规定》是由原劳动部制定的,只是一个部门行政法规,只是规定与集体合同的行政管理有关的问题,没有涉及其他问题;对于集体合同也只是做出了原则性的规定,缺乏可操作性;同时仅是一个部门行政规定,没有相应的法律效力。因此,我国对于集体谈判和集体合同立法是一个必然趋势和现实要求。

项目二 劳动争议

▲ 应用一 劳动争议调解全程辅导训练

➤ 预习应用知识

1. 劳动争议的基本知识

(1) 劳动争议的定义 劳动争议又称劳动纠纷,指劳动法律关系当事人关于劳动权利、义务的争执。

(2) 劳动争议的认定

1) 从法理上认定。

主体:用人单位和员工。

内容:基于劳动关系发生的、有关权利和义务的冲突。

客体:劳动关系中的法定权利和新要求的利益。

2) 从法律上认定。《企业劳动争议处理条例》第 2 条规定,本条例适用企业与职工之间的下列劳动争议:因企业开除、除名、辞退职工和职工辞职、自动离职发生的争议;因执行国家有关工资、保险、福利、培训、劳动保护的规定发生的争议;因履行劳动合同发生的争议;法律、法规规定应当依照本条例处理的其他劳动争议。

(3) 劳动争议处理的定义 劳动争议处理是指法律、法规授权和专门机构对劳动关系双方当事人之间发生的劳动争议,依法进行调解、仲裁和审判的行为。

(4) 处理劳动争议的途径 根据《劳动争议调解仲裁法》第 4 条和第 5 条的规定,劳动争议处理的基本形式有以下 4 种:①当事人自行协商解决,通过工会或者第三方共同协商解决;②向本单位劳动争议调解委员会申请调解;③向劳动争议仲裁委员会申请仲裁;④对仲裁裁决不服的,可以向人民法院提起诉讼。《劳动合同法》第 56 条和第 77 条也确认了这些途径。

另外,《劳动保障监察条例》第 10 条也规定了一种解决劳动争议的方法,即通过实施劳动保障监察,对违反劳动保障法律、法规或者规章的行为向劳动保障行政部门举报、投诉。因此,归纳起来,解决劳动争议的途径有以下 5 种:① 向劳动监察部门举报投诉;②劳动争议协商;③劳动争议调解;④劳动争议仲裁;⑤劳动争议诉讼。

2. 劳动争议协商的基本知识

（1）劳动争议协商的定义　劳动争议协商又称劳动争议和解，是指劳动争议双方当事人共同进行商谈并达成和解协议，以解决争议的行为。劳动争议协商是解决劳动争议的法定方式之一，是处理劳动争议的简易程序，也是及时解决劳动争议的有效方法之一，对于稳定和协调劳动关系的发展有着积极作用。

（2）劳动争议协商的特点

1）不受程序约束，完全由争议双方自愿、自由协商，双方合意即可成立。
2）和解协议等同当事人之间订立的合同。
3）和解协议没有强制执行力，当事人仍有申请调解、仲裁的权利。
4）在争议处理的任何阶段都可进行。

（3）劳动争议协商的法律依据

1）《企业劳动争议处理条例》第6条规定，劳动争议发生后，当事人应当协商解决；不愿协商或者协商不成的，可以向本企业劳动争议调解委员会申请调解；调解不成的，可以向劳动争议仲裁委员会申请仲裁。当事人也可以直接向劳动争议仲裁委员会申请仲裁。对仲裁裁决不服的，可以向人民法院起诉。

2）《劳动争议调解仲裁法》（主席令第80号[2007]）第4条规定，发生劳动争议，劳动者可以与用人单位协商，也可以请工会或者第三方共同与用人单位协商，达成和解协议。

3）《劳动争议仲裁委员会办案规则》（劳部发[1993]276号）第41条规定：仲裁庭处理集体劳动争议应先行调解，或者促成职工代表与企业代表召开协商会议，在查明事实的基础上促使当事人自愿达成协议调解达成协议的，调解书自送达或布告公布之日起即发生法律效力；调解或协商未能达成协议的，仲裁庭应及时裁决。

4）《劳动法》第77条规定，用人单位与劳动者发生劳动争议，也可以协商解决。第84条规定，因签订集体合同发生争议，当事人协商解决不成的，当地人民政府劳动行政部门可以组织有关各方协调处理。

5）《劳动合同法》第56条规定，用人单位违反集体合同，侵犯职工劳动权益的，工会可以依法要求用人单位承担责任；因履行集体合同发生争议，经协商解决不成的，工会可以依法申请仲裁、提起诉讼。

6）《工会参与劳动争议处理试行办法》（总工发[1995]12号）第7～10条规定，发生劳动争议，工会可以接受职工及用人单位请求参与协商，促进争议解决，工会发现劳动争议，应主动参与协商，及时化解矛盾；劳动争议双方当事人经协商达成协议的，工会应当督促其自觉履行；劳动争议双方当事人不愿协商或协商不成的，工会可以告知当事人依法申请调解或仲裁。

3. 劳动争议调解的基本知识

（1）劳动争议调解的定义　劳动争议调解是由第三者居间调和，通过疏导、说服，促使当事人互谅互让，从而解决纠纷的方法。

（2）劳动争议调解的原则 《企业劳动争议调解委员会组织及工作规则》第5条规定，调解委员会调解劳动争议应当遵循以下原则：①当事人自愿申请，依据事实及时调解；②对当事人在适用法律上一律平等；③同当事人民主协商；④尊重当事人申请仲裁和诉讼的权利。

《关于加强劳动人事争议调解工作的意见》（人社部发[2009]124号）规定：①预防为主、基层为主、调解为主，把调解摆在争议处理工作更加突出的位置；②建立完善企业劳动争议调解组织，提高企业自主解决争议的能力；③大力推进乡镇街道调解组织建设，夯实基层化解纠纷的工作基础；④人民调解委员会要依法将劳动争议纳入调解范围，发挥人民调解组织遍布城乡、网络健全、贴近群众的优势，积极开展劳动争议调解工作；⑤人力资源社会保障行政部门要会同工会和企业代表组织，通过协调劳动关系三方机制等形式，共同研究解决劳动争议的重大问题。

（3）劳动争议调解的组织

1）调解组织的建立。《工会参与劳动争议处理试行办法》第11条规定，工会应当督促、帮助用人单位依法建立劳动争议调解委员会。第17条规定，工会可以在城镇和乡镇企业集中的地方设立区域性劳动争议调解指导委员会；区域性劳动争议调解指导委员会可以邀请劳动行政部门的代表和社会有关人士参加；区域性劳动争议调解指导委员会名单报上级地方总工会和劳动争议仲裁委员会备案。

《劳动争议调解仲裁法》第10条规定，企业劳动争议调解委员会由职工代表和企业代表组成；职工代表由工会成员担任或者由全体职工推举产生，企业代表由企业负责人指定；企业劳动争议调解委员会主任由工会成员或者双方推举的人员担任。

2）调解组织的调整。《工会参与劳动争议处理试行办法》第15条规定，劳动争议调解委员调离本单位或需要调整时，由原推选单位或组织在30日内依法推举或指定人员补齐。调解委员调离或调整超过半数以上的，应按规定程序重新组建。

3）调解组织的职责和培训。《工会参与劳动争议处理试行办法》第12、13条规定了调解委员会主任的职责和工会代表担任劳动争议调解委员的职责。第14条规定，工会应当做好劳动争议调解委员、劳动争议调解员的培训工作，提高劳动争议调解委员会调解的法律水平和工作能力。

4）调解组织的管理。《工会参与劳动争议处理试行办法》第16条规定，上级工会指导下级工会的劳动争议调解工作；劳动争议调解委员会接受劳动争议仲裁委员会的业务指导。

5）调解组织的作用。《劳动争议调解仲裁法》第10条规定，发生劳动争议，当事人可以到下列调解组织申请调解：企业劳动争议调解委员会，依法设立的基层人民调解组织，在乡镇、街道设立的具有劳动争议调解职能的组织。

《工会参与劳动争议处理试行办法》第 18 条规定，区域劳动争议调解指导委员会指导本区域内劳动争议调解委员会的调解工作，并调解未设调解组织的用人单位的劳动争议。

（4）劳动争议调解的其他法律依据

1）1993 年 6 月 11 日，国务院发布了《企业劳动争议处理条例》（以下简称《条例》）。该《条例》实施至今，对于保护用人单位和劳动者的合法权益、稳定和协调劳动关系、维护社会的稳定方面起到了巨大的作用，而且至今仍然在起着巨大的作用。但是，随着改革开放的进一步深入，尤其是社会主义市场经济法律体系的确立，劳动关系日益显现出复杂多样的特征。又由于《条例》是在计划经济条件下制定的，无论是形式还是内容，已经不完全或者说基本不适应我国目前劳动关系的现状，急需将其撤销，重新制定法律。

2）《劳动争议调解仲裁法》第 5 条规定，发生劳动争议，当事人不愿协商、协商不成或者达成和解协议后不履行的，可以向调解组织申请调解；不愿调解、调解不成或者达成调解协议后不履行的，可以向劳动争议仲裁委员会申请仲裁；对仲裁裁决不服的，除本法另有规定的外，可以向人民法院提起诉讼。第 11 条规定，劳动争议调解组织的调解员应当由公道正派、联系群众、热心调解工作，并具有一定法律知识、政策水平和文化水平的成年公民担任。其他相关条款的内容应用，见"技能应用"中的"2. 劳动争议调解程序及文本应用"。

3）根据《企业劳动争议处理条例》，原劳动部会同全国总工会、国家经贸委等有关部门，1993 年 11 月 5 日制定和颁布了《劳动争议调解委员会组织及工作规则》，其相关条款的内容应用，见"技能应用"中的"2. 劳动争议调解程序及文本应用"。

4）《劳动争议仲裁委员会办案规则》第 3 条规定，劳动争议仲裁委员会（以下简称仲裁委员会）处理劳动争议案件，必须遵守国家法律、法规、规章和政策，查明事实，先行调解，调解不成时，及时裁决；对当事人适用法律一律平等。

➤ 查阅应用资料及课堂应用训练

作为管理者，尤其是人力资源管理者应了解劳动争议调解程序，会编写相关调解材料。请在课前查阅相关资料，然后在课堂上结合查阅的资料相互讨论一下"劳动争议调解程序包括哪些？分别需要哪些调解材料和编写哪些文本？"，最后把主要结果写在下列的横线上（不够可附页）：

_____

_____

_____

接着,请几位学生代表谈谈自己的观点,然后由教师继续解析"技能应用及其延伸"的相关内容,各位同学要注意将你的观点与教师的解析进行对比。

▶ 技能应用

在劳动争议处理中,国家提倡"预防为主、基层为主、调解为主"的方针,把调解摆在争议处理工作更加突出的位置。下面主要根据《劳动争议调解仲裁法》,结合《企业劳动争议调解委员会组织及工作规则》,进行劳动争议调解全程辅导训练。

1. 劳动争议处理流程图

劳动争议处理流程图如图9-3所示。

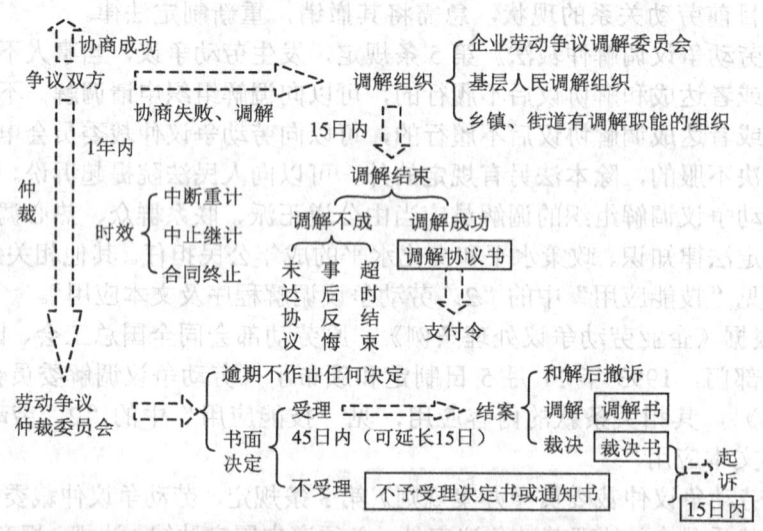

图9-3 劳动争议处理流程图⊖

2. 劳动争议调解程序及其文本应用

(1)劳动争议调解申请 《企业劳动争议调解委员会组织及工作规则》第14条规定,当事人申请调解,应当自知道或应当知道其权利被侵害之日起30日内,以口头或书面形式向调解委员会提出申请,并填写《劳动争议调解申请书》。《劳动争议调解仲裁法》第12条规定,当事人申请劳动争议调解可以书面申请,也可以口头申请;口头申请的,调解组织应当当场记录申请人基本情况、申请调解的争议事项、理由和时间。

⊖ 胡泉《劳动争议处理——最新立法实务解析》。

实战文本范例 9-8

调解申请书

申请人姓名（或单位名称）：	被申请人单位名称（或姓名）：
性别（或单位性质）：	单位性质（或性别）：
年龄：	法定代表人及职务：
（法定代表人及职务）	
	（年龄）
民族、国籍：	（民族、国籍）
工作单位：	（工作单位）
住址（或住所地）：	住所地（或住址）：
电话：	电话：
邮编：	邮编：

我单位/我＿＿＿＿＿＿＿因＿＿＿＿＿＿＿＿＿＿＿＿＿＿发生争议，特向××劳动争议调解委员会申请调解，请依法调解！

争议事项：
＿＿＿＿＿＿＿＿＿＿＿＿＿＿＿＿＿＿＿＿＿＿＿＿＿＿＿＿＿＿
＿＿＿＿＿＿＿＿＿＿＿＿＿＿＿＿＿＿＿＿＿＿＿＿＿＿＿＿＿＿

事实与理由：
＿＿＿＿＿＿＿＿＿＿＿＿＿＿＿＿＿＿＿＿＿＿＿＿＿＿＿＿＿＿
＿＿＿＿＿＿＿＿＿＿＿＿＿＿＿＿＿＿＿＿＿＿＿＿＿＿＿＿＿＿

证据和证据来源，证人名单与联系方式、住址：
＿＿＿＿＿＿＿＿＿＿＿＿＿＿＿＿＿＿＿＿＿＿＿＿＿＿＿＿＿＿
＿＿＿＿＿＿＿＿＿＿＿＿＿＿＿＿＿＿＿＿＿＿＿＿＿＿＿＿＿＿

此致！

申请人（签名或盖章）：
年　　月　　日

附：
1. 本申请书副本＿＿＿＿＿件。
2. 物证＿＿＿＿＿＿＿＿＿＿＿＿＿＿（名称）＿＿＿＿件。
3. 书证＿＿＿＿＿＿＿＿＿＿＿＿＿＿（名称）＿＿＿＿件。

注：1. 本申请书格式仅用作示范，实际应用中应合理分配每部分空间。
　　2. 本申请书应当用钢笔、圆珠笔或中性笔清楚书写。
　　3. 申请书应按被申请人人数制作副本。

实战文本范例 9-9

争议调解证据收据

证据名称：

证据内容：

原件或复印件：

收到证据时间：

证据页数：

证据份数：

当事人或委托代理人（签名或盖章）：

接收证据人员（签名或盖章）：

××劳动争议调解委员会专用章
年　　月　　日

（2）劳动争议调解受理 《企业劳动争议调解委员会组织及工作规则》第 15 条规定，调解委员会接到调解申请后，应征询对方当事人的意见，对方当事人不愿调解的，应作好记录，在 3 日内以书面形式通知申请人；调解委员会应在 4 日内作出受理或不受理申请的决定，对不受理的，应向申请人说明理由。

实战文本范例 9-10

不予受理通知书

（　　）某调字第　　号

_____：

　　兹收到你单位/你递交的关于_____的争议《调解申请书》，经审查，不符合受理条件，本会决定不予受理，理由如下：

_____

_____

　　特此通知！

××劳动争议调解委员会专用章
年　　月　　日

实战文本范例 9-11

受理通知书

（　　）某调字第　　号

_____：

　　兹收到你单位/你递交的关于_____的争议《调解申请书》，经审查，符合受理条件，本会决定受理。请你单位/你与_____协商选定两名调解员，并将你单位/你的身份证明或者《授权委托书》及相关材料，于_____年____月____日前递交本会。

特此通知！

××劳动争议调解委员会专用章
年　月　日

（3）劳动争议调解过程　《企业劳动争议调解委员会组织及工作规则》第17条规定，调解委员会按下列程序进行调解：

1）全面调查核实，做好笔录并签名或盖章。

2）主任主持召开的调解会议，简单争议可指定1～2名调解委员调解。

3）听取争议双方陈述，查明事实，分清是非，依法公正调解。

4）达成协议的，制作调解协议书；达不成协议的，填写调解意见书。

《劳动争议调解仲裁法》第13条规定，调解劳动争议，应当充分听取双方当事人对事实和理由的陈述，耐心疏导，帮助其达成协议。第14条规定，经调解达成协议的，应当制作调解协议书。

实战文本范例9-12

劳动争议调解协议书

	申请人			被申请人		
姓名 或单位名称						
法定代表人 或主要负责 人姓名		性别		法定代表人 或主要负责 人姓名		性别
		年龄				年龄
身份证号		职务		身份证号		职务
工作单位				工作单位		
住所或户籍 所在地址				住所或经营 地址		
联系电话		邮编		联系电话		邮编
代理人姓名		性别		代理人姓名		性别
身份证号		年龄		身份证号		年龄
工作单位		职务		工作单位		职务
联系电话		邮编		联系电话		邮编
争议事项	（应当明确双方各自的主张及理由）					
调解内容	在本调解委员会的主持下，当事人双方平等自愿、协商一致，依法达成如下解决纠纷之协议： 1.…… 2.…… …… 依据《劳动法》、《劳动合同法》、《劳动争议调解仲裁法》之规定，当事人双方应当依法自觉履行本调解协议，如果一方当事人在协议约定期限内不履行本调解协议，另一方当事人可依法申请仲裁					

申请人：（签名或盖章）　　　　　　被申请人：（签名或盖章）
调解员：（签名）

_____劳动争议调解委员会（盖章）

　　　　　　　　　　　　　　　　　年　　月　　日

填写说明

（1）本调解协议书样本是根据《中华人民共和国劳动争议调解仲裁法》有关规定而制作，适用于调解成功的案件，由劳动争议调解委员会制作。

（2）调解协议书应由双方当事人签名或者盖章，劳动者一方要有其本人或者特别授权委托人签名，用人单位一方要有具体承办人员签名并加盖公章。调解协议书经调解员签名并加盖调解组织印章后生效，对双方当事人具有约束力，当事人应当自觉履行。

（3）本调解协议书一式三份（争议双方当事人、调解委员会各一份），应及时送达当事人，并告知当事人在协议约定期限内不履行调解协议的，另一方当事人可以依法向当地劳动争议仲裁委员会申请仲裁。

实战文本范例9-13

劳动争议调解意见书

申请人				被申请人			
姓名或单位名称				姓名或单位名称			
姓名或单位名称				姓名或单位名称			
法定代表人或主要负责人姓名		性别		法定代表人或主要负责人姓名		性别	
		年龄				年龄	
身份证号		职务		身份证号		职务	
工作单位				工作单位			
住所或户籍所在地址				住所或经营地址			
联系电话		邮编		联系电话		邮编	
代理人姓名		性别		代理人姓名		性别	
身份证号		年龄		身份证号		年龄	
工作单位		职务		工作单位		职务	
联系电话		邮编		联系电话		邮编	
争议事项	（应当明确双方各自的主张及理由）						
调解不成的主要原因							
调解委员会的意见	（调解不成的，应作好记录，并在此调解意见书上说明情况）						

调解委员会主任：（签名和盖章）

                                                                      _____劳动争议调解委员

                                                                                        （盖章）

                                                              年   月   日

填写说明

（1）本调解意见书样本是根据《中华人民共和国劳动争议调解仲裁法》有关规定而制作，适用于调解未成功的案件，由劳动争议调解委员会制作。

（2）调解意见书由调解委员会主任签名、盖章，并加盖调解委员会印章。

（3）调解意见书一式三份（争议双方当事人、调解委员会各一份），应及时送达当事人，并告知当事人在规定的期限内向当地劳动争议仲裁委员会申请仲裁。

（4）劳动争议调解时限 《劳动争议调解仲裁法》第14条规定，自劳动争议调解组织收到调解申请之日起15日内未达成调解协议的，当事人可以依法申请仲裁。

（5）劳动争议调解效力 《劳动争议调解仲裁法》第14条规定，调解协议书由双方当事人签名或者盖章，经调解员签名并加盖调解组织印章后生效，对双方当事人具有约束力，当事人应当履行。第15条规定，达成调解协议后，一方当事人在协议约定期限内不履行调解协议的，另一方当事人可以依法申请仲裁。第16条规定，因支付拖欠劳动报酬、工伤医疗费、经济补偿或者赔偿金事项达成调解协议，用人单位在协议约定期限内不履行的，劳动者可以持调解协议书依法向人民法院申请支付令；人民法院应当依法发出支付令。

《最高人民法院关于审理劳动争议案件适用法律若干问题的解释（二）》（2006年7月10日高院第1393次会议通过）第17条规定，当事人在劳动争议调解委员会主持下达成的具有劳动权利义务内容的调解协议，具有劳动合同的约束力，可以作为人民法院裁判的根据；当事人在劳动争议调解委员会主持下仅就劳动报酬争议达成调解协议，用人单位不履行调解协议确定的给付义务，劳动者直接向人民法院起诉的，人民法院可以按照普通民事纠纷受理。

➤ 技能应用延伸

长期以来，由于劳动争议仲裁及诉讼周期长、程序繁琐，导致劳动者维权成本高、合法权益难以得到充分保障等原因，一直使劳动者知难而退、望而却步。通过调解方式解决纠纷则有助于化解双方当事人矛盾、快捷地解决纠纷、降低劳动争议成本、维护劳动者权益。然而，现实中劳动者往往知道通过法院进行诉讼、通过劳动部门进行仲裁，却不知道通过哪些具体部门进行劳动争议调解。

根据《劳动争议调解仲裁法》第 10 条第 1 款规定，发生劳动争议，当事人可以到 3 类调解组织申请调解：企业劳动争议调解委员会；依法设立的基层人民调解组织；在乡镇、街道设立的具有劳动争议调解职能的组织。下面具体介绍一下这 3 类劳动争议调解机构。

1. 企业劳动争议调解委员会

（1）企业劳动争议调解委员会的组成　企业设立劳动争议调解委员会，负责调解本企业发生的劳动争议。用人单位劳动争议调解委员会是依法建立的单位内部专门处理劳动争议的机构，它在职工代表大会的领导下开展工作，在用人单位的生活中有着相对独立的地位，在竞选劳动争议调解职务时，不受用人单位的行政干预。

根据《企业劳动争议调解委员会组织及工作规则》第 8 条的规定，用人单位劳动争议调解委员由职工代表、用人单位代表和工会代表三方组成。第 9 条规定，调解委员会主任由企业工会代表担任。而《劳动争议调解仲裁法》第 10 条规定，企业劳动争议调解委员会由职工代表和企业代表组成；职工代表由工会成员担任或者由全体职工推举产生；企业劳动争议调解委员会主任由工会成员或者双方推举的人员担任。在此，两部法在关于企业劳动争议调解委员会的组成问题上出现了冲突，那么我们应该选择适用哪一个法呢？《企业劳动争议调解委员会组织及工作规则》是由劳动部制定的部门规章，《劳动争议调解仲裁法》是由全国人大制定的法律，根据法律效力大于部门规章效力的原则，我们选择适应《劳动争议调解仲裁法》，即：

1）职工代表由工会成员担任或者由全体职工推举产生。

2）企业代表由企业负责人指定。

3）企业劳动争议调解委员会主任由工会成员或者双方推举的人员担任。调解委员会委员应当由具有一定劳动法律知识、政策水平和实际工作能力，办事公道、为人正派、密切联系群众的人员担任。调解委员会委员调离本企业或需要调整时，应由原推选单位或组织按规定另行推举或指定。

（2）企业劳动争议调解委员会的职责　《企业劳动争议调解委员会组织及工作规则》第 4 条规定，企业劳动争议调解委员会的职责具有 3 项基本职能：①调解本企业内发生的劳动争议；②检查督促争议双方当事人履行调解协议；③对职工进行劳动法律、法规的宣传教育，做好劳动争议的预防工作。

（3）企业劳动争议调解委员会受理劳动争议案件的范围　企业劳动争议调解委员会受理劳动争议案件的范围包括：①因确认劳动关系发生的争议；②因订立、履行、变更、解除和终止劳动合同发生的争议；③因除名、辞退和辞职、离职发生的争议；④因工作时间、休息休假、社会保险、福利、培训以及劳动保护发生的争议；⑤因劳动报酬、工伤医疗费、经济补偿或者赔偿金等发生的争议；⑥法律、法规规定的其他劳动争议。

2. 依法设立的基层人民调解组织

《人民调解委员会组织条例》规定农村村民委员会、城市（社区）居民委员会设有人民调解委员会。《人民调解工作若干规定》则明确了人民调解委员会可以采用下列形式设立：①农村村民委员会、城市（社区）居民委员会设立的人民调解委员会；②乡镇、街道设立的人民调解委员会；③企业、事业单位根据需要设立的人民调解委员会；④根据需要设立的区域性、行业性的人民调解委员会。

3. 在乡镇、街道设立的具有劳动争议调解职能的组织

在乡镇、街道设立劳动争议调解组织，是一些经济发达地区为了解决劳动争议的实际需要而设立的区域性的调解组织。目前，在乡镇、街道设立的具有劳动争议调解职能的组织主要有两种模式：①依托于乡镇劳动服务站的调解组织；②依托于地方工会的劳动调解组织。在乡镇、街道设立的具有劳动争议调解职能的劳动争议调解组织的调解员应当由公道正派、联系群众、热心调解工作，并具有一定法律知识、政策水平和文化水平的成年公民担任。实践中存在的这些区域性的调解组织，不仅可以鼓励现行的区域性调解组织在调解劳动争议方面继续发挥作用，同时也可以根据实践需要把现有的调解组织和资源进行整合，形成合力，发挥最大效用。

▲ 应用二　劳动争议仲裁全程辅导训练

↘ 预习应用知识

1. 仲裁的定义

仲裁是我国处理劳动争议的主要形式，又称"公断"，由当事人双方以外的第三者对民事、经济、劳动等争议作出裁决。

2. 仲裁的分类

（1）从专业领域角度分　民事仲裁、劳动仲裁、涉外经济贸易仲裁和海事仲裁。

（2）从执行机构性质分　民间仲裁和国家仲裁。

3. 劳动仲裁的内涵

劳动仲裁是指由劳动争议仲裁委员会对当事人申请仲裁的劳动争议居中公断与裁决。劳动仲裁属国家仲裁，裁决的执行获得国家强制力保障。而国家仲裁是由国家授权的专门仲裁机关行使国家仲裁权，对当事人之间的争议依法进行仲裁。

4. 仲裁适用的法律

（1）《劳动法》第 81～83 条。

（2）《中华人民共和国劳动争议调解仲裁法》。

（3）《最高人民法院关于审理劳动争议案件适用法律若干问题的解释》（法释[2001]14 号）。

（4）《最高人民法院关于审理劳动争议案件适用法律若干问题的解释》（法释[2006]6 号）。

（5）《企业劳动争议处理条例》第三章"仲裁"。

（6）《劳动争议仲裁委员会组织规则》。

（7）《劳动争议仲裁委员会办案规则》。

（8）《关于进一步加强劳动争议处理工作的通知》第 4、5 点（2001 年 11 月 14 日）。

（9）《工会参与劳动争议处理试行办法》第四章参加劳动争议仲裁。

5. 仲裁机构

（1）劳动争议仲裁委员会 劳动争议仲裁委员会指国家授权、依法独立仲裁劳动争议案件的专门机构。劳动争议仲裁委员会由劳动行政部门代表、工会代表和企业方面代表组成。劳动争议仲裁委员会组成人员应当是单数，主任由劳动行政主管部门的负责人担任。

（2）仲裁庭 劳动争议仲裁委员会裁决劳动争议案件实行仲裁庭制，实行一案一庭制度。仲裁庭由 3 名仲裁员组成，设首席仲裁员 1 名、仲裁员 2 名。

（3）仲裁分工 简单劳动争议案件，仲裁委员会可以指定 1 名仲裁员独任仲裁。重大或疑难案件，仲裁庭可以提交仲裁委员会讨论决定；仲裁委员会的决定，仲裁庭必须执行。

➡ 查阅应用资料及课堂应用训练

仲裁是处理劳动争议，尤其是复杂劳动争议的主要程序。请在课前查阅相关资料，然后在课堂上结合查阅的资料相互讨论一下"劳动争议仲裁程序包括哪些？分别需要哪些仲裁材料和编写哪些文本？"，最后把主要结果写在下列的横线上（不够可附页）：

_____

_____

_____

模块九 劳动争议的预防和处理

接着,请几位学生代表谈谈自己的观点,然后由教师继续解析"技能应用及其延伸"的相关内容,各位同学要注意将你的观点与教师的解析进行对比。

➡ 技能应用

在劳动争议处理中,劳动争议案件经劳动争议仲裁委员会仲裁是提起诉讼的必经程序,因此学好仲裁知识非常重要,尤其是仲裁程序的学习和应用。仲裁程序的流程图如图 9-3 所示。下面我们结合仲裁程序的流程图详细讲解仲裁程序,以及在仲裁过程中需要的主要文本。

1. 仲裁的申请

《劳动争议调解仲裁法》第 27 条规定,劳动争议申请仲裁的时效期间为 1 年;仲裁时效期间从当事人知道或者应当知道其权利被侵害之日起计算。

第 28 条规定,申请人申请仲裁应当提交书面仲裁申请,并按照被申请人人数提交副本;书写仲裁申请确有困难的,可以口头申请,由劳动争议仲裁委员会记入笔录,并告知对方当事人。

实战文本范例 9-14

劳动争议仲裁申请书

申请人				被申请人			
姓名或单位名称				姓名或单位名称			
单位性质				单位性质			
法定代表人或主要负责人姓名		性别		法定代表人或主要负责人姓名		性别	
		年龄				年龄	
身份证号		职务		身份证号		职务	
工作单位				工作单位			
住所或户籍所在地址				住所或经营地址			
联系电话		邮编		联系电话		邮编	
代理人姓名		性别		代理人姓名		性别	
身份证号		年龄		身份证号		年龄	
工作单位		职务		工作单位		职务	
联系电话		邮编		联系电话		邮编	
地址				地址			
请求事项	（请求事项是指申诉要达到的目的和要求,申请人应具体写明）						
事实和理由	（申请人应当说明争议的基本事实和主要调解请求及理由,包括申请人与被申请人之间何时建立劳动关系、劳动合同履行情况、争议发生时间、争议内容、请求事项的法律依据,以及证据、证据来源、证人姓名和住址）						

此致

_____劳动争议调解委员会

申请人：_____（本人签名或盖章）

年　月　日

填写说明

（1）本申请书样本是根据《中华人民共和国劳动争议调解仲裁法》有关规定而制作，供申请人使用。

（2）申请书应用钢笔、毛笔书写或打印。由正本和副本组成，副本份数应根据被申请人人数提交，由劳动争议调解委员会送达被申请人。

（3）事实和理由部分空格不够用时，可用同样大小纸续页。

2．仲裁的受理

（1）对申请人案件受理与否的通知　《劳动争议调解仲裁法》第29条规定，劳动争议仲裁委员会收到仲裁申请之日起5日内，认为符合受理条件的，应当受理，并通知申请人；认为不符合受理条件的，应当书面通知申请人不予受理，并说明理由。对劳动争议仲裁委员会不予受理或者逾期未作出决定的，申请人可以就该劳动争议事项向人民法院提起诉讼。

实战文本范例9-15

劳动争议仲裁委员会受理案件通知书

劳仲案字（　　　）第　　号

_____：

_____年_____月_____日送来的申请书收悉。根据《中华人民共和国劳动争议调解仲裁法》的规定，经本委审查，申请书中所提及的劳动争议符合受理条件，本委决定受理。现将有关事项通知如下：

一、请你（单位）在送达回执上签收本通知。

二、本案按下列第_____种方式处理，如申请回避，请于_____年_____月_____日前提交本委。

（一）由_____任仲裁员独任处理，_____任书记。

（二）由_____组成合议庭处理，_____任首席仲裁员，_____、_____任仲裁员，_____任书记员。

三、请填写法定代表人（或主要负责人）身份证明书，如是委托代理人的请填写授权委托书，于_____年_____月_____日前提交本委。

四、开庭通知。

时间：_____年_____月_____日，地点：_____。

五、本案应在_____年_____月_____日前结案，若逾期未作出仲裁裁决的，

模块九 劳动争议的预防和处理

你（单位）可就劳动争议事项向人民法院提起诉讼。

　　六、请向本委补充提供下列证明材料：

……

劳动争议仲裁委员会（公章）

年　　月　　日

　　附：法定代表人（或主要负责人）身份证明书一份，授权委托书一份，回避申请书一份。

填写说明

　　（1）本审批表样本根据《中华人民共和国劳动争议调解仲裁法》有关规定而制作，是劳动争议仲裁委员会对决定受理的案件，通知申请人时填用的格式文书。

　　（2）劳动争议仲裁委员会如要求申请人补充其他材料等事项，可在通知书第六项下行增条续写。

　　（3）本通知书应在决定受理案件5日内送达申请人。

　　（4）送达本通知书，应随同送达授受委托书一份，回避申请书一份；如果申请人是单位的，应随同送达法定代表人（或主要负责人）身份证明书一份。

　　（5）本通知书一式二份，一份发送，一份留存，送达时应使用送达回执。

实战文本范例9-16

劳动争议仲裁委员会不予受理案件通知书

劳仲不字（　　）第　　号

_____：

　　_____年____月____日送来的申请书已收悉。经审查，不符合受理条件，本委决定不予受理。主要理由如下：

　　一、不属于法定的受案范围（　　）。

　　二、超过法定申诉时效（　　）。

　　三、不符合其他法律规定（　　）。

　　特此通知。

劳动争议仲裁委员会（公章）

年　　月　　日

填写说明

　　（1）本通知书样本根据《中华人民共和国劳动争议调解仲裁法》有关规定而制作，由劳动争议仲裁委员会对经审查不予立案的劳动争议，通知申请人时填用的格式文书。

　　（2）劳动争议仲裁委员会应在接到《劳动争议仲裁申请书》5日内作出受理或不受理的决定。对经审查不予立案的劳动争议，应从立案之日起5日内将《不予受理案件通知书》送达申请人，并说明理由。

（2）被申请人仲裁答辩书的提交 《劳动争议调解仲裁法》第 30 条规定，劳动争议仲裁委员会受理仲裁申请后，应当在 5 日内将仲裁申请书副本送达被申请人；被申请人收到仲裁申请书副本后，应当在 10 日内向劳动争议仲裁委员会提交答辩书；劳动争议仲裁委员会收到答辩书后，应当在 5 日内将答辩书副本送达申请人；被申请人未提交答辩书的，不影响仲裁程序的进行。

实战文本范例 9-17

答辩书

答辩人：
名称或姓名：_____
地（住）址：_____
法定代表人：姓名：_____ 职务：_____
委托代理人：姓名：_____ 性别：_____ 民族：_____
　　　　　　年龄：_____ 住址：_____
工作单位及职务：_____ 联系电话：_____

被答辩人：
姓名或名称：_____
住所（址）：_____
联系电话：_____

申请人张××要求厂方撤销除名决定，将其收回工厂争议一案，答辩人针对申请人的仲裁请求及申请理由，提出如下答辩意见：

答辩内容：

××市劳动争议仲裁委员会：

你会（20××）×字第××号应诉通知书收悉。现按×××劳动争议仲裁申请书副本所申请的问题答辩如下：

张××诉称，他工伤未愈，无法上班，被厂方按旷工除名不符合法律规定，要求厂方撤销除名决定，将其收回工厂。我们认为张××的申诉不符合事实。事实是，张××于 20××年×月×日因工受伤后，厂方送他到市×医院住院治疗，出院后即在家养伤。经过 6 个月的治疗、休息，20××年×月×日，厂方派人带他到市×医院进行复查，并对工伤部位进行拍片。根据医生诊断和本厂劳动小组鉴定得知，X 光片未见张的工伤部位有骨折或骨质病变，仅在第四、五腰椎间有轻度骨质增生，但这是人体年龄增长的一种生理现象，并非工伤所致，不影响正常的生产劳动。可见张××已恢复健康，可以参加劳动。因此，厂方于 20××年×月×日派人带书面通知到其家中，动员张××上班。张××以自我感觉不好为由，拒绝上班，连续达 1 个月之久。在此期间，厂方曾多次派车间、劳动科和工会干部，对张××进行动员、教育，劝其上班，但张××都拒不接受。厂方无奈，于20××年×月×日，根据《企业职工奖惩条例》第18条"职工无正当理由经常旷工，经批评教育无效，连续旷工时间超过15天，或者1年内累计旷工时间超过30天的，企业有权予以除名"的规定，对张××予以除名。总之，我们认为对张××的除名决定是有事实依据和法律根据的，他要求厂方撤销除名决定将其收回是没有道理的。

答辩人（被申请人）：李××
20××年×月×日

附：1. ×市医院复查诊断书一份。
    2. X光片一张。
    3. 厂劳动鉴定小组鉴定结论一份。

3. 仲裁的开庭

（1）组建仲裁庭　《劳动争议调解仲裁法》第32～34条规定，劳动争议仲裁委员会应当在受理仲裁申请之日起5日内将仲裁庭的组成情况书面通知当事人；仲裁员实行回避制度；仲裁员有违法乱纪行为的，应当承担法律责任，劳动争议仲裁委员会应当将其解聘。

（2）开庭时间安排　第35条规定，仲裁庭应当在开庭5日前，将开庭日期、地点书面通知双方当事人；当事人有正当理由的，可以在开庭3日前请求延期开庭；是否延期，由劳动争议仲裁委员会决定。

（3）到庭要求　第36条规定，申请人收到书面通知，无正当理由拒不到庭或者未经仲裁庭同意中途退庭的，可以视为撤回仲裁申请；被申请人收到书面通知，无正当理由拒不到庭或者未经仲裁庭同意中途退庭的，可以缺席裁决。

4. 仲裁的裁决

（1）自行协商　《劳动争议调解仲裁法》第41条规定，当事人申请劳动争议仲裁后，可以自行和解（协商），达成和解协议的，可以撤回仲裁申请。

（2）先行调解　第42条规定，仲裁庭在作出裁决前，应当先行调解；调解达成协议的，仲裁庭应当制作调解书；调解书应当写明仲裁请求和当事人协议的结果；调解书由仲裁员签名，加盖劳动争议仲裁委员会印章，送达双方当事人；调解书经双方当事人签收后，发生法律效力；调解不成或者调解书送达前，一方当事人反悔的，仲裁庭应当及时作出裁决。

（3）裁决原则　第45条规定，裁决应当按照多数仲裁员的意见作出，少数仲裁员的不同意见应当记入笔录；仲裁庭不能形成多数意见时，裁决应当按照首席仲裁员的意见作出。第46条规定，裁决书应当载明仲裁请求、争议事实、裁决理由、裁决结果和裁决日期；裁决书由仲裁员签名，加盖劳动争议仲裁委员会印章；对裁决持不同意见的仲裁员，可以签名，也可以不签名。

（4）终局裁决　第47条规定，下列劳动争议，除本法另有规定的外，仲裁裁决为终局裁决，裁决书自作出之日起发生法律效力：①追索劳动报酬、工伤医疗费、经济补偿或者赔偿金，不超过当地月最低工资标准12个月金额的争议；②因执行国家的劳动标准在工作时间、休息休假、社会保险等方面发生的争议。

5．仲裁的时限

（1）仲裁时限　《劳动争议调解仲裁法》第43条规定，仲裁庭裁决劳动争议案件，应当自劳动争议仲裁委员会受理仲裁申请之日起45日内结束；案情复杂需要延期的，经劳动争议仲裁委员会主任批准，可以延期并书面通知当事人，但是延长期限不得超过15日；逾期未作出仲裁裁决的，当事人可以就该劳动争议事项向人民法院提起诉讼；仲裁庭裁决劳动争议案件时，其中一部分事实已经清楚，可以就该部分先行裁决。

（2）终局裁决的纠正时限　第48条规定，劳动者对终局裁决事项不服，可以自收到仲裁裁决书之日起15日内向人民法院提起诉讼。

第49条规定，用人单位有证据证明终局裁决事项有如下情形之一，可以自收到仲裁裁决书之日起30日内向劳动争议仲裁委员会所在地的中级人民法院申请撤销裁决：①适用法律、法规确有错误的；②劳动争议仲裁委员会无管辖权的；③违反法定程序的；④裁决所根据的证据是伪造的；⑤对方当事人隐瞒了足以影响公正裁决的证据的；⑥仲裁员在仲裁该案时有索贿受贿、徇私舞弊、枉法裁决行为的。

人民法院经组成合议庭审查核实裁决有前款规定情形之一的，应当裁定撤销；仲裁裁决被人民法院裁定撤销的，当事人可以自收到裁定书之日起15日内就该劳动争议事项向人民法院提起诉讼。

（3）非终局裁决的纠正时限　第50条规定，当事人对终局裁决以外的裁决事项不服，可以自收到仲裁裁决书之日起15日内向人民法院提起诉讼；期满不起诉的，裁决书发生法律效力。

6．仲裁的效力

《劳动争议调解仲裁法》第51条规定，当事人对发生法律效力的调解书、裁决书，应当依照规定的期限履行；一方当事人逾期不履行的，另一方当事人可以依照民事诉讼法的有关规定向人民法院申请执行；受理申请的人民法院应当依法执行。

▶ 技能应用延伸

在员工关系管理和劳动争议实践中，除了经常会接触到劳动仲裁相关工作外，还会接触到劳动监察相关工作。那么，劳动监察与劳动仲裁的区别在哪里呢？二者的区别，主要有如下6个方面：

1. 执法主体不同

劳动监察的执法主体是劳动行政部门，其执法机关的执法活动是代表劳动行政机关实行行政执法；而劳动仲裁的执法主体是依照国家劳动立法建立的特定机构——劳动争议仲裁委员会。劳动争议仲裁委员会由劳动行政部门代表、工会代表和企业方面代表组成。

2. 法律行为不同

劳动监察属于行政执法，作出的劳动监察是劳动行政部门的具体行政行为；而劳动仲裁则是一种准司法性质的活动，作出的裁决属于一种国家授权的仲裁机构对发生劳动关系双方当事人具有约束力的行为。

3. 工作职责不同

劳动监察由劳动行政部门依法对用人单位和劳动者执行劳动法律、法规的情况进行监督检查，依照法定的行政职权主动进行，不需要相关人提出请求；而劳动仲裁机构则是受理劳动关系当事人申诉的劳动争议案件，需先提出仲裁申请，劳动争议仲裁委员会才能受理案件，否则，仲裁部门不主动介入。

4. 法律地位不同

在劳动监察过程中，劳动行政部门同接受监督检查的单位和个人之间是行政管理关系；而在劳动仲裁的所有程序中，仲裁机构是一种"中间人"，不作为当事人而处于第三方的地位。

5. 法律后果不同

在劳动监察过程中，劳动监督机关一经作出处理决定，立即发生法律效力，有关单位和个人应立即执行。有关当事人不服处理决定的，可以提起行政复议或行政诉讼，在申请复议或行政诉讼期间，不影响决定的执行。而劳动争议仲裁机构作出的裁决，并不立即发生法律效力，而是处于效力待定状态。当事人对劳动争议仲裁的裁决不服的，可以在法定期限内向人民法院起诉，只有法定期限届满，双方当事人不起诉的，仲裁裁决书才发生效力。有关当事人向法院起诉，也不是以仲裁机构为被告提起行政诉讼，而是以劳动争议的另一方为被告提起普通的民事诉讼。

6. 执法手段不同

劳动监察既包括事后矫正，也包括事前预防；而劳动仲裁则属于事后矫正。

劳动监察和劳动仲裁的目的都是为了保护国家劳动法律、法规的贯彻执行，确保劳动关系双方当事人的合法权益，维护社会稳定。两者不仅不排斥，而且可以通过相互配合起到互相补充的作用。

案例实战解析八 超过法定时效的诉讼成功案例

▶ 案例知识指引

1. 劳动争议诉讼的基本概念

（1）劳动争议诉讼的定义 劳动争议诉讼指劳动争议当事人不服劳动争议仲裁委员会的裁决，在规定的期限内向人民法院起诉，人民法院依照民事诉讼程序，依法对劳动争议案件进行审理的活动。此外，劳动争议的诉讼还包括当事人一方不履行仲裁委员会已发生法律效力的裁决书或调解书，另一方当事人申请人民法院强制执行的活动。

（2）劳动争议诉讼的作用 劳动争议诉讼是处理劳动争议的最终程序，它通过司法程序保证了劳动争议的最终彻底解决。由人民法院参与处理劳动争议，从根本上将劳动争议处理工作纳入了法制轨道，有利于保障当事人的诉讼权，有助于监督仲裁委员会的裁决，有利于生效的调解协议、仲裁裁决和法院判决的执行。

（3）劳动争议诉讼适用法律

1）《劳动法》第77、79、83、84条。

2）《民事诉讼法》。

3）《最高人民法院关于审理劳动争议案件适用法律若干问题的解释》（法释[2001]14号）[本文简称《解释》（法释[2001]14号），业界通称《解释》（一）]。

4）《最高人民法院关于审理劳动争议案件适用法律若干问题的解释》（法释[2006]6号）[本文简称《解释》（法释[2006]6号），业界通称《解释》（二）]。

5）《最高人民法院关于审理人身损害赔偿案件适用法律若干问题的解释》法释[2003]20号。

6）《最高人民法院关于民事诉讼证据的若干规定》（2001年12月21日颁布，2002年4月1日实施）。

7）《工会参与劳动争议处理试行办法》第五章"代理职工参与诉讼"。

8）《中华人民共和国劳动争议调解仲裁法》。

2. 劳动争议诉讼的受理

（1）当事人不服裁决，依法向法院起诉的

1）《解释》（法释[2001]14号）第2条规定的案件：劳动者与用人单位在履行劳动合同过程中发生的纠纷；劳动者与用人单位之间没有订立书面劳动合同，但已形成劳动关系后发生的纠纷；劳动者退休后，与尚未参加社会保险统筹的原用人单位因追索养老金、医疗费、工伤保险待遇和其他社会保险费而发生的纠纷。当事人对以上案件依法向人民法院起诉的，人民法院应当受理。

2)《解释》(法释[2001]14号)第5条规定的案件：劳动争议仲裁委员会为纠正原仲裁裁决错误重新作出裁决，当事人不服，依法向人民法院起诉的，人民法院应当受理。

3)《解释》(法释[2001]14号)第17条规定的案件：劳动争议仲裁委员会作出仲裁裁决后，当事人对裁决中的部分事项不服，依法向人民法院起诉的，劳动争议仲裁裁决不发生法律效力。

4)《解释》(法释[2001]14号)第18条规定的案件：劳动争议仲裁委员会对多个劳动者的劳动争议作出仲裁裁决后，部分劳动者对仲裁裁决不服，依法向人民法院起诉的，仲裁裁决对提出起诉的劳动者不发生法律效力；对未提出起诉的部分劳动者，发生法律效力，如其申请执行的，人民法院应当受理。

(2) 仲裁委员会不予受理，当事人不服，依法向法院起诉的

1)《解释》(法释[2001]14号)第2条规定的案件：劳动争议仲裁委员会以当事人申请仲裁的事项不属于劳动争议为由，作出不予受理的书面裁决、决定或者通知，当事人不服，依法向人民法院起诉的，人民法院应当分别情况予以处理：①属于劳动争议案件的，应当受理；②虽不属于劳动争议案件，但属于人民法院主管的其他案件，应当依法受理。

2)《解释》(法释[2001]14号)第3条规定的案件：劳动争议仲裁委员会根据《劳动法》第82条之规定，以当事人的仲裁申请超过60日期限为由，作出不予受理的书面裁决、决定或者通知，当事人不服，依法向人民法院起诉的，人民法院应当受理；对确已超过仲裁申请期限，又无不可抗力或者其他正当理由的，依法驳回其诉讼请求。

3)《解释》(法释[2001]14号)第4条规定的案件：劳动争议仲裁委员会以申请仲裁的主体不适格为由，作出不予受理的书面裁决、决定或者通知，当事人不服，依法向人民法院起诉的，经审查，确属主体不适格的，裁定不予受理或者驳回起诉。

(3) 对仲裁裁决，法院裁定不予执行的 《解释》(法释[2001]14号)第21条第2款规定，当事人申请法院执行的发生法律效力的裁决书、调解书，法院裁定不予执行，当事人在收到裁定书之次日起30日内，可以就该劳动争议事项向法院起诉。

(4) 当事人增加诉讼请求的 《解释》(法释[2001]14号)第6条规定，人民法院受理劳动争议案件后，当事人增加诉讼请求的，如该诉讼请求与讼争的劳动争议具有不可分性，应当合并审理；如属独立的劳动争议，应当告知当事人向劳动争议仲裁委员会申请仲裁。

3. 劳动争议诉讼案件的管辖

《解释》(法释[2001]14号)第8条规定，劳动争议案件由用人单位所在地

或者劳动合同履行地的基层人民法院管辖；劳动合同履行地不明确的，由用人单位所在地的基层人民法院管辖。

《解释》（法释[2001]14号）第9条规定，当事人双方不服劳动争议仲裁委员会作出的同一仲裁裁决，均向同一人民法院起诉的，先起诉的一方当事人为原告，但对双方的诉讼请求，人民法院应当一并作出裁决；当事人双方就同一仲裁裁决分别向有管辖权的人民法院起诉的，后受理的人民法院应当将案件移送给先受理的人民法院。

4. 劳动争议诉讼当事人

（1）用人单位合并与分立 《解释》（法释[2001]14号）第10条规定，用人单位与其他单位合并的，合并前发生的劳动争议，由合并后的单位为当事人；用人单位分立为若干单位的，其分立前发生的劳动争议，由分立后的实际用人单位为当事人；用人单位分立为若干单位后，对承受劳动权利义务的单位不明确的，分立后的单位均为当事人。

（2）单位招用尚未解除劳动合同的劳动者 《解释》（法释[2001]14号）第11条规定，用人单位招用尚未解除劳动合同的劳动者，原用人单位与劳动者发生的劳动争议，可以列新的用人单位为第三人；原用人单位以新的用人单位侵权为由向人民法院起诉的，可以列劳动者为第三人；原用人单位以新的用人单位和劳动者共同侵权为由向人民法院起诉的，新的用人单位和劳动者列为共同被告。

（3）用人单位有发包方和承包方 《解释》（法释[2001]14号）第12条规定，劳动者在用人单位与其他平等主体之间的承包经营期间，与发包方和承包方双方或者一方发生劳动争议，依法向人民法院起诉的，应当将承包方和发包方作为当事人。

5. 劳动争议诉讼举证责任

《解释》（法释[2001]14号）第13条、《关于民事诉讼证据的若干规定》第6条规定，因用人单位作出的开除、除名、辞退、解除劳动合同、减少劳动报酬、计算劳动者工作年限等决定而发生的劳动争议，用人单位负举证责任。

6. 单位规章制度在诉讼中的法律效力

《解释》（法释[2001]14号）第19条规定，用人单位根据《劳动法》第4条之规定，通过民主程序制定的规章制度，不违反国家法律、行政法规及政策规定，并已向劳动者公示的，可以作为人民法院审理劳动争议案件的依据。

▶ 案例实战呈现

超过法定时效的工伤也获得工伤赔偿

2007年8月7日，扬州经济开发区某机械公司模具工小马上夜班时左手食指被压伤,医生诊断为左手食指皮肤缺损伴骨折。2008年2月1日,机械公司以一家冶金公司的名义与小马签订了为期3年的劳动合同。由于公司给了小马不解除劳动合同的承诺,小马虽多次要求公司为其申报工伤,但公司总以种种理由拖延,直到2008年8月7日以后,才把申报工伤的材料给了小马。但此时已经过了申报工伤的1年期限。2009年3月24日,小马以冶金公司、机械公司为被诉人向劳动争议仲裁委提起仲裁。由于无工伤认定书,仲裁委作出了不予受理的裁决。小马对裁决不服,向扬州市广陵区人民法院提起诉讼。经鉴定,小马属于工伤十级伤残。扬州市广陵区法院据此判决被告支付小马工伤待遇3.8105万元。被告冶金公司提起上诉后,经扬州市中级人民法院调解,小马最终获赔2.8万元。

▶ 案例小组讨论

请各位同学仔细阅读案例"无工伤认定书也获得工伤赔偿",然后以小组为单位,结合劳动争议调解、仲裁及诉讼知识及其《工伤保险条例》相关内容进行讨论,讨论的主题是:"小马无工伤认定书,为何仍然获得工伤赔偿?对于区法院撤销区劳动局决定,判决小马获得工伤待遇,中级法院调解成功,给了你什么启示?"并将讨论的结果写在下列的横线上(不够可附页):

_____

_____

接着,请继续学习以下"案例综合分析"和"案例知识延伸"的相关内容,并将你的思考与其对比。请记住,管理并没有标准答案,更不可能是唯一答案,我们能提供的只是一种思考的方式和观点的借鉴。

▶ 案例综合分析

参考答案见教材教师教学参考。

▶ 案例知识延伸

参考答案见教材教师教学参考。

参考文献

[1] 李景森. 劳动法学[M]. 北京：北京大学出版社，1995.
[2] 史保金. 西方企业员工关系管理理论的逻辑发展[J]. 企业活力，2006（6）.
[3] 刘萍萍. 员工关系管理的发展及其内容探析[J]. 物流与采购研究，2009（6）.
[4] 程延园. 员工关系管理[M]. 上海：复旦大学出版社，2008.
[5] 黎建飞. 劳动法热点事例评说[M]. 北京：中国劳动社会保障出版社，2006.
[6] 高岩. 实习生受伤该如何赔偿[N]. 江南时报，2008-06-05（20）.
[7] 亚生. 大学生就业是劳动关系还是劳务关系[N]. 法治快报，2009-12-30（6）.
[8] 佚名. 大学生暑期打工摔成高位截瘫，实习如何维权[EB/OL]. 大河网，2008-09-02.
[9] 佚名. 实习生劳动关系探讨[EB/OL]. http://www.baidu.com，2009-08-02.
[10] 蓝白劳动网. 中国企业2008年劳动关系报告[EB/OL]. http://www.baidu.com，2009-02.
[11] 张晓彤. 员工关系管理培训讲义[EB/OL]. http://www.longjk.com，2009-08.
[12] 陈志龙. 解读企业员工关系管理问题[EB/OL]. http://www.edu-edu.com.cn，2009-03-12.
[13] 佚名. 员工关系管理的最高境界[EB/OL]. 中国人力资源开发网，2008-07-26.
[14] 关怀. 六十年来我国劳动法的发展与展望[J]. 天津市政法管理干部学院学报，2009（2）.
[15] 魏浩征. 劳动合同法十大解读[EB/OL]. http://www.laboroot.com，2009-07-14.
[16] 萧新永. 最新劳动合同法实施条例精解与因应对策[EB/OL]. 大陆台商网，2009-02-03.
[17] 陆敬波. 劳动合同法HR应用指南[M]. 北京：中国社会科学出版社，2007.
[18] 李迎春. 劳动合同法完全点评版[EB/OL]. http://www.51Labour.com，2007-06-29.
[19] 曲柏杰. 如何理解"以完成一定工作任务为期限的劳动合同"，哪些岗位不适宜签订这种合同[J/OL]. http://www.baidu.com，2008-08-23.
[20] 问清溯. 以完成一定工作任务为期限劳动合同的制度重构[J]. 中国人力资源开发，2008（11）.
[21] 李迎春. 以完成一定工作任务为期限的劳动合同理解与适用[EB/OL]. 劳动合同法网，2009-12-15.
[22]《四川劳动保障》咨询服务中心.《中华人民共和国劳动合同法》逐条解读[EB/OL]. http://wenku.baidu.com，2010-07.
[23] 戴丽娟，翟敏. 劳动合同法热点法律问题透视[EB/OL]. http://www.dffy.com，2008-05.
[24] 林嘉. 劳动合同若干法律问题研究[J]. 法学家，2003（6）.
[25] 黄越钦. 劳动法新论[M]. 北京：中国政法大学出版社，2003.
[26] 佚名. 事实劳动关系的法律防治与证据保全[EB/OL]. 北大法律信息网，2009-07-13.
[27] 余世维. 如何成为一个成功的职业经理人[EB/OL]. http://www.baidu.com，2004-07-14.
[28] 佚名. 湖南株化集团实施制度化的全员参与管理[J]. 企业管理，2002（5）.
[29] 佚名. 有效授权三个着力点[EB/OL]. 中国总裁培训网，2009-03-19.

- [30] 佚名. 管理者如何有效实施授权[EB/OL]. 中国总裁培训网，2009-08-10.
- [31] 叶梅. 知识员工管理研究[J]. 中国民营科技与经济，2008（6）.
- [32] 钟逊. 人本管理——知识员工的管理之道[J]. 北方经贸，2004（7）.
- [33] 林福宁. 治愈8大类型的问题员工[J]. 生活，2007（8）.
- [34] 王欢. 解读《企业职工带薪年休假实施办法》[N]. 信息日报，2008-09-28.
- [35] 李迎春. 保密及竞业限制法律适用操作指引[EB/OL]. http://www.dffy.com，2008-06-10.
- [36] 贾长松. 员工防止的十八种离职方法[EB/OL]. http://www.baidu.com，2006-10-21.
- [37] 陈晓阳. 心理契约在人力资源管理实践中的应用[J]. 湖南工程学院学报，2009（3）.
- [38] 何发平，唐琦明. 心理契约违背与员工离职问题探讨[J]. 商业时代，2008（19）.
- [39] 佚名. 员工离职HR部门应做些什么[EB/OL]. http://www.h1365.com，2009-11-12.
- [40] 陈会林. 第九章：劳动争议[EB/OL]. http://www.huilin.info，2009-09-10.
- [41] 王伯文，刘再辉. 重庆市近三年劳动争议案件变化发展的调研报告[R].重庆：重庆市第五中级人民法院，2009.